经管文库·管理类
前沿·学术·经典

咸阳师范学院"学术带头人"资助
咸阳师范学院"青蓝人才"资助

RESEARCH ON ENVIRONMENTAL REGULATION AND
HIGH QUALITY ECONOMIC DEVELOPMENT IN WESTERN
REGIONS

环境规制与西部地区经济高质量发展研究

李冠杰 著

MANAGEMENT

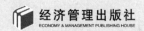

经济管理出版社
ECONOMY & MANAGEMENT PUBLISHING HOUSE

图书在版编目（CIP）数据

环境规制与西部地区经济高质量发展研究 / 李冠杰著 . —北京：经济管理出版社，2024.1
ISBN 978-7-5096-9599-9

Ⅰ . ①环… Ⅱ . ①李… Ⅲ . ①西部经济 – 区域经济发展 – 研究 – 中国 Ⅳ . ① F127

中国国家版本馆 CIP 数据核字（2024）第 036033 号

组稿编辑：杨国强
责任编辑：杨国强
责任印制：许　艳
责任校对：张晓燕

出版发行：经济管理出版社
　　　　　（北京市海淀区北蜂窝 8 号中雅大厦 A 座 11 层 100038）
网　　址：www.E-mp.com.cn
电　　话：（010）51915602
印　　刷：唐山玺诚印务有限公司
经　　销：新华书店
开　　本：710 mm × 1000 mm/16
印　　张：16.25
字　　数：232 千字
版　　次：2024 年 3 月第 1 版　2024 年 3 月第 1 次印刷
书　　号：ISBN 978-7-5096-9599-9
定　　价：98.00 元

前 言

　　西部地区历来是中国能源重地，是有色金属和其他多种原料基地。西部地区还是中国最重要的畜牧业基地，新疆、内蒙古、宁夏、西藏、青海和甘肃等省区是肉、毛、皮革资源丰富的地区，特别是内蒙古、青海的畜牧产品在中国乃至世界上都具有广泛影响。西部地区有丰富的特色旅游资源，这些旅游资源每年吸引成千上万的国内外游客前来观瞻旅游，对这些地区经济发展产生了极其重要的影响。然而，西部地区地处内陆腹地，广布着沙漠戈壁、黄土高原，生态环境脆弱，加之千百年频繁的战乱，自然灾害和人为的破坏，生态环境不断恶化，对中国西部地区大气环境质量造成严重影响。脆弱的生态环境和有限的环境容量已经成为制约西部经济社会发展和影响该地区社会稳定、民族团结的重要因素。

　　如何平衡经济发展与环境保护是中国发展中面临的一道难题。自西部大开发以来，西部地区制造业集聚程度不断提高。但西部地区是生态脆弱区域与环境敏感区域，环境保护的任务十分艰巨。《中共中央　国务院关于新时代推进西部大开发形成新格局的指导意见》明确指出，要"推动发展现代制造业和战略性新兴产业"，更要"结合西部地区发展实际，打好污染防治标志性重大战役，实施环境保护重大工程"。因此，研究产业发展与环境规制之间的关系，对中国西部地区制造业发展和生态环境改善具有重要意义。

本书共八章，具体安排如下：

第一章：绪论，主要包括环境规制概述、西部地区概述、经济高质量发展概述和西部地区经济发展状况等内容。

第二章：国内外相关课题研究进展，包括环境规制相关研究和环境规制与经济发展相关研究等。

第三章：环境规制与经济高质量发展研究的相关理论基础，包括环境规制的理论基础、绿色经济相关理论和环境规制与经济高质量发展相关理论。

第四章：西部地区环境规制政策情况分析，包括西部地区环境规制的发展、西部地区环境规制的度量、西部地区环境规制政策的发力点。

第五章：环境规制对西部地区经济高质量发展的影响机理分析，包括环境规制对西部地区经济高质量发展的总体影响机理、环境规制对西部地区经济高质量发展子维度的影响机理、财政分权和政府竞争的调节作用机理、企业劳动力需求的中介作用机理和社会公众参与的作用机理。

第六章：环境规制对西部地区产业转型的影响分析，包括西部地区产业发展状况、环境规制对西部地区产业结构影响的理论分析。

第七章：环境规制对西部地区企业竞争力的影响分析，包括西部地区企业发展状况、环境规制对西部地区企业竞争力影响的理论分析和环境规制下西部地区企业的环境管理方式。

第八章：环境规制下西部地区经济高质量发展路径与对策，包括以数字经济为抓手、以绿色技术创新为着力点、以优化发展环境为总体思路。

由于水平有限，书中难免有错误和不足之处，敬请各位同行、专家和读者批评指正。

目　录

第一章　绪论

第一节　环境规制概述

环境规制旨在约束和限制那些可能导致环境破坏或损害公共利益的行为。这种规制可以采取法律、政策、技术和经济手段等多种形式。环境规制是围绕环境问题而制定的各种措施，约束破坏环境损害公共利益的行为，最终达到保护环境的目的，进而实现低碳可持续发展，为社会公民提供一个更好的生态环境。

一、环境规制的含义

环境规制是一个多维度、多层次的概念，它旨在通过制度化的措施，对可能对环境产生负面影响的行为进行约束和管理。在国际学术界，尽管"环境规制""环保政策"和"污染治理"三者在某些文中可能被交叉使用，但它们在本质上有所区别。其中，"环境规制"通常指具有法律约束力的标准、政策或措施，这些措施旨在限制或改变某些可能对环境产生负面影响的行为。

从经济学的角度看，环境污染具有负外部性，即污染者可能不需要为其行为产生的社会总成本承担全部责任。环境规制的目的是试图纠正这种市场失灵，将社会成本"内部化"到污染者，使其承担其行为的真实成本。

根据实施方式，环境规制大致分为两种：命令控制型和市场激励型。命令控制型环境规制是通过设定明确的标准和要求来实施的，如排放标准、技术标准等。市场激励型环境规制依赖于经济激励，如排污费、排污权交易等，以鼓励污染者自愿减少污染。中国环境规制具有明显的强制性特点。政府不仅负责制定和设计规制措施，还负责确保这些措施在各个区域得到有效实施。尽管环境规制可能涉及多个污染源，但鉴于企业产生的污染物在总量上占有很大比例，因此企业通常是环境规制的主要对象。

二、环境规制的主要内容

（一）界定环境资源的产权

环境资源，作为一种特殊的公共物品，其使用特性与传统公共物品存在差异。当个体或团体对环境资源的使用不考虑社会整体的公平性和意愿时，可能导致"搭便车"行为或"公地悲剧"现象，即个体为追求自身最大利益而过度消耗资源，从而导致资源的枯竭或损害。

斯蒂格利茨的观点强调，产权的私有性并非关键，真正重要的是如何分配产权。为实现经济高效率，产权应具备以下几个关键特征：

（1）产权应明晰，以避免由于不确定性而产生的争议和纠纷。

（2）产权应具有排他性或专一性，确保资源的持有者能够有效地控制和管理其资源，防止未经授权而使用。

（3）产权的保障应当是稳固的，保证资源的持有者不会因为外部干扰或政策变动而失去其资源。

（4）产权应是可转让的，使资源能够在市场中自由流动，从而达到资源的最优配置。

（5）产权的设置和实施应是可行的，具有实际操作性，确保在实践中能够有效地实施和维护。

对于环境资源而言，确立明确、排他、稳固、可转让且可行的产权，不仅可以促进资源的高效利用，还可以避免资源的过度消耗和损害。这样的产权安排为环境资源的可持续和公平使用提供了坚实基础。

（二）对环境资源进行合理定价

对环境资源进行合理定价意味着环境成本被纳入产品的总成本中，从而反映在产品的市场价格上。这种价格机制将为企业提供经济信号，使其在生产决策中考虑到环境因素。根据产品的属性和价格需求弹性，企业可能选择将这种成本转嫁给消费者，或选择通过效率提升和技术创新而消化这部分成本。此种成本转嫁和吸收策略会对企业的市场竞争力产生影响。在一个充分竞争的市场中，能够有效管理和降低环境成本的企业将获得竞争优势。因此，合理的环境资源定价可以激励企业增加对节能降耗技术的研发投入，推动对资源的持续和高效利用。

合理的环境资源定价可以引导整个社会和经济体系向更加可持续的方向发展。这不仅有助于节约资源，减少环境破坏，还能推动产业结构的升级，为经济增长方式的转变创造有利条件。这种转变，从依赖资源消耗的增长模式转向依赖创新和技术进步的增长模式，是实现长期可持续发展的关键。

（三）污染者负担原则

污染者负担原则自1972年提出后，已成为环境法律和政策的核心理念，它旨在确保那些导致环境损害的个体或实体承担相应的责任和成本。该原则明确地将环境损害的责任归咎于污染者，强调为了维护公众利益，污染者不仅要对其产生的污染承担治理责任，还要对可能造成的环境损害承担赔偿责任。此原则的实施有助于纠正一个常见的社会现象，即企业在追求利润的过程中导致环境污染，而治理的成本却由公众或政府承担。这样的现象既不公平，也不利于资源的合理配置和使用。通过实施污染者负担原则，可以使企业在决策时更能考虑到其活动可能对环境产生的影响，从而更有动力减少污染和采取预防措施。

"污染者负担原则"与"污染者付费原则"并不完全等同。后者主要涉及对污染行为的经济处罚，而前者更为全面，强调污染者在治理、预防和赔偿等多个层面的责任。在环境规制的框架内，污染者付费原则意味着污染者不仅要承担治理自己产生的污染的责任，还要参与区域性的污染治理，承担相应的费用，并对可能造成的长期和广泛的影响负责。污染者负担原则也强调了企业的社会责任。这不仅是经济上的责任，更是对社会和环境的长远承诺。这种承诺意味着企业需要在其日常运营中更加注重可持续性和环境保护，以确保其活动与社会的长期利益和环境的健康相一致。

三、环境规制的分类及关系

（一）环境规制的分类

环境规制作为维护生态平衡和促进可持续发展的重要工具，在其分类上受到广泛关注。不同的学者和研究者基于不同的研究角度和考量，提出了多种环境规制的分类方式。

一种常见的分类方式是将环境规制划分为正式环境规制和非正式环境规制。正式环境规制根据其实施对象的约束方式进一步细分为命令控制型环境规制和以市场为基础的激励型环境规制。命令控制型环境规制通常涉及明确的法律或政策要求，而激励型环境规制则依赖于经济激励来鼓励企业或个人采取环保行动。根据政府的具体行为，环境规制可以被归纳为命令控制型、经济刺激型和商业政府合作型。这种分类方式主要考虑了政府在环境规制中的作用和策略。考虑到国际贸易和环境保护的交互作用，有的分类方式侧重于适用范围，将环境规制划分为出口国环境规制、进口国环境规制和多边环境规制。从管制执行的角度，环境规制被区分为障碍式管制和合作式管制。前者主要通过限制和禁止某些行为达到环境保护目标，而后者依赖于各方的合作和参与。环境规制按照具体性原则可以划分为五大类，包括命令控制、市场激励、强制信息披露、自愿规范和商业政府伙伴关系。这五类规制涵盖了环境规制的各个方面，从硬性法规到柔性合作，为实现环境保护和可持续发展提供了多元化的策略和手段。本书将对第一种分类做简单概括。

1. 正式环境规制——命令控制型环境规制

命令控制型环境规制是由立法或行政部门制定的，其核心是通过法律、法规、政策和制度来直接引导和约束排污者做出有利于环境保护的选择。该类规制明确规定了排污者应遵循的环保标准和规范，并可能详细描述企业在生产和操作过程中必须采用的技术。

该种规制方法的显著特点是其明确性和强制性。污染者在面对这样的规制时，几乎没有选择余地，而是需要严格按照规定的标准和技术进行操作。违反这些规定通常会遭到严格的法律和行政处罚。

命令控制型环境规制在实践中有其明显优势。它可以确保环境业绩在短时间内得到明显改善，并有助于实现清洁生产和环境管理的标准。它也促进了环境政策从单纯关注污染治理向综合考虑资源、环境、节能和减排的转变。

这种规制方式存在局限性。政府监管和执行成本可能会比较高。而对于企业，由于规制的刚性和一刀切的特点，可能导致资源的不合理配置，抑制其对技术创新的积极性。

2. 正式环境规制——以市场为基础的激励型环境规制

以市场为基础的激励型环境规制是一种特定的治理机制，其核心是利用市场机制设计并通过市场信号引导企业的排污行为。该制度旨在激励排污者降低其排污水平，以使社会整体的污染状况得到有效控制和优化。

该类规制所采用的工具多种多样，包括排污税费、使用者税费、产品税费、补贴、可交易的排污许可证以及押金返还等。这些工具的目标是为经济主体提供经济上的激励或约束，从而驱使其在生产和运营中更加注重环境因素。以市场为基础的激励型环境规制的显著特点是其灵活性和企业的自主性。与命令控制型环境规制相比，该制度为企业提供了一定的选择余地和行动自由，从而为企业提供了采用成本较低且效果较好的污染控制技术的刺激。

此规制方式的主要作用在于明确企业的排污所有权，从而激励企业主动减少排放。这种规制方式鼓励企业进行技术创新，确保其排污控制在环境的容量和净化能力的安全边界之内。

这种规制方式也存在一定的局限性。在市场体系不完善的情况下，如排污税、补贴和可交易的排污许可证等工具可能无法有效发挥其应有的作用。另外，由于市场反应存在时滞，这些工具的效果可能需要一段时间才能显现。自"污染者负担原则"颁布后，以市场为基础的激励型环境规制逐渐受到国际社会的关注，并被多个国家和地区所采纳。这种规制方式已经成为现代环境政策的重要组成部分，并为推动企业和社会走向更加可持续的发展提供了有力的支撑。

3. 非正式环境规制——自愿型环境规制

非正式环境规制下的自愿型环境规制是一种特定的治理机制，其核心是由行业协会、企业自身或其他主体提出的协议、承诺或计划，企业可以选择性参与，旨在进一步保护环境。与传统的命令控制型环境规制和以市场为基础的激励型环境规制不同，自愿型环境规制不具有强制性约束力，而是基于企业的自愿和自我管理。

规制工具的选择主要包括环境认证、环境审计、生态标签以及环境协议等。这些工具通过提供市场认可和消费者信任，为企业带来竞争优势，从而鼓励企业采纳更为环保的操作和管理方式。自愿型环境规制的主要特点是它的非强制性和企业的自主性。参与这种规制的企业受益于成本节约和效率提高，同时降低由于环境问题而产生的市场压力。

此规制方式依赖于企业和行业的主动性，政府的角色往往被边缘化，或仅仅作为一个合作伙伴。而没有强制性经济手段的存在可能导致某些企业选择不遵守或不参与这些自愿协议。

实践中，自愿型环境规制呈现出多样化的形态。例如，企业或行业与政府之间可以通过谈判达成双边协议，如美国的 Keystone XL 计划；由企业或行业自主发起，如 3M 公司的 3P 计划；由政府设计并提出的计划，企业自行决定是否参与，如美国的 33/50 程序。正式的自愿型环境规制在全球范围内得到了逐渐的推广和应用。中国也在实施相关的自愿型环境规制，包括环境标志认证、ISO14000 环境管理体系认证以及清洁生产和全过程控制等。这些措施为企业提供了更多的选择，同时进一步推动了环境保护事业的发展。

（二）三者之间的相互关系

1. 三者之间的联系

环境规制的各种类型，无论是命令控制型、以市场为基础的激励型还是自愿型，都是为了实现共同的目标：保护环境和促进人与自然的和谐共生。这些规制体现了对个体或组织行为的一种约束，以确保其行为不会对环境造成过度的伤害。从这个角度看，各种类型的环境规制在目标上是一致的。

虽然它们的终极目标相同，但是每种规制方式都有其独特的性质和工具。命令控制型环境规制通常通过明确的法律、法规或政策实施，它要求企业或个人遵守明确的环境标准或技术规定。以市场为基础的激励型环境规制则通过经济手段，如税收、补贴或排污权交易，以激励企业或个人采取更环保的行为。自愿型环境规制是基于企业或个人的自愿参与，常常采用柔性的手段，如环境认证、信息披露或自我监管。

这些规制间的界限并不是绝对的。在某些情境下，一个特定的规制工具可能从一种规制类型转变为另一种。以信息披露为例，最初它可能是基于企业的自愿行为，但随着信息披露被认为是促进环保的有效工具，政府可能会通过经济激励，如优惠贷款或更容易的上市条件，以鼓励企业进行信息披露。这样，信息披露就从自愿型环境规制转变为以市场为基础的激励型环境规制。进一步地，当政府认为信息披露对公众具有重要意义时，可能会采取法律手段强制企业进行信息披露，此时，信息披露又转变为命令控制型环境规制。

2. 三者之间的区别

三种环境规制方式：命令控制型、以市场为基础的激励型以及自愿型，各自都具有其独特的特征和运作方式。从多个角度考虑，它们之间的区别可以被明确地阐述。

（1）运行成本、效率与对企业技术创新的激励。命令控制型环境规制的运行成本相对较高，尽管它能够明显地改善环境，但对企业的技术创新激励较低。以市场为基础的激励型环境规制，虽然其运行成本也相对较高，但它对企业的技术创新具有较高的激励作用，然而其环境改善的效果是不确定的。自愿型环境规制则具有较低的运行成本，并且对企业技术创新的激励程度较高，但其对环境的改善效果也是不确定的。

（2）规制的提出主体。命令控制型环境规制和以市场为基础的激励型环境规制的提出主体均为立法和行政部门。而自愿型环境规制的提出主体更为多样，可能来自政府部门、企业、行业协会、社区或其他相关主体。

（3）规制对象。命令控制型和以市场为基础的激励型环境规制的规制对象普遍涵盖所有个体和组织。相对而言，自愿型环境规制主要针对的是以营利为目的的企业。

（4）规制的刚性与柔性。命令控制型环境规制具有较强的刚性，个体和组织几乎没有讨价还价的余地，需严格遵循规定。以市场为基础的激励型环境规制有一定程度的柔性，虽然企业和个人可以讨价还价，但这通常是以付出经济代价为前提。自愿型环境规制为企业提供了最大的自主权，企业可以自主决定是否进行自我规制。

四、环境规制制度的形成与发展

自新中国成立起，中国的环境规制政策从零开始，逐渐扩大并不断完善。概括历史发展，中国的环境规制政策体系可分为五个阶段。

（一）初步形成阶段（1949~1977 年）：工业污染防治的初步探索

在新中国成立到改革开放前，随着社会主义工业化的推进，某些领域的环境污染问题逐渐浮现。尽管在计划经济的集中管理下，环境规制并未被明确提及，且党代会报告中也未明确涉及环境保护，但国家为应对工业化带来的挑战，实施了一系列具有环保意义的政策和措施。这些措施在当时有效地缓解了环境污染，标志着计划经济时代环境管理的早期尝试。具体措施包括：国家高度重视环境卫生。为了预防工业化可能带来的健康风险，1953 年，国家卫生部成立了卫生监督机构。1956 年，卫生部与国家建委共同发布了《工业企业设计暂行卫生标准》，并与城建部合作发布了《关于城市规划和城市建设中有关卫生监督工作的联合指示》。随后，全国多次开展"爱国卫生运动"，有效改善了城乡的环境卫生。另外，国家对工业污染的防治给予了足够的关注。

中国早在 1956 年就明确了综合利用"工业废物"的方针，20 世纪 60 年代提出了"变废为宝"的口号，"一五"时期建设的 156 个重大项目均按照国家要求采取了严格的污染防治措施。

在 20 世纪 70 年代前，中国的环境治理主要集中在工业"三废"处理、回收利用、资源节约与保护等领域。这一时期，中央政府提出并实施了"三废"处理和回收利用的策略，全国范围内掀起了工业资源综合利用、消除和改造"三废"的群众运动。为确保这一策略的有效实施，部分城市逐步成立了"三废"治理办公室，这些机构负责督导、检查并管理各自城市的"三废"治理工作。

中国对资源问题一直持有高度的关注。在此背景下，政府提出了多项与资源保护相关的政策，如植树造林、兴修水利、治理水患和节约资源等。为确保这些政策的成功实施，政府发布了多个相关文件，如《中华人民共和国水土保持暂行纲要》（1957年）、《中共中央关于确定林权、保护山林和发展林业的若干政策规定（试行草案）》（1961年）、《森林保护条例》（1963年）和《矿产资源保护试行条例》（1965年）等。为进一步推进生态环境保护，政府还组织并建立了一系列综合性自然保护区，并开展了"绿色祖国、植树造林"的群众运动，这些措施在保护生态环境、预防水土流失方面发挥了显著作用。

尽管这些早期政策取得了一定的成效，但由于当时的发展阶段和对环境问题的认识局限，国家对于工业化带来的环境问题的严重性考虑并不充分。因此，这一时期的环境政策在总体上仍然停留在处理工业"三废"、强调环境卫生和节约资源等较为单一的层面。

1972年，受到联合国人类环境会议的影响，中国环境治理进入了新的发展阶段。国家计委环境保护办公室组建了国务院环境保护领导小组，这是中国第一个专门从事环境保护工作的机构，其主要职责是制定和审定环境保护领域的相关政策。1973年，国务院召开了第一次全国环境保护会议，这次会议对中国的环境保护工作具有里程碑式的意义。在会议上，审议并通过的《关于保护和改善环境的若干规定（试行草案）》明确了环境保护工作的方向和策略，为中国环境规制政策体系的初步构建奠定了坚实基础，并为未来环境保护事业的发展确立了初步的理念和方向。

（二）正式建立阶段（1978~1991年）：预防为主、防治结合

改革开放后，中国经历了深刻的经济结构变革，从单一的公有制转变为多元化的所有制结构，伴随着非公有制经济，特别是民营企业的迅猛发展，这种发展为经济社会的繁荣注入了新的活力，但也带来了环境问题。多数新兴的民营企业，由于其环境责任意识的缺失和环保管理能力的不足，成为了环境污染的重要源头。在这种背景下，政府的环境规制成为刻不容缓的任务。

尽管面临着环境压力，但此时的中国在环境保护法律法规建设上还存在明显的缺陷。环保部门并没有形成独立、稳定的机构体制，而是持续维持在一个"临时性"的状态。这种情况无疑为环境规制的实施带来了难题。为弥补这一缺陷，国家加大了力度，陆续推出了一系列环保法律法规，并对环保机构进行了进一步的完善和加强，旨在为环境保护工作提供更为坚实的制度保障。

1. 环境保护的法律制度化

1978 年的《中华人民共和国宪法》将环境保护纳入宪法框架，是对环境权益的首次明文确认，展现了国家对环境保护事业的法治态度。1979 年的《中华人民共和国环境保护法（试行）》为后续的环境保护工作铺设了法律基石。1989 年，《中华人民共和国环境保护法》的正式颁布，确立了中国环境保护的基本法律原则和规定，表明中国环境保护立法已逐渐成熟。

2. 环境保护的国策地位确立

1983 年，国务院确定了环保基本国策和三大环保政策，标志着环境保护从边缘化走向中心化。这不仅是对经济与环境关系的深刻洞察，也是对可持续发展理念的践行。将环境保护上升到国策层面，为后续的环境法律、法规的制定和实施提供了政策导向。

3. 环境保护制度体系的形成

通过 1989 年和 1990 年的系列制度提议，中国环境保护制度体系逐渐完善。特别是环境保护目标责任制，将环境保护与政府官员的政绩挂钩，强化了环境责任的落实。这一系列制度不仅为环境保护提供了具体操作路径，也确保了政府部门和企业在环境保护上的责任明确、权益均衡。

4. 环境保护机构的建立与职能强化

1982 年，城乡建设环境保护部的成立及后续的环境保护局独立，展现了国家对环境保护工作的高度重视。机构的独立和职能的强化意味着环境保护从一个次要的、分散的任务，转变为一个具有系统性、全局性的国家工程，为中国的环境治理工作提供了坚实的组织保障。

（三）完善加强阶段（1992～2001年）：污染防治和生态保护并重

1992年，以南方谈话和党的十四大为标志，中国正式确立了社会主义市场经济体制。在这一市场经济背景下，改革开放的步伐加快，涉及各个领域。随着经济的快速增长，生态和环境问题也日益突出，成为社会关注的焦点。

1. 确立可持续发展的国家战略地位

1992年的《中国环境与发展十大对策》与1994年的《中国21世纪议程——中国21世纪人口、环境与发展白皮书》均凸显了中国对可持续发展理念的认同与实践。将可持续发展纳入"九五"计划纲要更是对其战略地位的明确表达。这一转变标志着中国发展观念的深刻变革。经济增长不再是唯一的发展目标，而是与资源、环境的协调发展相统一。这不仅是对发展质量的追求，更体现了人与自然和谐共生的现代发展理念。

通过将可持续发展纳入国家战略，中国明确了经济、社会与环境三者间的平衡关系。这种平衡关系突破了传统的发展模式，强调在追求经济增长的同时，必须考虑资源的有限性和环境的承载能力。这一战略的确立为中国的长远发展提供了指导，强调了经济发展与环境保护间的内在联系，从而为实现人与自然的和谐共生创造了有利条件。

2. 坚持污染防治和生态保护并重

1996年，第四次全国环境保护会议所提出的"坚持污染防治和生态保护并重"策略标志着中国环境治理方向的重要转折。此策略不仅聚焦于传统的污染控制，而且将生态系统的完整性与健康放在了同等的重要位置。这一思路的确立体现了对环境问题更加全面、深入的认识，强调了生态系统健康对社会经济发展的基础性、长远性影响。"一控双达标"与"33211"环境工程的提出，为实现这一策略提供了具体的行动方针与任务，确保了策略从理论到实践的连贯性。这种并重思路为中国环境保护事业奠定了坚实的基础，使得环境治理不仅仅是对污染的应对，而是基于整体、系统的视角，对环境与生态进行全方位的保护与修复。

3. 加快环境保护的立法

20世纪90年代，中国对环境保护立法活动展现出了前所未有的活跃度，这一时期的立法进程反映了国家对环境问题日益加深的关注与认识。特别是第八届全国人大常委会通过并修正了一系列与环境保护紧密相关的法律，如《中华人民共和国大气污染防治法》《中华人民共和国固体废物污染环境防治法》《中华人民共和国水污染防治法》等，这些建议都为中国的环境治理提供了明确的法律指引。多项行政法规和部门规章的出台进一步细化了上述法律的实施细则，确保了法律政策从制定到执行的连贯性。例如，国务院颁布的《中华人民共和国水污染防治法实施细则》为水污染防治提供了具体操作的依据，而《建设项目环境保护管理条例》对建设项目的环境影响进行了明确规定，旨在确保经济建设与环境保护间的平衡。

4. 环保机构改革的深化

1993~1998年，中国在环境保护领域的机构改革达到了一个新的高潮。全国人大设立的环境保护委员会，及其后续更名为环境与资源保护委员会，昭示了对环境问题的专门性考虑和对资源问题的综合管理。这一机构的建立，无疑强化了环境法规的制定、修订和监督工作。各级政府和行业主管部门纷纷响应，设立专门的环境管理机构，推动环境保护工作的深入开展。这种垂直于国家的机构的设立，在各个层级形成了一个完整、互补的环境治理网络。特别是当国家环境保护总局于1998年被提升为正部级单位时，它的权威性和执行力得到了进一步加强，也为环境保护工作带来了更为明确的方向和更为有力的支撑。

（四）战略转型阶段（2002~2011年）：在发展中保护、保护中发展

21世纪初，中国经历了一场前所未有的经济腾飞，以重化工业为主导的

经济增长模式为国家带来了可观的经济收益，但这种增长背后所隐藏的环境代价日益凸显。大量的资源消耗和环境破坏逐渐引起了公众和政府的关注。在这种背景下，环境规制不再仅仅被视为简单的污染控制手段，而逐渐上升为国家战略的高度，成为推动经济和社会持续、健康发展的重要组成部分。

党的十六大以来，中央先后提出了"科学发展观""促进人与自然和谐发展""实现经济发展和人口、资源、环境相协调发展"等重要论断，并把建设资源节约型和环境友好型社会确立为国民经济与社会发展中长期规划的一项战略任务。党的十七大报告进一步提出了"建设生态文明，基本形成节约能源资源和保护生态环境的产业结构、增长方式、消费模式"。

为贯彻这一战略方针，中国在这一时期对环保法律法规进行了完善。例如，《中华人民共和国清洁生产促进法》和《中华人民共和国环境影响评价法》为企业提供了清晰的环保行为指导，而《中华人民共和国固体废物污染环境防治法》和《中华人民共和国可再生能源法》则明确了国家在资源利用和环境保护方面的决策导向。国务院颁布的《排污费征收使用管理条例》和《节能减排综合性工作方案》为进一步实施环境规制提供了具体的操作机制。

《中华人民共和国清洁生产促进法》作为中国的首部循环经济立法，其制定意味着国家对污染治理模式的深度反思和重构。该法律强调在生产过程中减少污染的产生，而不仅仅是对已经产生的污染进行治理。这种转变代表了中国由传统的末端治理模式向更为先进、更具前瞻性的全过程控制模式的转变。

《中华人民共和国环境影响评价法》的颁布与实施，进一步确立了中国环境保护的前瞻性和预防性原则。它要求在项目建设前，必须进行环境影响评价，确保潜在的环境风险在项目启动前得到充分的识别和评估。这一转变彻底摒弃了原先的"先污染后治理"的模式，代之以"先评价后建设"的新模式，从源头上防止和控制污染，更加注重环境的持续性和可持续性。

21 世纪初，中国环境保护事业经历了关键的战略调整与制度完善。这一时期，国家连续召开了三次重要的环境保护会议，逐步明确并提升了环境保护的战略地位。

2002 年，第五次全国环境保护会议的召开，标志着环境保护已被正式列为政府的五大核心职能之一，这不仅凸显了环境问题在国家治理中的重要性，而且明确了政府在环境保护领域的主导责任和不可推卸的职责。2006 年，第六次全国环境保护会议，提出的"三个转变"思想，对于中国环境治理的理念和方法提出了更高的要求，强调了经济发展与环境保护的协同和平衡。2011 年，第七次全国环境保护会议进一步深化了环境保护的策略思维，强调了在发展与保护之间寻求平衡与和谐，这一战略方针对中国环境治理模式和资源配置进行了重大创新。环保机构的改革也在此时取得了显著成果。2008 年，国家环境保护总局升级为环境保护部，这一机构调整不仅强化了环境监管的权威性，更为环境政策的制定、实施和统筹提供了有力的组织保障。

（五）全面提升阶段（2012 年至今）：坚持生态优先

从 2012 年党的十八大召开以来，中国环境规制政策体系进入了全面提升的阶段，这一阶段的核心特征是坚决坚持生态优先。这一政策取向不仅从策略上强调了生态文明建设的重要性，而且在实践中通过一系列具体措施确保了这一原则的落地。

党的十八大报告明确提出了"五位一体"的总体布局，并将生态文明建设置于其中，这为环境规制政策体系的全面提升提供了宏观方向。更为关键的是，《中共中央 国务院关于加快推进生态文明建设的意见》和《生态文明体制改革总体方案》作为顶层设计，明确了生态文明制度体系建设的路线图和策略路径。

在立法领域，2014 年修订的《中华人民共和国环境保护法》及 2016 年通过的《中华人民共和国环境保护税法》均体现了生态优先的原则，特别是对环境违法行为的严格制裁，显示了国家治理环境问题的坚决态度。2017年颁布的《中华人民共和国环境保护税法实施条例》完成了从排污费到环保税的转变，使得环境规制更具有经济杠杆效应。生态文明纳入《中华人民共和国宪法修正案》，进一步提升了生态优先原则在中国法律体系中的地位，确保了其在实践中的稳固性与持久性。2018年的行政机构改革，通过组建自然资源部和生态环境部，进一步整合了环境保护与资源管理的职能，有助于提高政策制定和执行的效率，确保生态优先原则得到有效实施。2020年，中共中央办公厅、国务院办公厅印发的《关于构建现代环境治理体系的指导意见》指出，到2025年，建立健全环境治理的领导责任体系、企业责任体系、全民行动体系、监管体系、市场体系、信用体系、法律法规政策体系，落实各类主体责任，提高市场主体和公众参与的积极性，形成导向清晰、决策科学、执行有力、激励有效、多元参与、良性互动的环境治理体系。

习近平总书记在党的二十大报告中指出，推动绿色发展，促进人与自然和谐共生。尊重自然、顺应自然、保护自然，是全面建设社会主义现代化国家的内在要求。必须牢固树立和践行绿水青山就是金山银山的理念，站在人与自然和谐共生的高度谋划发展。习近平总书记在党的二十大报告中同时也指出，持续深入打好蓝天、碧水、净土保卫战。统筹水资源、水环境、水生态治理，推动重要江河湖库生态保护治理。2023年，国家发展和改革委员会、生态环境部、住房和城乡建设部印发《环境基础设施建设水平提升行动（2023—2025年）》，部署推动补齐环境基础设施短板弱项，全面提升环境基础设施建设水平。

加快发展方式绿色转型，是党中央立足全面建成社会主义现代化强国、实现第二个百年奋斗目标，以中国式现代化全面推进中华民族伟大复兴作出的重大战略部署，具有十分重要的意义。我们要坚决贯彻落实党的二十大部署和要求，推动绿色发展，促进人与自然和谐共生。

五、环境规制理论演变过程

随着中国从计划经济向社会主义市场经济的逐渐过渡，经历了经济的快速增长。然而，这也带来了生态环境的加剧破坏。面对经济增长与环境资源的冲突，中国的环境政策体系进行了多次策略性的调整。这些调整不仅体现在环境政策的核心思想和理念上，还涉及政策的种类和实施手段，标志着从数量型向质量型的重要转变。

（一）政策理念从"污染防治观"向"生态文明观"演变

中国在工业化进程中的环境策略，从早期的相对忽视到后期的高度重视，经历了一个从"污染防治观"向"生态文明观"的深刻转变。

在新中国成立之初，为迅速恢复和发展经济实力，环境问题并未受到充分关注，环保的初衷仅仅是为经济建设服务。这一阶段的环境认知，更多地基于社会主义经济建设的初步框架，缺乏完整的环保理念。然而，20世纪70年代，中国参与联合国人类环境会议，成为环境意识觉醒的标志性时刻。国家开始意识到环境污染与生态破坏是现实且迫切需要解决的问题。这标志着国家从边缘环境问题到正视其重要性的转变。

进入改革开放时期，经济的飞速发展与日益严重的环境问题并存。20世纪80年代，国家将环境保护提升到基本国策的层次，形成了初步的环境保护策略。尽管如此，当时的环保理念仍然偏向于污染防治，关注点在于如何控制污染排放。这种观念背后的核心思想是：当环境保护与经济发展出现矛盾时，经济发展优先。随着20世纪90年代经济的持续增长，工业化和城市化的步伐加快，经济与环境间的矛盾更加尖锐。环境问题已经成为限制经济发展的关键因素。面对这一挑战，国家逐渐认识到环境的战略地位，开始将其纳入可持续发展的框架中，标志着从污染防治观向生态文明观的演变。

在可持续发展的框架下，经济增长的传统定义已经被超越，转而强调人口、资源、环境、经济和生态间的均衡关系。受此观念影响，政府的环境规制策略已从"确保环境保护与经济建设、社会发展的协同"转向"确保经济社会进步与环境保护的和谐"，这明确了环境的优先地位。

在21世纪的全球化背景下，中国迅速崛起为世界第二大经济体，其在环境保护领域的角色不仅涉及国内发展，更与全球生态环境的命运紧密相连。考虑到全球性的生态危机，中共中央凭借对社会主义初级阶段的深入把握，提出了以人为中心的，全面、协调、可持续的科学发展观念。这一观念成为对改革开放后经济增长中出现的各种问题的深入反思与纠正，它对可持续发展理念进行了深化和完善。

2007年，党的十七大报告中首次提及"生态文明建设"，这一表述标志着社会主义生态文明观念的确立。将生态问题上升到文明的层面，反映了中国环境治理哲学的进一步演化。推进生态文明不只是为了实现科学发展，更是出于对全球生态安全的考虑，以及推动人类持续文明进步的期望。

党的十八大后，中共中央站在新的历史节点，对人类文明发展的经验与规律进行了深入的梳理。针对生态文明保护，党中央提出了一系列创新性的观点、理念和战略方针。这些新的指导思想在推进生态文明建设的同时，也与社会主义事业的"五位一体"总体规划相契合。

党的二十大报告指出"要推进美丽中国建设，坚持山水林田湖草沙一体化保护和系统治理，统筹产业结构调整、污染治理、生态保护、应对气候变化，协同推进降碳、减污、扩绿、增长，推进生态优先、节约集约、绿色低碳发展"[1]。中央政府对于生态环境保护和生态文明建设的思考，体现了其深度的理论洞察与战略规划。这一思考不仅为新时代的生态环境保护与生态文明建设确立了明确的思想导向，还为追求美丽中国的宏伟目标和中华民族的

---

[1] 党的二十大报告学习辅导百问[M].北京:学习出版社,党建读物出版社,2022.

永续发展制定了具体的实施路径。这种导向昭示了生态文明建设在实现"中华民族伟大复兴的中国梦"中的核心地位——即该梦想固然包括经济和文化的繁荣，更为关键的是生态友好的、可持续的美丽中国梦。

对中国环境规制政策体系的演进进行回顾，可观察到其由"谁污染谁治理"的思路逐渐演变为"坚持污染防治和生态保护并重"。这一转变不仅体现了中国对环境保护与经济发展之间的平衡态度，而且强调在两者之间寻找一个综合的、生态为先的方法。在过去的70多年中，中国环境政策体系经历了数次重要的战略调整，其背后的法制建设理念也在持续发展，与时代发展步调保持一致。

从更广泛的角度看，人类在追求经济增长的过程中，如果不加约束地对自然生态系统进行改造，单纯地从自然界索取、过度使用资源并大量排放污染物，最终的后果无疑是生态的反噬和严重的生态危机。因此，"污染防治观"的提出、"可持续发展观"的确立、"科学发展观"的进一步落实以及"生态文明观"的持续推动，实际上都是基于中国特有的现实国情——即在工业化迅猛推进的背景下，面临资源紧张、环境污染加剧、生态系统退化以及经济发展与人口、资源和环境之间矛盾日益加剧的挑战。这些观念的形成和推进，既体现了中央政府对生态环境破坏背后原因的深入洞察，也展现了其对人类经济社会发展方式的深度反思，以及对中国特色社会主义事业总体布局的逐步拓展与完善。

（二）政策类别从"政府干预"向"市场激励""公众参与"演进

在中华人民共和国成立初期的高度集中的计划经济体制下，环境规制政策体系的建设体现了国家对经济社会发展的全面干预。这一时期的环境规制策略主要以政府的强管制为特征，运用行政命令直接对企业的生产活动进行干预。此类行政管理手段，如准入限制、排放标准和总量控制等，尽管在短时期内可能对某些不可逆的或超出环境承载力的问题产生积极效果，但这种

"一刀切"的策略在长期实践中显示出其固有的局限性，例如，缺乏对环境技术革新的激励，以及导致环境规制策略的效率低下。

行政命令式的环境规制工具具有较高的管理成本，对政府的执法能力提出更高的要求。在实际执行过程中，地方政府可能由于追求经济效益而忽视或疏忽环境保护工作，导致环境法规的执行不力或甚至被完全忽视。这种现象在部分地方政府和企业间更为明显，由于它们可能出于追求短期经济利益的目的而合谋规避环境法律，从而引发严重的环境污染事故。

随着市场经济体制的逐渐确立和完善，单一的、依赖政府干预的环境规制方法逐渐显现出其内在弊端。这促使国家开始转向更加灵活、适应市场机制的环境治理模式。为此，市场激励型的环境规制工具，如环保税和排污权交易，迅速发展。这些市场导向的策略旨在通过价格机制对污染排放进行定价，从而使环境的负外部性成本得到内部化，从而鼓励企业主动进行环境治理。尽管市场机制为环境治理提供了新的策略和工具，但它们也面临自己的挑战和局限性。例如，排污权交易制度在实践中仍然面临如何有效核定和分配初始排污权、如何监管交易过程等问题。2018年实施的环保税制度，尽管有助于规范环境保护费用的收取和使用，但在确定税负和税收范围时仍需进行深入的考量和权衡。

在环境规制领域，公众参与已逐渐被视为一种重要的策略，有助于提高环境保护政策的有效性和透明度。事实上，公众参与环境保护的权利在中国的立法中已有所体现。例如，1989年颁布的《中华人民共和国环境保护法》为公众提供了对环境破坏行为进行检举和控告的权利，这一权利在2014年新修订的《中华人民共和国环境保护法》中得到了进一步明确。2015年，环境保护部公布的《环境保护公众参与办法》为公众参与环境保护提供了更为具体的操作指引。公众参与在环境治理中的角色不仅有助于降低政府的环境监管成本，而且是行政决策民主化的体现。通过包括不同利益方在内的广泛参与，可以确保各方的利益得到适当的考虑，从而增强政策的公正性和可接受度。然而，由于公众参与制度很大程度上依赖自愿原则，其在实际应用中可能会出现时滞或仅仅停留在形式化的层面。当前，中国公众在环境治理中的积极参与仍有待提高。为确保公众参与真正产生效果，仍需要行政部门的支持，以及法律法规的细化和完善。

中国在环境规制策略上已经形成了行政命令型、市场激励型和公众参与型三种主要的工具。这三种策略各有其特点和适用场景，它们在中国经济发展的不同阶段均发挥了关键作用。随着市场经济和社会制度的进一步完善，环境规制政策工具的多样性和复杂性将继续增加。尽管如此，从长远趋势看，行政命令型和市场激励型环境规制仍将在未来一段时间内保持其不可替代的地位。而基于社会进步和市场完善的公众参与型环境规制，预期将会得到更广泛的关注，其在环境治理领域的应用和影响将日益增加。

六、环境规制政策发展趋势

随着社会对生态问题的认知不断加深，中国的环境治理取得了显著进展。但这种进展并不意味着问题已经得到了根本解决。长期的经济高速增长所带来的环境问题依然严峻，生态文明建设的任务依然艰巨。

党的十九大以来，中国对生态文明建设的理念进行了深入的总结和提炼，并在此基础上，明确提出了 2035 年和 21 世纪中叶的生态环境建设目标。这一战略部署不仅是对中国未来生态文明建设的明确指引，更是对全球生态安全和可持续发展的中国贡献。

（一）加快环境保护法律制度创新，加大环境监管执法力度

在当前阶段，中国生态文明建设逐渐受到政府的重视，环境法律体系不断得到强化。随着生态文明的入宪，以宪法为中心的中国特色社会主义法律体系持续优化和完善。尽管如今的环境立法已经覆盖了生态保护的诸多领域，

并且除《中华人民共和国环境保护法》这一基础性法律之外，还针对环境污染控制、自然资源的保护、资源的循环利用等特定领域发布了专门的法规，但是，这些法律在具体条文上还存在某些重复或矛盾的地方，其内容在某些方面显得过于宽泛，缺乏严格的制裁措施和明确的操作指导。

在执法领域，自从《中华人民共和国环境保护法》这一严格的法律开始实施后，中国对环境违法行为的打击力度明显加大，查处的案件数和罚款金额都有所增加。然而，在实际执法过程中，部分地方政府出于提高本地区GDP 的目的，选择降低环境标准以吸引外资，这无疑是以牺牲当地生态为代价的行为。

2018 年 5 月，习近平总书记在全国生态环境保护大会上提到，要用最严格制度、最严密法治保护生态环境，加快制度创新，强化制度执行，让制度成为刚性的约束和不可触碰的高压线。这也意味着，在新时代背景下，中国需要进一步强化环境监管措施，创新环境保护法律制度，并确保其得到严格执行。

第一，针对当前环境保护的立法背景，迫切需要对相关法律规定进行完善，尤其是对那些在现有法律体系中尚属空白的领域进行制度规定，从而为行政执法创造一个健全的立法环境。以生态补偿制度为例，尽管它被视为生态文明建设中的核心激励机制，但其在法律层面上仍然存在一系列问题，如法律定位的模糊性、权责关系不明确、补偿范围和力度的不足等。因此，未来的立法工作应着重于完善生态补偿制度的法律框架，尤其是细化补偿的相关条款，明确其对象、范围和资金等关键要素，以确保该制度在实际操作中有法律依据。

第二，对于环境保护的考核评价机制，有必要引入创新，配套最为严格的考核标准和激励措施。提议实施绿色发展目标责任制，并将之纳入地方政府的政绩考核评价体系中，强调资源消耗、环境损害以及生态效益等关键指标。应进一步细化这些考核指标，确保其具有实际的操作性。要将这些考核结果作为干部选拔、奖励的依据，从而调动其在环境保护方面的积极性和主动性。

第三，在环境执法监管方面，必须加强制度建设，确保责任制度得到严格执行。建议进一步完善执法监管机制，加强对其的考核评估，同时建立健全的环境责任追究体系，确保政府在此方面的责任得到落实。对于那些执法不力、监管不足、存在违法行为的部门和人员，应依法进行问责，确保执法行为得到公正、严格的执行，从而避免执法中的随意性和不公正性。

（二）加快环境规制手段创新，探索构建政府、市场与公众三方共治的环境治理体系

环境治理体系的创新与完善是当今全球持续关注的议题，中国正积极探索一种更为高效、公正的治理模式。在传统的行政命令主导的体制下，中国的环境保护正在经历一个向市场化和公众参与机制转变的过程。为了更为全面地解决环境问题，提出了政府、市场与公众三方共治的环境治理体系。

政府作为主导力量，其角色不可替代，但仅依靠政府的力量难以完全实现环境治理的目标。行政资源的有限性决定了其在环境治理中的局限性。因此，市场和公众的参与显得尤为重要。市场机制，特别是市场化的环境规制手段，可以为生态环境治理提供新的动力。例如，通过完善环境治理和生态保护的市场化机制，可以为企业创造一个公平竞争的环境，在此环境下，企业将受到损害环境的成本和改善环境的收益的双重驱动，从而更加注重环境保护。排污权交易市场的建设也是市场化规制手段的重要组成部分，它可以为污染排放企业提供更为灵活的选择，同时能够为环境治理提供经济上的激励。

公众的参与在环境治理中也起到了不可忽视的作用。公众对于环境信息的获取和监督权利应得到保障。环境信息披露机制的完善和环境信息的公开透明，可以确保公众在环境治理中发挥更为积极的作用。扩大环境违法监督

的举报渠道，加强政府、市场与公众之间的互动，以及健全环境公众听证制度，都可以进一步增强公众在环境治理中的影响力。

（三）加强环境规制政策与财税、金融、创新政策的协调配合

环境规制政策的构建与完善是一个跨领域的系统性工程，其实施的效果与其他政策体系，尤其是财税、金融和创新政策的协同配合，息息相关。

1. 财税政策与环境规制的协同作用

财税政策具有显著的调控作用，可对企业行为产生积极引导。为了鼓励企业更好地履行环保责任，建议完善与环保相关的财税优惠政策，确保这些政策真正起到激励作用。不利于环境保护的财政补贴政策应逐步取消，反之，对于环境治理和生态保护方面的项目，应增加财政资金支持。通过调整税收标准、直接补贴等方式，企业更倾向于采用绿色技术和清洁能源，从而生产绿色产品。

2. 金融政策在环境治理中的角色

金融政策是环境规制的重要支撑，能够有效调动资本市场的力量，促进绿色产业的发展。具体来说，国有资本应加大对环境治理的投入，同时鼓励社会资本进入绿色产业领域，如环保、节能和清洁交通等。通过绿色金融工具，如绿色信贷、绿色债券和绿色基金等，可以为绿色产业提供持续的资金支持。

3. 创新政策与环境规制的整合

技术创新是推动环境治理的关键因素，因此，应加强以企业为主体、市场为导向的技术创新体系。这不仅包括鼓励企业增加绿色技术研发的投入，还包括加强基础性研究和核心技术的攻关。绿色技术的知识产权保护、技术标准的制定和国际合作都是创新政策的重要组成部分，它们共同为生态环境治理创造了一个有利的技术创新生态环境。

第二节 西部地区概述

一、西部地区行政规划

从地理和经济的角度审视，中国的西部地区占据着极为重要的地位。这一区域包括重庆、四川、陕西、云南、贵州、广西、甘肃、青海、宁夏、西藏、新疆和内蒙古。此区域约占全国陆地面积的 71.6%，总计约 687.1 万平方千米。尽管它的土地面积广阔，但其人口总数大约为 3.9 亿，只占全国的 29%。从经济发展的角度看，2022 年，该地区的生产总值达到了 256985 亿元，年增长率为 3.2%。除了四川盆地和关中平原这两个经济较为发达的地区，西部的其他地域都是经济相对滞后的地区，这些地区的开发仍然有待加强。作为国内经济的重要引擎，四川盆地内的重庆和成都都在全国城市排名中跻身前十，而关中平原的西安也名列前二十。

从地缘政治的角度看，西部地区在国际关系中具有举足轻重的地位。它与蒙古、俄罗斯、塔吉克斯坦、哈萨克斯坦、吉尔吉斯斯坦、巴基斯坦、阿富汗、不丹、尼泊尔、印度、缅甸、老挝和越南 13 个国家都有陆地边界，这些边界总长达到了 1.8 万千米，占全国陆地边界的 91%。西部地区还与东南亚的一些国家隔海相望，海岸线长达 1595 千米，约为全国海岸线的 1/11。这一地理特点使得西部地区在国家的对外经贸和战略布局中扮演了关键角色。

（一）重庆

重庆在中国的西部地区占据着举足轻重的地位。作为中华人民共和国的四大中央直辖市之一，重庆不仅是超大城市，还是国家中心城市、五大国际航运中心以及国务院定位的四大国际大都市之一。这一地位使得重庆在国家的政治、经济、文化和社会发展中发挥了重要作用。

重庆是长江经济带的西部中心，同时是长江上游地区的经济、金融和创新中心。这一地理优势使得重庆成为了中国西部地区的经济引擎。作为西南地区最大的工商业城市，重庆在国家的现代制造业、物流和金融领域中有着举足轻重的作用。它是国家的重要现代制造业基地、国家物流枢纽以及西部大开发的重要战略支点。重庆还是"一带一路"和长江经济带的重要联结点，这进一步加强了其在中国乃至全球的战略地位。文化和科技方面，重庆是国家历史文化名城和世界温泉之都。这一地位使得重庆在国内外都有着举足轻重的文化影响力。重庆还是一个科技和教育中心。据统计，重庆拥有国家级重点实验室 10 个、国家级工程技术研究中心 10 个以及高校 67 所。这一数据显示了重庆在科研和教育领域的领先地位。

（二）四川

四川，位于中国的西南部，是西部地区的经济、文化和交通枢纽。其简称为"川"或"蜀"，拥有悠久的历史和文化传统，古时被称为巴蜀。四川不仅在历史上有着丰富的文化和传统，而且在现代中国的经济和社会发展中也占据着重要地位。

地理上，四川的地形结构复杂，从东部的四川盆地的川东平行岭谷和川中丘陵，到中部的四川盆地的成都平原，再到西部的川西高原，四川展现了从平原到高原的多样化地貌。这样的地形使得四川在农业、工业和旅游业等多个领域都有着得天独厚的优势。四川与陕西、贵州、云南、西藏、青海、甘肃和重庆等多个省份接壤，这一地理位置使其成为西部地区的交通和经济枢纽。四川是"中国西部经济发展高地"，多年来其经济总量一直稳居西部第一。作为四川的省会，成都在 1993 年被国务院确定为中国西南地区的科技、商贸、金融中心以及交通和通信枢纽。这意味着成都在四川乃至整个西南地区的经济和社会发展中都发挥着核心作用。成都双流国际机场作为中国的第四大航空港，进一步巩固了四川在西部地区的交通枢纽地位。四川是国宝大熊猫的故乡，这使得四川在国内外都有着举足轻重的旅游影响力。四川的历史、文化和自然资源都使其成为国内外游客的热门目的地。

（三）陕西

陕西，位于中国的西北部，拥有丰富的历史和文化传统。省会西安是古都，见证了中华文明的多个重要时期。地理上，陕西位于中国内陆的腹地，跨越黄河中游和长江上游，地理坐标处于东经105°29′~111°15′，北纬31°42′~39°35′，拥有约21万平方千米的土地面积。

陕西的地理位置使其成为中国东、中部地区与西北、西南地区的重要连接枢纽，它与山西、河南、宁夏、甘肃、重庆、四川、湖北和内蒙古等多个省份接壤。陕西因西周初年的陕原划分而得名，长时间被简称为"秦"，它是中华文明的重要源头。作为中华之源，陕西积累了深厚的文化和历史底蕴，这也使其在中国的历史和文化中占据了重要地位。

（四）云南

云南，位于中国的西南边界，是一个充满自然之美和文化魅力的地方。云南，简称"滇"或"云"，在历史上是人类的重要发源地。云南元谋猿人，生活在约170万年前，是迄今为止发现的中国乃至亚洲的最早人类，见证了人类演化的重要阶段。在战国时期，云南是滇族部落的居住地，这为其后的多元文化打下了基础。

从地理位置上看，云南的位置使其具有独特的生态和文化多样性。云南省拥有约39万平方千米的面积，在全国各省级行政区中排名第8，截至2022年末，常住人口为4693万人，排名第12。云南与四川、贵州、广西、西藏等省区相邻，同时与缅甸、老挝和越南三个国家接壤，这使得云南在国际交往中具有特殊的地位。北回归线穿越其南部，这一地理特点为云南的自然环境和生态多样性提供了独特的条件。

（五）贵州

贵州，位于中国的西南地区，是一个历史悠久、资源丰富、多民族共居的省份。地理上，贵州位于中国西南的东南部，与湖南、广西、云南、四川和重庆等多个省份接壤，拥有约 17.6 万平方千米的土地面积，占全国国土的 1.8%。贵州的地理位置和自然资源使其发展潜力巨大。

贵州是一个多民族的省份，多个民族在这里和睦共处，共同创造了丰富多彩的贵州文化。历史和文化的深厚底蕴使得贵州在中国的文化和历史中占据了重要地位。贵州被誉为"公园省"，其自然风光和人文景观都极具吸引力，是休闲和度假的理想之地。

（六）广西

广西，位于中国的华南地区，是一个多民族、多文化的地区。广西在 1958 年建立为自治区，至 1965 年更名为广西壮族自治区。地理上，广西位于华南地区的西部，南接北部湾，与越南交界。这样的地理位置使广西在国家的对外经贸和文化交流中具有重要地位。广西拥有丰富的海洋资源和生物多样性，特别是在水果产量上，广西被誉为"水果之乡"。广西的喀斯特地貌、文物古迹和民族风情都使其成为一个旅游胜地。广西是一个多民族的地区，这里居住着汉族、壮族等多个民族。这些民族的文化和传统都为广西增添了独特的魅力。广西不仅是一个多民族的地方，还是全国三大侨乡之一，这使得广西在国内外都有着举足轻重的影响力。

（七）西藏

西藏，位于中华人民共和国的西南边陲，坐落于青藏高原的西南部，是一个地理位置独特、文化传统丰富的地区。从地理范围来看，西藏与多个省份接壤，如新疆、青海、四川和云南，同时与多个国家和地区如缅甸、印度、不丹和克什米尔接壤，边境线全长近 4000 千米。这样的地理位置使得西藏在国际关系中具有特殊的地位。

西藏的自然风光以其壮观和独特性而闻名。广袤的土地、高峻的山脉、丰富的资源都使得西藏成为了一个自然和文化的宝库。这里的自然景观和文化传统吸引了大量的游客和研究者。

（八）内蒙古

内蒙古，位于中国的北部边疆，是一个地理位置重要、资源丰富、民族多样的地区。内蒙古与蒙古和俄罗斯接壤，占地面积达到了118万平方千米。这里居住的主要是蒙古族和汉族，同时还有其他多个民族共同生活。全区辖9个地级市，3个盟；其下又辖11县级市、17县、49旗、3自治旗。呼和浩特、包头市、巴彦淖尔、赤峰、乌兰浩特、乌兰察布、乌海、呼伦贝尔、通辽、鄂尔多斯等为自治区内主要城市。

内蒙古的地形多样，从东部的广袤草原到西部的沙漠，都展现了内蒙古独特的自然风光。内蒙古的气候也十分特殊，年均气温介于 $-1℃\sim10℃$，全年的降水量在50~450毫米。内蒙古是一个资源富集的地区，已探明的矿藏有60余种，特别是稀土、煤炭和银的储量巨大。这使得内蒙古在国家的资源供应中发挥了重要作用。

（九）新疆

新疆，位于亚欧大陆的中心，是中国国土面积最大、与国家接壤最多的省份。地理上，新疆占据了中国陆地总面积的1/6，其陆地边境线长度占据了中国总陆地边境线的1/4，与8个国家接壤，这使得新疆在国际交往和地理战略上具有重要地位。其与甘肃、青海和西藏等省区相邻。

新疆的地形特点为"三山夹两盆"，这种独特的地形为新疆提供了丰富的自然资源。沙漠在新疆广泛分布，而且新疆的石油和天然气资源丰富，为中国西部的能源供应起到了关键作用。

（十）青海

青海，位于中国的青藏高原，是中国的一个重要省份。青海得名于境内的青海湖，这是全国最大的内陆咸水湖，具有重要的生态价值。青海占地72.23万平方千米，与甘肃、四川、西藏和新疆接壤。青海的东部在历史上常被称为"天河锁钥""海藏咽喉"等，这些称谓体现了其在地理和战略上的重要性。

青海是一个多民族的省份，其中包括汉、藏、回、土、撒拉、维吾尔、蒙古、哈萨克等民族。青海的人口约595万，虽然在全国排名第33，但其在民族文化和传统上具有丰富的多样性。青海是长江、黄河和澜沧江的发源地，因此被誉为"江河源头"和"中华水塔"。这一地理特点不仅为青海提供了丰富的水资源，而且在生态保护和水资源管理上也具有特殊的意义。

（十一）甘肃

甘肃，位于中华人民共和国的中部地区，是黄河上游的重要省份。地理位置上，甘肃东临陕西，南与四川、青海相接，西接新疆，北与内蒙古、宁夏接壤，其特定的地理坐标为东经92°13′~108°46′、北纬32°31′~42°57′。甘肃的名称来源于其两个历史名城，甘州和肃州，而其在陇山以西的地理位置也使其在唐代被称为陇右道。

甘肃的地理位置具有重要的战略意义，因为它是古代丝绸之路的核心地段，连接了中国的中原地区和西域。这一地理特点使甘肃成为了历史上文化、贸易和政治的交汇点。甘肃的面积为45.37万平方千米，占全国总面积的4.72%，并且横跨了1600多千米，使其成为了中国的一个重要和广阔的地理区域。

（十二）宁夏

宁夏，是中华人民共和国的五大自治区之一，简称"宁"。宁夏位于中国的西部黄河上游地区，具体的地理坐标为东经104°17′~107°39′、北纬35°14′~39°23′。宁夏的首府是银川，是该地区的政治、经济和文化中心。

宁夏东与陕西接壤，西部和北部与内蒙古相连，而南部则与甘肃相邻。

宁夏的这种特定的地理位置使其成为了历史上各民族交往的重要地区，这也为宁夏的多元文化和历史交流创造了条件。

二、西部地区主要资源

西部地区地域辽阔，资源丰富，类型多样，后备资源潜力较大。该地区的主要资源包括以下几种：

（一）矿产资源

西部地区在中国的资源布局中具有特殊和重要的地位，尤其在矿产资源方面显示出显著的优势。这一地区的资源禀赋不仅为当地经济发展提供了坚实的物质基础，而且为全国经济的持续和健康发展做出了贡献。

西部地区的天然气和煤炭储量占全国的比重非常高。具体来说，天然气的储量占全国的 87.6%，而煤炭的储量占 39.4%。这种丰富的能源资源为西部地区提供了巨大的发展潜力，也为全国的能源供应安全打下了坚实基础。

对于 48 种矿产资源的潜在价值，据专家计算，西部各省份的人均矿产资源在全国都位于前列。在全国已探明储量的 156 种矿产中，西部地区有 138 种。更为显著的是，在 45 种主要矿产资源中，西部有 24 种的保有储量占全国的 50% 以上，而另有 11 种占 33%~50%。这些数据充分展示了西部地区在矿产资源方面的绝对优势。西部地区矿产保有储量的潜在总价值高达 61.9 万亿元，占全国的 66.1%。值得注意的是，在 21 世纪初，已经形成了塔里木、黄河中游、柴达木、东天山北祁连、西南三江、秦岭中西段、攀西黔中、四川盆地、红水河右江、西藏"一江两河"十大矿产资源集中区。这些集中区不仅为矿产资源的开发提供了便利条件，而且为相关产业的集聚提供了有利环境。

在经济发展方面，攀枝花、六盘水、金昌、克拉玛依等城市已经崭露头角，成为地区的经济发展中心，推动了地区的工业化和城镇化进程。由于西部地区的成矿地质条件卓越，并且过去的地质勘查程度相对较低，这为未来的开发提供了巨大的潜力。

（二）土地资源

西部地区，作为中国的广大土地储备，具有独特且丰富的土地资源特征。这一地区的土地资源不仅在数量上呈现出显著的优势，而且在质量和潜在价值上也拥有无可比拟的特点。

从数量上看，西部地区的土地面积占全国的 71.4%。这样的广袤土地不仅为当地的经济发展提供了空间，而且为国家的土地储备和资源配置提供了重要支撑。人均占有耕地面积达到 2 亩，是全国平均水平的 1.3 倍，这为当地的农业发展和食品安全提供了坚实基础。西部地区的土地资源具有显著的潜在价值。尽管整体土地质量与东部和中部地区存在差异，但其后备耕地资源丰富，未利用土地占全国的 80%，其中适宜开发为农用地的面积达到 5.9 亿亩，适宜开发为耕地的面积为 1 亿亩，占全国的 57%。这为未来的土地开发和利用提供了巨大的空间。西部地区草地资源丰富，占全国的 62%，为畜牧业和生态旅游提供了得天独厚的条件。特别是西南部，其生物多样性丰富，为生物产业和生态保护提供了良好的基础。

西部地区的土地资源也存在一定的制约因素。由于山地面积比例较大，使得大规模的粮食种植受到限制。西部地区在自然条件上存在显著差异，如西南的湿润和西北的干旱，这决定了其各自适合发展的农业种类。

（三）水能资源

西部地区在水能资源上表现出明显的丰富和短缺两极特征，这主要由于中国地貌的三级阶梯状分布。西部地下水天然可采资源占据了全国的 80% 以上，尤其是西南地区，其水资源更是达到了全国的 70%。这种丰沛的水资源为西南地区的工农业发展以及居民生活提供了充足保障，使其成为该地区的宝贵财富。

西北地区的水资源则呈现出严重短缺的态势，特别是在部分地区，水资源短缺已经到了影响居民生存的程度。这种缺水现状日益显著，已经逐渐成为西北经济持续发展的关键性瓶颈。

（四）旅游资源

西部地区的旅游资源展现出丰富多彩和独特的魅力，这得益于其广阔的地域、复杂多样的地理条件、明显的气候差异、多样的动植物种类、丰富的民族文化与民俗风情。这一广大地域拥有从世界屋脊的喜马拉雅山到低海拔平原的多种地势。其地貌之丰富涵盖了几乎所有类型，如广袤的大漠戈壁、沟壑纵横的黄土高原、此起彼伏的广阔牧场、雄伟的祁连冰川、壮观的长江三峡及喀斯特地貌等。

人文资源方面，西部地区同样独具特色。这里是多民族的聚居之地，也是中华文明的重要发源地。众多的世界闻名的人文景观，如秦始皇陵兵马俑、敦煌莫高窟、万里长城、轩辕黄帝陵、古丝绸之路、元谋人遗址和布达拉宫等，都展现了西部地区深厚的文化底蕴和丰富的历史遗产。而这些文化与历史的积淀，更为这片土地赋予了极高的旅游开发价值。

然而，尽管西部地区的旅游资源具有如此高的价值，但在 21 世纪初，这里的旅游业仍然落后，大量的旅游资源被闲置。由于经营方式过于粗放、保护措施不足，甚至出现了人为破坏的情况，这对西部地区的旅游资源构成了实际威胁。因此，对于这片富饶而独特的土地，既需要继续开发其旅游价值，更应注重其保护和可持续发展。

三、西部地区文化发展

（一）西部地区的文化历史

西部地区在中华文明的发展进程中，始终扮演着独特而关键的角色。自古以来，无论是西北还是西南，与中原地区都存在着紧密的交往。特别是从西汉时期开始，西部已经成为中国历史的重要组成部分。到了唐代，西部的地理概念得到了进一步的扩大，覆盖了从青藏高原腹地、云贵高原，到北方草原、广袤的西域，乃至跨越帕米尔高原的丝绸之路。

在此基础上，汉唐两朝的外交策略——通过公主下嫁乌孙、吐谷浑、契丹、突厥、回纥、南诏等方式，进一步加深了西部与中原的文化联系。在历史的长河中，西部地区陆续兴起了一系列具有邦国或酋长性质的地方政权，如西夏、吐谷浑、大理和"西域三十六国"。这些政权在政治、经济和文化方面均表现出鲜明的特色，同时见证了多民族的形成与发展。

西部文化的地域性特征，既体现在每个民族与其生活环境之间的密切联系，又在于各民族之间的文化交流和互动。这种地域性文化，深受自然环境、气候条件和生产方式的影响，为各民族创造了独特的生活方式和文化表现。

西部文化的多元性，不仅体现在众多民族的并存，也体现在各民族文化内部的多样性。这种多元性，既是历史演变的结果，也是各民族与外部世界交往的产物。长期以来，西部地区作为丝绸之路的重要通道，吸引了来自东西方的文化交流和碰撞，从而使得西部文化更加丰富和多样。西部文化的原生态性，既是对传统文化的保持和传承，也是对自然环境的尊重和融合。这种原生态性，赋予了西部文化独特的魅力和价值，使其成为中华文化宝库中的一颗璀璨明珠。

（二）西部地区的文化特点

1. 地域性

西部地区，地理环境复杂多样，从西北的辽阔无垠，到西南的山水如画，再到青藏高原的严寒高海拔，形成了独特的地域性文化。西北地区的悠久历史与辽阔地域造就了一种在质朴中富有深度的文化；西南，以其丰富的民族与纵横的山川，塑造了一种细腻而富有情感的文化；青藏高原的地形特点则为其文化赋予了一种神秘与吸引力。

2. 民族性

西部地区是中国少数民族最为集中的地方，这里的文化遗产如语言、信仰、习俗、艺术等都反映了强烈的民族性。每一个民族都带有其独特的生活哲学和传统，即使在同一个民族内部，也因为不同的部落和居住地而存在巨大的文化差异。

3. 多元性

西部地区是多元文化的交汇处。在历史上，众多的文化交通通道，如古丝绸之路、唐蕃古道、茶马古道等，使得西部地区成为文化交流的桥梁。外来的文化元素，如中原汉文化、欧洲地中海文化、阿拉伯文化、印度文化等，都在此地融合与碰撞，为西部民族文化带来了更为丰富的内涵。

4. 活态性

西部文化不是一种固化的、仅存在于书本或博物馆中的文化，而是一种活态的、浸透在人们日常生活中的文化。它以其浓厚的乡土气息存在于人们的日常生活中，如世界文化遗产丽江古城、史诗《格萨尔王》的口头传颂、传统的民间歌舞等，都是西部文化活态性的最好证明。

5. 脆弱性

西部地区由于其独特的地理环境和相对封闭的状态，形成了小规模、小范围的文化发展模式。大多数西部少数民族都没有文字，他们的文化传承依赖于口耳相传，这种方式虽然有其独特性，但也使其容易受到外部因素的冲击，从而造成文化的脆弱性。这种脆弱性要求人们更为珍视和保护这片土地上的文化遗产。

（三）西部地区文化发展措施

中国的西部，作为民族文化的重要发源地，拥有着丰富而独特的文化遗产。在当今的全球化背景下，如何将这些文化资源转化为经济和社会价值，是一个亟待解决的问题。西部地区的文化发展措施如下：

1. 转变观念

在全球化的大潮中，传统的文化资源需要新的发展理念来推动其转化为现代产业。西部地区需从传统的观念中解放出来，更加重视文化在地区经济和社会发展中的作用，从全球视角出发，将文化资源的开发与地区经济社会进步结合，实现文化资源的市场化、品牌化和产业化。

2. 创新机制

要想推进文化资源的产业化，就必须建立起与之相适应的运行机制。这涉及文化资源的总体规划、文化市场的管理、文化产品的生产和销售等。在文化资源的整合和配置中，应注重与市场需求的结合，从而达到社会效益和经济效益的双重目标。

3. 规划项目

文化资源的产业化首先要从项目规划入手。这要求对西部的文化资源进行深入的挖掘和研究，从中选取有发展潜力的文化元素，进行整合、配置和开发，形成具有市场竞争力的文化产品。

4. 打造品牌

品牌是现代市场经济中的一大核心要素。对于文化资源来说，品牌不仅仅是一个名字或标志，更是一个文化和价值的集合。通过品牌的打造和推广，可以更好地展示文化资源的价值和魅力，提高其在市场中的竞争力。

5. 加大投入

任何产业的发展都离不开资金的支持。在文化资源产业化的过程中，资金的投入不仅仅是为了获得经济回报，更是为了保护和传承这些珍贵的文化遗产。政府和社会资本应结合起来，形成一个多元化的投资体系，共同推动文化资源的产业化进程。

6. 优化环境

一个良好的环境是文化资源产业化的基石。这包括法制环境、市场环境、舆论环境和社会环境等。只有在一个稳定、公正、开放的环境中，文化资源才能得到充分的开发和利用，实现其真正的价值。

在推广西部民族文化的对外交流中，应采纳一个全面的视角，不仅针对国际舞台，而且顾及国内市场，包括港澳台地区。这种交流所呈现的内容应凸显其独特的民族及地域属性。交流策略应兼容并蓄，结合传统的展示手段，如演艺、展览和文化活动，与现代化的途径，例如网络技术和影像传媒。综合运用多种策略和手段可以在国内外展示西部丰富多彩的民族文化，从而塑造并巩固"文化大西部"的品牌形象。

四、西部地区主要工程

自 2000 年开始，西部大开发迈出实质性步伐，新开工了"十大工程"，即西安至南京铁路西安至合肥段、渝怀铁路、西部公路建设、西部机场建设、重庆市高架轻轨交通、涩北—西宁—兰州输气管线、青海 30 万吨钾肥工程、西部退耕还林还草工程、西部高校基础设施建设、四川紫坪铺和宁夏黄河沙坡头水利枢纽。

（一）西电东送

"西电东送"工程是为了解决广东及东部地区电力供应不足的问题，利用西部地区丰富的水电资源，将其输送到电力需求较大的东部地区。2000 年 11 月 8 日，多个关键水电站和输电线路工程在贵州、云南和广西等地开工建设。这些工程的启动不仅增强了西部地区的电力供应能力，而且为广东等东部地区带来了稳定的电力支持。据规划，"十五"期间，广东将从贵州、云南、广西以及三峡接收约 1000 万千瓦的电力供应，在很大程度上缓解了当地的电力短缺问题。

（二）西气东输

21 世纪初，国家开始重视利用西部地区的丰富天然气资源。"西气东输"

工程的目标是将西部地区的天然气输送到东部和南部的主要消费市场。前期准备工作进展顺利，其中包括重新勘测的管道走向和市场落实等工作。根据初步规划，初期的年供气量达到120亿立方米，随着资源勘探的深入和下游市场的开拓，供气量将逐步增加。这不仅有助于改善能源结构，提高天然气在总能源消费中的比重，而且可以有效减少对煤炭的依赖，从而达到节能减排的效果。

（三）川气东送

川气东送工程标志着中国天然气输送网络的进一步完善和拓展。该工程源头为四川达州的普光气田，终点覆盖了东部和南部的重要经济中心地区。经过六个省和两个直辖市，这条管道的长度达到了2170千米。它的设计年输送量为120亿立方米，约占2009年中国天然气总消费量的1/7。从经济的角度看，此工程的全面运营将为中石化带来约200亿元的销售收入，展现了其巨大的经济效益。

（四）五横两纵大通道

五横两纵的七大通道是中国为了更好地连接和发展西部地区而实施的重大交通工程。这七大通道不仅连接了西部地区的主要经济带和经济区，而且与东部和南部的主要城市形成了高效的交通网络。其中，五个横通道包括乌鲁木齐至阿拉山口、京藏、川藏、沪昆和西江；两个纵通道为青藏铁路和包昆通道。这些通道的建设不仅促进了区域内部的经济交流，而且使西部地区更好地融入全国乃至全球的经济网络。

（五）秦岭卫星星座工程

秦岭小卫星星座项目代表了中国在航天技术和遥感领域的最新发展。这一星座由128颗卫星组成，涵盖了高光谱、光学遥感以及SAR遥感等多种技术手段。它的建设分为两个阶段，而在此之前，西安航投已经在航天领域进行了多方面的布局。例如，他们已经成功发射了"西安航投一号"卫星，并建设了卫星数据中心。这为秦岭小卫星星座项目提供了坚实的基础。星座完工后，将主要服务于环境保护、资源监测、农林业、气象水文等领域，为陕西省和西安市提供高效、准确的遥感数据，满足各种市场和物联网的需求。

（六）国家超算西安中心（融合数据中心）

国家超算西安中心的二期工程，拥有约 16.55 万平方米的总建筑面积，预计包含 1100 个 IDC 机柜，配备产业服务中心、研发楼及厂房等关键设施。该中心的设立不仅仅是为了提供先进的计算服务，它在多学科的先进计算交叉科学研究中也具有核心作用。其影响力不局限于陕西或西北地区，而是向"一带一路"地区辐射，为科技创新与数字经济提供有力支撑。

此中心的存在对于陕西以及西北地区的关键产业如先进制造、生物医药、新材料、新能源和人工智能的创新及转型升级有着深远意义。并且，中心的存在还吸引了国内顶尖的科研人才，为区域发展提供了宝贵的人才资源和智力资本。预计，依托西安先进计算中心，这一地区将成为数字经济高质量发展的标杆，并引领航天基地先进计算产业集群的发展，从而在全国范围内树立信息化产业的新标杆。

（七）人造骨骼产学研基地

由陕西师范大学、空军军医大学、西安电子科技大学等单位的联合研发团队主导下，计划在西安高新区草堂科技产业基地，建设一个集教学、研发和生产于一体的人造骨骼产学研基地。该基地的核心设施将包括 PEEK 材料研发中心、人造骨骼生产基地、医学及护理临床教学实训中心以及术后康复检查服务中心等。此项目的建设预计将破解国外市场在该领域的垄断地位，从而推动相关产业的升级和发展。在满足国内西北五省需求的同时，还将辐射到"一带一路"沿线的国家。这不仅有助于中国在植入物产业上达到国际先进水平，还将大幅降低相关疾病的社会医疗成本，预计降低幅度超过 50%。基地的存在还将为新材料和医疗器械等关联产业的研发和技术迭代提供有利环境。

第三节 经济高质量发展概述

在 2017 年的党的十九大报告中，经济高质量发展的概念首次被明确提及，并在同年的中央经济工作会议上进一步深化和解释，从而确立为中国经济发展的核心理念。这一理念是基于中国特色社会主义在新时代的特定背景、中国社会的主要矛盾变化，以及面临的新的发展机遇与挑战提出的。

党的二十大报告强调，"高质量发展是全面建设社会主义现代化国家的首要任务"。这是以习近平同志为核心的党中央锚定新时代新征程党的中心任务、基于我国发展内外部环境的深刻变化、全面把握现代化建设的共同特征和中国特色而提出的重大判断、作出的重要部署。2023 年是全面贯彻党的二十大精神开局之年，中国经济走势举世关注。以习近平同志为核心的党中央团结带领全党全国各族人民，更好统筹国内国际两个大局，更好统筹经济社会发展，更好统筹发展和安全，完整、准确、全面贯彻新发展理念，加快构建新发展格局，推动国民经济持续恢复、总体回升向好，高质量发展扎实推进，向着实现第二个百年奋斗目标迈出稳健坚实的步伐。

经济高质量发展不仅代表了对中国经济发展阶段的科学认识，而且为今后一段时间内实施新的发展理念、确定经济方针、制定相关政策和宏观调控提供了指导原则。这一战略选择是为了更好地推进社会主义现代化建设，同时满足构建创新型国家的目标要求，其核心在于促进经济发展的速度变革、推动动力切换、优化结构，以达到更高效、更有活力、更公正、更安全、更持久地自主发展，从而确保国家的自强不息和可持续发展。

一、经济高质量发展理论背景

经济高质量发展已成为当代发展经济学的核心话题。经济发展通常是指经济增长，但增长不等于发展。真正的发展注重增长的质量和可持续性，因此，经济高质量发展与简单的经济增长有本质区别。但从更深层的含义上看，经济高质量发展可以视为真正的经济发展，因为它注重经济活动的长期效益和对社会的整体贡献。

经济高质量发展强调的是创新驱动的增长模式，它不仅关注经济规模的扩大，更重视经济活动的效率、节能、环保和高附加值。这种增长方式以智慧经济为主导，强调质量超越数量，确保 GDP 的真实性和有效性，使经济总量真正转化为有效的经济活动。它的目标是推动五位一体（经济、政治、文化、社会、生态文明）的全面可持续发展。

经济高质量发展的本质特征是创新性、再生性、生态性、精细性和高效益。这五个特征突出了经济发展的质量和方向。它们确保了增长与发展的紧密结合，以及增长方式与发展模式的统一。这种发展模式强调现代化经济体系的核心要素，并被视为供给侧结构性改革的最终目标。

二、经济高质量发展的提出与落实

在中国经济发展的历程中，中国共产党坚持对经济发展普遍规律与中国特色的特殊规律进行深入探索。在长期的实践中，中国共产党逐渐积累并深化了对经济发展规律的认识，形成了一套经过时代检验、不断完善的经济理论和战略。尤其在新时代，中国共产党提出了"经济高质量发展"的原创性论断和理论观点，进一步推进了中国特色社会主义经济学的创新与发展。

（一）经济高质量发展理论逻辑

经济高质量发展，作为中国特色社会主义经济发展的核心理念，是中国共产党在新时代的重要理论成果。理解其理论逻辑，需从其历史演进、理论背景和实践验证三个层面进行深入探析。

1. 历史演进

中国经济发展的历程可以看作一个不断探索、适应、优化的过程。从社会主义革命和建设时期的探索，到改革开放和社会主义现代化建设时期的实践积累，直至 21 世纪初的科学发展观的提出，每一个阶段都为经济高质量发展理论的形成奠定了基石。在这个过程中，中国共产党根据中国的实际情况，不断调整经济发展策略，以适应国内外环境的变化。

2. 理论背景

经济高质量发展的提出并不是孤立的，其背后蕴含着深厚的理论根基。首先，党在不同历史时期对经济发展的规律性认识为此提供了理论支撑。例如，《论十大关系》中对社会主义建设的全面布局、《政府工作报告》中对经济效益的强调，以及对新型工业化道路的探索等，都为经济高质量发展提供了理论准备。其次，党对新时代中国特色社会主义的系统总结和理论提炼，如新发展理念、新发展格局等，都为经济高质量发展提供了理论框架。

3. 实践验证

自 2017 年党的十九大报告首次将经济高质量发展提上日程起，中国经济的发展轨迹已经充分体现了这一理念的深刻含义和远见。面对全球经济的诸多不确定性，包括国际贸易紧张、技术竞争日益激烈以及外部环境的快速变化，中国的经济发展不仅没有受到过多的干扰，反而展现出了显著的稳健增长态势。这种增长不仅仅基于数量，更在于质量，反映在科技创新、产业结构的升级、资源高效利用以及环境的持续改善等方面。这种经济的韧性和活力充分说明，经济高质量发展不只是一种理论上的构想，而是在实际的经济运行中得到了验证和实践，它既是中国对经济发展规律的深入认识，也是指引未来发展的重要方向。

（二）提出经济高质量发展的实践逻辑

经济高质量发展的概念源于对中国发展历史的深入洞察和对当前经济挑

战的研判。这一理论不仅对过去的成就和经验进行了系统总结，而且对现阶段的发展矛盾和问题进行了清晰定位。更为重要的是，它为未来的发展方向和主题提供了科学指引，确保中国经济在新的历史条件下保持持续、健康和可持续的增长。

1. 经济高质量发展是应对新时代中国社会主要矛盾转换的主动作为

经济高质量发展的核心理念源于对中国社会发展矛盾的深入洞察。历史回顾显示，中国共产党的决策方向在很大程度上取决于其对社会主要矛盾的准确把握。经过深入的思考和分析，中国共产党明确了以经济建设为中心的任务，这为中国的经济飞速发展奠定了坚实基础。然而，随着经济的持续增长，不平衡、不协调、不可持续的发展问题逐渐显现。

新时代的中国社会主要矛盾已经从过去的物质短缺转变为人民日益增长的美好生活需要和不平衡不充分的发展之间的矛盾。这一矛盾的转换，揭示了中国经济从"有没有"的问题转向"好不好"的问题。人民对生活质量的期望已经超越了基本的物质需求，扩展到民主、法治、公平、正义和环境等更为广泛的领域。

经济高质量发展不仅仅是一种经济策略，更是一种对新时代社会主要矛盾的主动应对。它旨在确保经济发展不仅是数量的增长，更是质量、效率和可持续性的提高，以满足人民日益增长的美好生活的需要。这种转变，不仅是对过去几十年发展经验的总结，更是对未来发展方向的明确指引。

2. 经济高质量发展是适应中国经济发展阶段转换的积极应对

经济高质量发展在当前中国经济格局中占据了核心地位，这一趋势是基于中国经济历程的自然演进和全球经济发展的一般规律。2022年，中国国内生产总值达121万亿元，占全球经济比重提升到18%，发展成就举世瞩目。然而，这种增长并不是线性的。事实上，2010年后，中国经济增长速度从高速逐渐转向中高速，这种转变与工业化国家的经济发展模式相契合。在工业化的早期阶段，经济普遍实现高速增长，而在工业化的后期阶段，增长速度逐渐放缓。

这种增长速度的转变并非偶然，而是与经济发展的内在规律相一致。传统的经济增长往往依赖于要素的大量投入，例如劳动和资本，以实现数量的扩张。然而，随着经济的发展和转型，增长动力逐渐从数量扩张转向质量增长，依赖于技术创新和人力资本的积累。这种转变是避免"中等收入陷阱"的关键，因为这种陷阱通常与经济发展动力不足和产业升级与经济转型不充分有关。

3. 经济高质量发展是推动质量变革、效率变革、动力变革的客观要求

关于质量变革，中国的经济增长历程中，过去主要强调规模和速度，而现今更强调发展的质量和持久性。这意味着在推动经济增长的同时，更多地强调生产和服务的质量，以满足人民日益增长和多样化的需求。对于质量的关注，不仅仅是满足消费者的需求，更是为了确保经济的可持续性和长远健康发展。

效率变革也成为了迫在眉睫的要求。随着中国经济的发展，生产要素的结构和地位发生了深刻变化。劳动力、资本和资源这三大要素都面临着一系列的挑战，如劳动力供给的减少、投资效率的下降以及资源的逐渐紧张。提高资源配置效率、劳动生产率和投资回报率变得至关重要。只有通过不断地改革和创新，才能确保经济效率得到持续提升，满足经济高质量发展的要求。

动力变革是为了寻找新的经济增长点。在全球化和技术进步的背景下，传统的经济增长动力如出口和投资已经不能满足中国经济持续高速增长的需求。因此，需要在消费、投资和出口间找到一个新的、更加均衡和稳健的增长模式，并确保各产业间的协同和互补。

4. 经济高质量发展是应对百年未有之大变局的必然选择

当今世界正处于一个历史的转折点，百年未有之大变局为全球带来了前

所未有的挑战和机遇。经济全球化面临着前所未有的反思和调整，而保护主义和单边主义的上升更是加剧了国际经济、科技、文化、安全和政治的不确定性和动荡。

这种大变局背后，实际上揭示了全球经济领域的三大矛盾：增长动能不足、全球经济治理滞后以及全球发展的失衡。新一轮的科技革命和产业变革将为世界带来前所未有的竞争和机遇。在这样的背景下，单靠传统的经济增长模式已无法满足新的发展需求，而经济高质量发展能够更好地把握这些机遇，应对挑战，确保中国在全球经济的新格局中占据有利地位。

全球经济的不确定性和风险正日益加剧，经济全球化的逆流，特别是全球产业链和供应链的冲击，使得各国都面临着新的挑战。经济高质量发展不仅意味着提高生产和服务的质量，更意味着在科技创新、产业升级、资源配置和经济治理等方面取得突破。只有这样，才能确保中国在全球经济的新局势中保持竞争力，抓住技术革命和产业变革的机遇，应对各种不确定性和风险。

5. 经济高质量发展是实现新时代发展目标的必由之路

经济高质量发展已经成为实现新时代发展目标的关键路径。经过数十年的持续努力，中华大地上全面建成了小康社会，解决了绝对贫困问题，取得了新中国建设和中华民族伟大复兴的历史性胜利。这样的历史性成就为全面建设社会主义现代化国家打下了坚实基础。

党的十九届五中全会明确了全面建设社会主义现代化国家的新征程，目标是到2035年基本实现社会主义现代化，到2050年基本实现全体人民共同富裕。这样的远景目标要求经济发展不仅要快，更要好，不仅要大，更要强。经济高质量发展意味着要强化创新驱动，优化经济结构，提高生产效率和生态效益，实现经济持续健康发展。

为了避免陷入中等收入陷阱，保持经济持续健康增长，必须坚持质量为先、效益优先的发展方向。这样的发展不仅可以满足人民对更高品质生活的需求，还可以为全面建设社会主义现代化国家提供坚实的物质基础和技术支撑。经济高质量发展还是推动形成经济繁荣、政治民主、社会公平和生态良好的发展态势的基础。只有当经济发展达到更高的质量标准，才能为其他领域的现代化建设提供足够的资源和条件，确保全面建设社会主义现代化国家的目标得以实现。

（三）推动经济高质量发展的政策措施

1. 以新发展理念为指导，推动经济高质量发展

在当今的社会经济发展中，地区发展差异是不可忽视的现实问题，尤其是中国的西部地区。由于特定的区位因素和客观条件，该地区与中国的东部和中部地区相比，其发展仍存在许多薄弱环节。特别是与经济较为发达的东部地区相比，其差距不仅很大，而且在一系列经济和社会发展指标上呈现出不断拉大的趋势。这种差距在教育、医疗卫生等基本公共服务领域尤为明显，这使得解决这些地区间和城乡间基本公共服务均等化的问题成为当前的重要任务。

为了应对这种情况，西部地区需要深入理解并贯彻新的发展理念，进一步推动经济的高质量发展。其中，新型城镇化被视为一个关键策略。因为，城镇化不仅是现代经济发展的重要支撑，而且是提高居民生活水平、提高生活质量的有效手段。西部地区应强化其中心城市的功能，提高其对人口的吸引力和对外部的辐射能力，促进城市群和都市圈的壮大。例如，成渝、关中平原等国家级城市群的发展应被视为优先任务。黔中、滇中等省内城市群也应得到相应的重视。加强对重庆两江新区、贵州贵安新区、陕西西咸新区等国家级新区的建设，也是推进新型城镇化的关键。这些新区可以充分利用其所在地的资源和优势，在促进城乡融合和产业集聚上发挥更大的作用。与此同时，要考虑到西部地区的自身特色和优势，深入挖掘其丰富的历史和文化资源，以实现具有当地特色的城镇化。这包括因地制宜地优化城镇布局，培

育和发展具有地方特色的小镇。

需要对西部地区的县城进行高质量发展的探索。这涉及一系列的公共服务和基础设施建设，如提高公共服务设施的标准、强化环境卫生设施、升级市政公用设施、加强产业培育设施等。这些措施旨在弥补城乡发展的差距，确保城乡融合发展的方向，并为农村市场创造更多的需求。

基础设施的互联互通不仅是城市群一体化的核心要素，还是确保外部辐射范围扩大的基本条件。这样的设施建设为要素的自由流动提供了支持，有助于产业空间的拓展和经济的持续增长。为实现这一目标，多渠道资金支持显得尤为关键。这需要各级政府间的紧密合作。中央财政的倾斜政策、省级财政的引导和市级财政的具体支撑共同为基础设施建设提供了有力保障。鼓励社会资金参与也能进一步增强资金来源，共建共享的理念在这一过程中起到关键作用。目标是建立一个覆盖交通、信息、网络、能源等多个领域的综合体系，其中高速铁路的覆盖率提升是重点任务。

而在数字经济高速发展的背景下，西部地区更应抓住这一历史机遇，推动数字经济的发展。5G、大数据、物联网、人工智能等新技术和新应用为新型基础设施的建设提供了技术支持。这些"新基建"不仅能够帮助西部地区克服其地理位置的劣势，还能实现地理集聚和虚拟集聚的完美融合。这种融合为经济发展打开了新的空间，并促进了传统产业与现代信息技术的深度整合。通过推动战略性新兴产业和"智能+"产业新业态，不仅可以培育经济发展的新动能，还能助推西部地区传统产业的转型和升级。

2. 完善收入分配制度，缩小城乡收入差距

西部地区城乡之间的收入差距已逐渐成为制约该地区经济增长的重要因素。统计数据和基准回归分析均显示，城乡收入的偏离会明显抑制经济增长。为了实现更加均衡的发展，缩小城乡之间的经济差距，以及推动共同富裕，完善收入分配制度显得至关重要。

（1）初次分配调节机制的完善。在分配制度中，初次分配是直接决定收入分配格局的关键环节。目前，劳动报酬在初次分配中的比重相对较低，意味着工人和农民的工资性收入和经营性收入增长相对滞后。为了改善这一格局，首先需要加强工资收入支付的保障制度，确保劳动者的劳动报酬得到合理回报。深化户籍制度改革，消除影响要素自由流动的制度障碍，可以更好地促进农村的剩余劳动力转移，进而增加农民的工资性和经营性收入。

（2）再分配体系的完善。再分配是通过税收、财政转移支付和社会保障等手段，对初次分配后的收入进行再次调节。目前，这一体系尚需进一步完善，以确保收入分配的公平性。建议加大对财政转移支付、税收和社会保障的调节力度，提高其精准性。可以考虑引入官员财产的报告制度，推动遗产税的实施，以及加快房产税的立法或试点进程。对于收入较高的群体，例如收入极高的明星，可以考虑开征收入调节税或进行加计征收。

（3）第三次分配的作用。第三次分配主要是通过公益慈善、民间捐赠和志愿活动等方式，进一步调节收入分配。为了更好地发挥第三次分配的作用，建议建立和完善捐赠制度，营造一个鼓励公益慈善的政策环境，通过立法明确地支持和鼓励公益慈善活动，最大限度地激发社会各界的捐赠热情。

3. 拓宽居民增收渠道，提升农村居民消费水平

由于收入差距的存在，农村地区的消费受到了明显抑制，而这种抑制作用进一步阻碍了经济增长。为了促进西部地区的经济增长，必须释放农村居民的消费潜力。

（1）产业与人才的衔接。为确保扶贫产业的可持续发展，需要长期培育和扶持，同时不断对其进行优化和升级。推进农村一、二、三产业的交叉融合有助于增强新型农业经营主体的带动能力，壮大产业发展规模，并提升乡村产业的市场竞争力。特别是，西部地区可以充分发挥其文化和旅游资源优势，发展特色乡村旅游，为农民创造更多增收渠道。农村地区的发展受到人

才短缺的制约。因此，加强农村劳动力培训，培育新型职业农民，以及引进懂技术、懂市场的专业人才是必要的。鼓励农民工和大中专毕业生返乡创业，也是建立乡村人才振兴长效机制的重要途径。这些措施不仅可以提高农民的收入水平，还能促进非农家庭的经营性收入增加。

（2）劳动力技能提升。加强职工岗位技能培训是提高农村居民收入的重要途径。通过技能培训，可以提高职工的技能和工作效率，从而提高他们的收入。优化城乡劳动力的配置，使其更加符合市场需求，也是拓宽居民增收渠道的有效手段。

4. 以共建"一带一路"为引领，扩大西部高水平开放

随着"一带一路"倡议的深入推进，中国西部地区正面临前所未有的发展机遇。这一倡议旨在促进全球范围内的合作和贸易，而西部地区，特别是西北地区，尽管在过去可能没有充分利用这一机遇，但现在正逐渐成为对外开放的前沿。过去，由于其内向型经济特征，这一地区在对外开放上表现得相对落后，但随着新的政策的支持和战略定位，它有机会转变为一个开放型经济的新高地。

在这一背景下，西部地区需要紧紧抓住这一机遇，全面推进其对外开放。共建"一带一路"为其提供了一个完美的平台，使其能够加强与各国的国际次区域合作。通过推动与新加坡、缅甸、马来西亚、印度尼西亚等国的国际合作园区建设，以及与越南、老挝等国的跨境经济合作区建设，西部地区可以提高其与东南亚、南亚国家的经济合作水平。新疆、内蒙古等地也可以通过参与中巴经济走廊、中蒙俄经济走廊等项目，与中亚、俄罗斯、蒙古等国深化经济合作。

贵州和青海可以深化与国内外的生态合作，推动绿色丝绸之路的建设。甘肃和陕西，作为丝绸之路经济带的重要组成部分，可以通过挖掘其丰富的历史文化资源，发挥其在该经济带中的重要作用。还需要加快西部陆海新通

道的建设，深化陆海双向开放。这不仅涉及加强交通设施的建设，提高沿海港口的功能，还需要推动与境外交通设施的互联互通，以及开展多式联运、提高多式联运的效率和质量。

三、经济高质量发展的内涵和特征

（一）经济高质量发展的多重内涵

1. 人民为中心的发展目标实现

高质量发展的核心是满足人民日益增长的美好生活需要，这种发展方式强调"更高质量、更有效率、更加公平、更可持续"的发展，确保所有人都能从经济增长中受益。党的二十大报告也强调了这一点，它明确表示高质量发展是全面建设社会主义现代化国家的首要任务。高质量发展还重视人的全面发展，强调发展为了人民、发展依靠人民、发展成果由人民共享。这意味着，经济增长不仅仅是数字上的增长，而是要实际改善人民的生活质量，确保每个人都能从中受益。

2. 集约型增长的发展方式

与以往的粗放型增长不同，高质量发展强调的是集约型增长。这种增长方式侧重于科技进步、管理水平改善和劳动者素质能力的提高。它意味着经济发展不再依赖于简单的要素投入，而要通过提高生产效率、创新和技术进步来实现。这将有助于经济从"数量追赶"转向"质量追赶"，从"规模扩张"转向"结构升级"，从"要素驱动"转向"创新驱动"。

3. 全方位的发展内容

高质量发展不仅关注经济增长，还涵盖了民生、生态、安全等多方面的内容。这意味着，经济发展不仅要有效、公平，还要绿色可持续。在当前复杂的国际环境中，高质量发展还需要注重统筹发展与安全，确保经济增长的同时，也能够维护国家的安全和稳定。

4. 多层次的发展结构

从不同的视角看，高质量发展具有宏观、中观和微观三重视角。

宏观层面，高质量发展关注整体经济的健康运行和稳定增长。供需平衡是经济增长的基石，确保了市场的流动性和有效性。经济稳定性、发展均衡性、环境协调性和社会公平性则是实现持续增长的关键因素。这些因素共同构建了一个健康、稳定且公平的经济环境，为中观和微观层面的发展提供了基础。

中观层面，关注产业和区域的结构调整和协调。产业结构的优化和升级是实现经济高质量发展的关键。这需要国家在产业政策、投资和技术创新等方面进行有针对性的干预，促进产业链的升级和延伸。区域协调发展则强调各地区间的协同和互补，确保资源的有效配置和地区间的平衡发展。

微观层面，高质量发展注重企业和产品的竞争力提升。产品的种类、数量和质量是企业竞争力的体现，而企业的品牌建设和市场定位是其长期竞争力的关键。人民的幸福感是高质量发展的最终目标，也是衡量微观层面发展能否成功的重要指标。

5. 新的生产要素的发展要求

在知识经济时代，劳动者的知识、技能和创新能力成为了经济增长的主要驱动力。提高全要素生产率和实现新旧动能转换需要对教育、培训和技术创新进行重点投入，以确保劳动者具备适应新经济形态的能力。"数据要素"作为新的生产要素，已经在经济增长中发挥了重要作用。数据的采集、分析和应用为企业提供了新的增长机会，也为政府提供了更为精确的决策依据。数据经济的崛起意味着企业需要加强数据能力的建设，政府需要完善数据治理和保护机制，确保数据的安全和有效利用。

（二）经济高质量发展的重要特征

1. 创新成为第一动力

在当今的全球化背景下，一个国家的经济实力和竞争力在很大程度上取决于其科技创新能力。科技自立自强不仅代表了一个国家在技术领域的领先地位，更意味着在全球竞争中的主导权和话语权。经济高质量发展必须依赖于持续、深入的科技创新，使得国家在关键技术领域保持领先地位，从而确保经济的持续、健康和平稳发展。科技创新为经济结构提供了变革的动力。新技术、新工艺和新材料的应用，使得新的生产部门和新的业态不断涌现。这些新生产部门往往具有更高的附加值、更高的生产效率和更强的市场竞争力，从而推动经济结构的优化和升级。科技创新在提升生产效率的同时，也为生态环境的保护提供了技术支撑。新的生产工具和工艺使资源和能源得到更高效的利用，减少了浪费和污染，从而确保经济发展与生态环境的协调和平衡。传统的经济增长模式往往依赖于资源的大量投入，而科技创新为经济增长提供了新的动力来源。通过创新驱动的经济增长模式，经济可以摆脱对资源的依赖，实现持续、健康和平稳的增长。

创新是一个涉及国家、企业和个人的综合过程。国家提供政策支持和资金投入，企业进行技术研发和市场应用，个人发挥创新思维和创业精神。这种合力使得科技创新成为经济发展的强大动力，为经济注入了持续的活力和创新能量。

2. 协调成为内生特点

协调作为经济高质量发展的内生特点，体现了经济发展中对各个结构和要素的综合和平衡考虑。在追求经济增长的同时，更加注重各个部分间的和谐关系和相互支持。经济结构转型升级在这一背景下，不仅仅是产业、收入、供需、区域和城乡结构的简单变革，而是这些结构在相互作用和相互制约中形成的有机整体。产业结构的优化需要与收入结构的调整相匹配，以确保经济增长的成果能够得到公平分配；供需结构的平衡需要与区域结构的调整相协调，以避免资源的过度集中和地区发展的不平衡；城乡结构的和谐发展则要求在城市化进程中，农村的发展不能被忽视，农民的利益需要得到充分保障。这种协调性不仅要求各个结构间的平衡，更要求在经济发展的各个阶段和环节中都能体现出来。这样的协调发展不仅能够确保经济的长期健康发展，更能够实现社会的公平和稳定，确保经济发展的成果能够得到广大人民的认同和支持。

3. 绿色成为普遍形态

生态文明体系的构建是高质量发展的关键组成部分，它要求人们重新审视经济发展与环境保护间的关系，确保二者之间的和谐与平衡。体制机制的创新、环境执法的加强以及系统性建设的推进，都为生态文明建设提供了坚实的制度保障。这种制度保障不仅确保了环境的长期保护，更为经济发展提供了一个健康、稳定的外部环境。全面绿色转型意味着在经济社会发展的各个层面和环节，要充分考虑到环境和生态的因素。无论是产业结构的优化、技术创新的推进，还是市场机制的完善，都需要在绿色发展的大背景下进行。这种转型不仅有助于提高资源的利用效率，减少污染排放，更有助于提高经济的韧性和竞争力。碳达峰和碳中和是绿色发展的重要任务，它们不仅是应对全球气候变化的必要举措，更是经济高质量发展的重要标志。为实现这一目标，需要深化国内的碳市场建设，加强碳排放的监测和管理，推进绿色技术和工艺的研发和应用，以及加强国际合作和交流。

4. 开放成为必由之路

开放作为经济高质量发展的关键策略，凸显了在全球化背景下，国家间紧密的经济联系和互动的重要性。经济的全面对外开放不仅是对比较优势原理的深度应用，也是为了实现专业化分工，从而提高经济效率和总体产出。对外开放为国家间提供了一个平台，使得它们可以在合作共赢的基础上共同推进科学技术的研发和应用，从而加快技术进步的步伐。资源的跨国流动和外国资本的更好利用也成为了对外开放的直接益处，这不仅带动了国家内部的经济活动，还为外部投资者提供了有利的投资环境和回报。

高水平的开放型经济新体制进一步地强调了贸易和投资的自由化与便利化。这不仅能够为各国提供更为广阔的市场和更多的商机，还能够创造一个公平、公正、透明的国际经济环境，从而有助于减少贸易摩擦和经济冲突。推进贸易创新发展意味着在传统的商品和服务交易基础上，加入了更多的创新元素，如技术、品牌和管理等，这为国家的经济发展提供了更为强大和持久的动力。

5. 共享成为根本目的

共享作为经济高质量发展的核心目标，强调了发展成果的普及性和公正性。这意味着经济增长不应仅仅满足于宏观的数字上升，而是要确保其带来的利益能够普及到每一个社会成员。人民作为经济建设的主体，其根本利益应被视为经济发展的最终导向。这种导向不仅体现在政策制定的初衷，还体现在实际操作中的各项措施和方案。

经济高质量发展应关注人的全面发展，包括物质层面和精神层面。这要求政策制定者和执行者充分调动人民的参与和创造力，鼓励他们在经济建设中发挥主观能动性，发掘和利用他们的创新潜力和开拓精神。民生福祉的不断增进是经济高质量发展的直接体现。这要求政府和社会各方面在公共服务供给上实现数量和质量的双重提升，确保公共服务能够覆盖到社会的每一个角落，满足人们多元化、个性化的需求。基本公共服务体系的健全是实现这一目标的关键，它能够为人民提供一个稳定、可靠的生活保障。

共建共治共享的社会治理制度为经济高质量发展提供了一个坚实的基础，它确保了发展过程的公平性和合理性，使得每一个社会成员都能在发展中找到自己的位置，享受到发展的红利。共同富裕成为了一个现实的目标，它要求人们在经济发展中，不仅仅关注总量的增长，更要关注分配的公正性，确保每一个人都能分享到发展的成果。

四、推动经济高质量发展的实践路径

随着中国特色社会主义步入新的发展时期，国家的经济增长模式已经从迅猛增长转为追求高质量的发展。高质量经济发展的推进是一个综合性的任务，涉及多个维度的深入探索和整合。为了实现这一目标，关键在于聚焦现代化经济体系的构建。此体系不仅是经济结构转型的关键步骤，更是提升国家经济整体竞争力的核心。因此，构建现代化经济体系成为实现高质量发展路径的策略核心。

（一）经济增长动力

现代化经济体系强调以创新为经济增长核心驱动力，倚重于全要素生产率的持续提升作为经济增长之源。在经济体系的要素结构中，这一体系展现了高端要素的聚集与现代产业的主导地位，确保生产要素如劳动力、资本和技术与产业、区域、城乡子系统之间展现出结构的协调性。在运行机制层面，现代化经济体系代表了一种高效资源配置的市场化体制，其中市场主体在公平的基础上展现出竞争活力，而政府的宏观调控政策是科学和精确的。面对一个开放且高度不确定的国际环境，经济体系必须展现出动态的开放性，确保对外部环境有良好的适应能力。从发展目的出发，现代化经济体系旨在实现高质量经济发展，确保经济的竞争力、可持续性与包容性。

（二）生产角度

从生产的视角审视，经济高质量发展的核心在于深化供给侧结构性改革，坚定不移地贯彻新发展理念，并致力于解决发展中的不平衡与不充分问题。而在供给侧，除对有效与中高端供给的扩大与对无效与低端供给的削减外，核心动力在于通过科技创新推动经济增长，助力新动能的培育并满足真实需求。这里，生产不仅是为消费提供实体载体，更在某种程度上塑造并刺激消费能力。通过执行新的发展理念与供给侧结构性改革，现代产业链得以形成。在"十四五"规划期间，地方政府需根据其固有比较优势进行策略制定，以促进产业的转型与升级。策略应聚焦于战略性产业的创新突破，确保主导产业的稳固地位，使其在国际竞争中稳定占据产业链中高端，并确保产业链的完整安全。这样，才能在全球价值链中持续上升。

（三）分配角度

在经济高质量发展的背景下，完善分配机制并优化分配格局成为了核心议题，目标明确地指向共同富裕的实现。政治经济学告诉人们，分配并非孤立存在，而是生产的直接结果，其中，分配的结构与生产的结构有着密切的联系。在社会主义市场经济的框架中，分配问题的处理需要着重于制度改革，确保共同富裕的目标得以实现。初次分配制度改革关注于劳动、资本和财政收入在国民收入中的比例，目的是稳定地提高居民收入的比重，并努力消除垄断行业的过高收入以及其他不合理或非法收入，从而减少居民收入的差距。中等收入的倍增和中等收入阶层的培育也是此项改革的关键策略。再分配制度的改革关注税收和财政转移支付制度的完善。公共财政制度的完善意味着更多的财政资金将被用于公共服务领域，从而满足基本公共服务的需求。覆盖城乡居民的社会保障体系也应得到进一步的完善。第三次分配，鼓励企业和社会群体参与公益慈善事业是关键。构建高质量的教育和就业体系、区域协调发展、乡村振兴和普惠金融发展等都是推动经济高质量发展的必要条件。

（四）流通角度

在经济高质量发展的道路上，建设高效的现代流通体系成为关键。为促进以国内大循环为主体、国内国际双循环相互促进的新发展格局，必须解除存在的流通障碍，消除卡点，并专注于打通各种潜在的堵点和难点。现代流通体系的建设不仅涉及生产信息的畅通、要素流动的无阻碍以及物流体系的高效运转，还关乎整体市场设施的高标准联通。通过这种方式，可以加速构建一个全国统一的大市场，从而为经济高质量发展提供坚实的基础。这种流通体系的建设也为新发展格局提供了重要支撑，确保经济活动在更广泛、更高效的范围内进行，从而实现更为持久和稳健的经济增长。

（五）消费角度

实现经济高质量发展，结合需求侧管理与供给侧结构性改革显得至关重要，其目的在于培育一个强大的消费市场。释放消费潜力是形成强大国内市场的关键，而调节需求结构和提高需求质量则为实现需求与供给间的动态平衡提供了必要手段。现代化经济体系的建设依赖于内循环的畅通，特别是需求侧的有效传导。这种管理有助于利用消费来推动产业发展，进而促进产业的升级和完善。优化收入分配结构并坚持推进共同富裕的原则是加强需求侧管理的核心。妥善处理消费、储蓄与投资之间的关系，指导居民适度降低储蓄率并扩大消费，能够进一步突显投资在优化结构中的关键作用。数字平台的应用可以推动产业的数字化转型，满足消费需求，同时发展新的消费模式，充分发挥大数据和云平台在需求侧管理中的作用。

社会经济关系，涵盖生产、分配、流通和消费，正是制度环境体系建设的核心。这种建设的关键在于构建与高质量发展相匹配的指标体系、政策体系、标准体系、统计体系、绩效评价体系和政绩考核体系。为了使经济进入高质量发展的轨道，需要重构地方的竞争机制，推进与高质量发展相匹配的关键改革，加速构建与高质量发展相适应的体制政策环境，从而确保中国经济的真正优势和实力。

第四节　西部地区经济发展状况

在西部地区，经济呈现出显著的增长势头，其年度经济总量持续上扬。尽管该地区的经济总体水平相对较低，但其经济增长率超越了全国的平均水平，表明了显著的增长潜力和后发地区的发展优势。尽管区域内各地的GDP差异有所缩小，但地方财政预算收入和社会消费品零售总额的差异仍在扩大。

一、西部地区经济发展现状

（一）经济规模现状分析

西部地区在经济增长方面展现出了显著的活力，2020 年数据显示，12 个省份中的 9 个省份的 GDP 增速超过了全国平均增速，其中，贵州和西藏的增长尤为显眼，他们的 GDP 分别增长了 217.45% 和 211.15%。尽管四川和陕西的地方 GDP 仍然领先于西部地区，但他们在西部地区的 GDP 总量比重从 2011 年的 35.52% 下降到 2020 年的 35.06%，表明其他地区也在逐渐迎头赶上。而财政收入方面，西部地方财政一般预算收入在 2011~2020 年增长了 80.93%，超过了全国的 76.09% 的增长率。

消费方面，西部地区 2020 年的全社会消费品零售总额增长了 145.08%，明显高于全国平均增速，占全国的比重也从 2011 年的 18.62% 提高到 2020 年的 20.93%。其中，贵州的增速最为迅猛，达到了 312.31%。而四川的全社会消费品零售总额依然最高，占据了西部地区总额的 25.38%。然而，尽管西藏在 2020 年的增长率高达 214.02%，但其总额仍然位于西部的末端，这主要是由于其初始基数相对较低。直至 2022 年底，西部地区的经济格局出现了一些显著的变化。四川成为了西部地区第一个实现 GDP 超过 5 万亿元的省份，而陕西紧随其后，GDP 突破了 3 万亿元大关。而重庆、云南、广西、内蒙古和贵州则位于 2 万亿元的经济规模区间。特别值得注意的是，由于大宗商品涨价的影响，西部地区的经济增速经历了从南快北慢到北快南慢的逆转，其中以内蒙古和新疆的增速最为显著，分别达到 12.89% 和 11%。

（二）经济结构现状分析

在当前的经济布局中，西部地区正经历着经济结构的逐步优化。尽管各省份的第三产业在 GDP 中的占比都是最高的，但相对于全国平均水平，西部地区的第一产业仍然占有较大比重，而第三产业的发展相对滞后，城镇化进程需进一步加速。

观察产业结构，可以看到西部地区的第一产业和第二产业在 GDP 中的占比正在逐渐下降，而第三产业的占比持续增长。2020 年，10 个省份的第三产业占比超过了 50%。这意味着服务业的发展速度已经超过了工业，经济正经历着新的发展模式的转变。然而，与全国平均水平相比，第三产业的发展仍稍显滞后。新疆、四川和甘肃等地的第三产业增长速度尤为显著。与此同时，西藏的经济结构在这段时间内也发生了显著的变化，其第二产业的 GDP 占比大幅增长。

城镇化方面，西部地区各省份的城镇人口比例都在逐年上升，而且增长速度都超过了全国的平均水平。这意味着人口结构正在持续优化，城镇化水平也在稳步提高。然而，与全国平均水平相比，这一数字仍然偏低。只有内蒙古、重庆和宁夏的城镇人口比例超过了全国的平均水平。尽管西藏的城镇人口增长速度最快，但由于其基础相对薄弱，其城镇人口比例仍然较低。到 2022 年，全国的 GDP 为 1210207 亿元，而西部地区的生产总值为 256985 亿元，增长了 3.2%。尽管增长率不算太高，仍然显示了该地区的经济正在稳步前进。

（三）经济效益现状分析

在近年的经济走势中，西部地区的经济表现明显呈上升趋势。随着人民生活品质的提升，地区内的平均工资和 GDP 都有所增长。尽管在全国范围内，该地区的整体经济水平仍有提高空间，但其增长速度已经超过了全国的平均水平，与全国其他地区的经济差距也在逐渐缩小。然而，区域内仍存在发展的不平衡性，但好在这种不平衡在逐步得到缓解。

重庆，作为中国的四大直辖市之一，因其特殊的地理位置和产业优势，近年来的经济增长速度尤为引人注目。2022 年，重庆的 GDP 已经达到了 2.9 万亿元，超越了多个中西部省份的总和，甚至还超越了广州这样的一线城市。成都 2022 年的 GDP，达到了 2 万亿元的里程碑。这两个城市在西部地区的经济版图中都占据了重要位置。榆林和鄂尔多斯在经济领域取得了显著的进展。榆林，作为陕西的重要城市，其GDP在2022年达到了6544亿元，这个数字甚至超过了贵阳和乌鲁木齐。而鄂尔多斯，依赖其丰富的资源，在经济增长上取得了很大的进展。四川作为西部地区的经济领军者，下辖的多个大城市在经济排行榜上名列前茅，进一步证明了该地区在经济领域的活力和多元化发展趋势。

二、西部地区经济发展策略分析

（一）资源优势与可持续发展

1. 资源多样性与经济潜力

西部地区的矿产、水资源、土地和生物多样性确实构成了其独特的资源结构。这种资源的丰富性和多样性为其经济发展提供了坚实的基础。农业、旅游、矿业和可再生能源产业都能在这片土地上找到充足的生存空间和发展机会。农业可以利用丰饶的土地资源，为人们提供食物和原材料；旅游业可以依托生物多样性和独特的自然风景，吸引国内外游客；矿业可以开发丰富的矿产资源，为国家经济做出贡献；可再生能源产业可以利用水资源和其他新能源，为地区和国家提供清洁能源。

科学地开发和利用这些资源对于西部地区的经济发展至关重要。合理的资源开发不仅可以吸引更多的投资，还可以带动其他相关产业的发展，形成产业链和价值链。例如，矿业的发展可以带动交通、物流、设备制造等相关产业的发展；农业的发展则可以带动食品加工、物流、销售等产业的发展。

2. 绿色发展与生态文明建设

西部地区的生态脆弱性和资源有限性使得绿色发展和生态文明建设成为地区发展的必然选择。在资源开发和利用的过程中，生态环境保护的原则被置于首位，确保在追求经济利益的同时，不损害生态系统的健康和稳定。

循环经济、低碳发展和绿色技术的应用在西部地区显得尤为重要。循环经济鼓励资源的再利用和回收，最大化资源的价值；低碳发展旨在减少碳排放，减轻对全球气候变化的影响；绿色技术的应用可以提高生产效率，同时降低对环境的负面影响。生态旅游和绿色农业是西部地区绿色发展的两大支柱产业。生态旅游依托于地区独特的自然风景和生物多样性，为游客提供一种与自然和谐共处的旅游体验，同时也为地区带来了可观的经济收益。绿色农业注重农业生产过程中的生态保护和可持续性，确保农产品的安全和质量，同时为农民带来了更高的经济回报。

3. 资源管理与合理配置

西部地区的资源管理与合理配置是其经济发展的关键。确保资源的长期和高效利用，不仅可以支持当前的经济增长，还可以为未来的发展打下坚实的基础。建立和完善资源管理体制是确保资源合理利用的基石。通过制定明确的资源开发、使用和保护的规划、政策和法规，可以为企业和个人提供明确的指导和约束，确保他们在追求经济利益的同时，不损害资源的长期价值。技术和管理创新在资源管理中起到了至关重要的作用。新技术可以提高资源开发和利用的效率，减少浪费和环境污染。而管理创新可以确保资源在各个环节都得到合理的配置和利用。鼓励技术和管理创新，可以引导企业和个人采用更加高效、环保和可持续的方法开发和利用资源。这不仅可以提高资源利用的效率，还可以为地区带来更多的经济收益。

4. 公众参与与环境教育

加强公众对资源和环境问题的认识是形成积极参与的前提。只有当公众深刻理解资源和环境的价值，以及自身行为对其的影响，才能真正参与到可持续发展的实践中。环境教育、培训和公众宣传活动可以帮助公众建立正确的资源和环境观念，从而做出有利于可持续发展的决策和行为。

公众参与不仅限于知识的获取，还包括在实际行动中对资源和环境的保护和维护。通过参与环保项目、志愿者活动和社区治理，公众可以直接为地区的可持续发展做出贡献。

（二）基础设施建设与区域互联互通

1. 交通基础设施的角色

交通基础设施在西部地区经济发展策略中有至关重要的地位。作为经济发展的动脉，交通不仅连接了各个城市和乡村，还连接了西部地区与国内外的其他地区。高速公路、铁路和机场等交通基础设施的建设和优化对于地区的经济增长具有直接和深远的影响。高速公路和铁路的畅通及高效可以确保商品、原材料和成品的快速流通，从而满足市场的需求，促进产业的发展。机场的建设和优化不仅可以促进人员的流动，还可以吸引更多的国内外游客和投资者到西部地区，为地区带来更多的经济机会。完善的交通基础设施可以降低物流和运输成本，提高生产和销售的效率，从而增加企业的竞争力和利润。

2. 能源基础设施的关键性

能源基础设施在西部地区经济发展策略中占据着核心地位。虽然西部地区被赋予了丰富的能源资源，但要确保这些资源能够为经济发展提供持续、稳定的支持，还需对能源基础设施进行全面的加强和优化。电网建设和升级是至关重要的，它们不仅保障了居民和企业的日常电力需求，还为工业生产和高科技产业提供了必要的电力支撑。燃气管道的建设和完善不仅可以更好地满足家庭和工业的能源需求，还可以减少对传统煤炭的依赖，从而降低碳排放和环境污染。可再生能源设施，如风能、太阳能和水能等的推广和应用是西部地区向绿色和低碳经济转型的关键步骤。通过优化这些能源基础设施，不仅可以确保地区的能源安全和稳定供应，还可以提高能源利用效率，降低能源成本，从而为西部地区的经济发展提供强大动力。

3. 信息通信技术的推动力

作为现代经济的核心驱动力，信息通信技术不仅改变了人们的生活方式，还对产业结构和经济模式产生了深远影响。对于西部地区而言，强化信息基础设施的建设，特别是宽带网络和数据中心，不仅是提高人民的生活质量和满足现代化需求的基础，更是吸引高科技产业和创新企业的关键因素。宽带网络的普及和加速可以为个人和企业提供更快、更稳定的网络服务，从而推动数字经济的发展，提高整体生产效率。数据中心的建设和优化则为大数据、云计算和人工智能等前沿技术提供了必要的硬件支持，吸引了众多高科技企业和研究机构在此设立研发和生产基地。随着信息技术的不断进步和应用，西部地区可以进一步加强与国内外其他地区的互联互通，实现资源、技术和市场的共享，提高经济的开放度和竞争力。

4. 与东部和中部地区的互联互通

西部地区与东部和中部地区的互联互通在整个国家的区域经济布局中起到了桥梁的作用。这种连接不仅仅是物理上的交通连接，更是经济、文化和技术交流的重要通道。建设高速铁路、高速公路和其他交通走廊，为西部地区提供了与其他地区直接、高效的连接，这有助于缩短地理和时间距离，提高物流和人员流动的效率。这种互联互通带来的好处是多方面的。从经济角度看，它为西部地区提供了与其他地区的经济互补的机会。东部和中部地区的技术、资本和市场为西部地区的资源和劳动力提供了广阔的发展空间。西部地区的资源和低成本劳动力也为其他地区提供了投资和发展的机会。这种互联互通还促进了技术和知识的传播，为西部地区的技术升级和创新提供了有力的支持。从文化和社会角度看，这种互联互通加强了各地区之间的文化交流和人员往来，促进了全国的团结和和谐。

（三）人力资源与教育培训

1. 职业教育与技能培训

职业教育和技能培训在西部地区经济发展策略中占据着显著的地位。作为现代经济发展的基石，劳动力的技能和知识水平直接影响着地区的产业竞争力和经济增长潜力。随着全球经济的快速变化和产业技术的不断进步，劳动市场对技能的需求在迅速演变。为了适应这种变化并充分利用西部地区的人力资源潜力，职业教育和技能培训变得尤为关键。它们为劳动者提供了与现代产业需求相匹配的技能和知识，帮助他们更好地适应经济转型中的新职业角色。特别是，与产业发展紧密相关的技能培训，如高技术制造、数字技术和绿色经济等，不仅为劳动者打开了新的就业机会，还为企业提供了必要的人才基础，确保其在激烈的市场竞争中保持领先地位。职业教育和技能培训还为地区的社会稳定和和谐提供了支持，帮助减少失业率，提高居民的生活水平和满足感。

2. 高等教育与研究发展

高等教育与研究发展被视为推动区域竞争力和创新能力的关键驱动因素。高等教育为地区培养了一批又一批的高级人才，他们在科学研究、技术开发和管理决策等领域为经济发展提供了智慧和力量。研究与发展活动不断地为产业带来新的技术和方法，推动产业的升级和转型。鼓励知名的高等教育和研究机构在西部设立分支机构是这一策略的重要组成部分。这些机构不仅可以提高地区的整体教育水平，培养更多的研究型和应用型人才，还可以为地区带来先进的研究设备和技术。随着这些高等教育和研究机构的建设和发展，西部地区逐渐形成了一个富有活力的学术和研究生态系统。这种生态系统吸引了大量的外部资本和企业，他们希望能够利用这里的人才和技术资源，为自己的发展提供支持。这种互动和合作不仅加速了西部地区的经济增长，还提高了其在全国甚至全球的竞争地位。

3. 人才吸引与留存

人才的吸引与留存被赋予了极高的优先级。人才，作为经济增长的关键要素，对于推动技术创新、提高生产效率和促进产业升级都具有至关重要的作用。为了使西部地区在日益激烈的全球人才竞争中占得先机，地区政策制定者和企业都在努力创造一个对人才有吸引力的环境。提供有竞争力的薪酬是吸引人才的首要策略，但这仅仅是开始。良好的工作环境、完善的社会保障体系、充满活力的文化和娱乐生活以及优质的公共服务都是吸引和留住人才的关键因素。而为人才提供持续的培训和发展机会，不仅可以帮助他们适应快速变化的工作环境，还可以增强他们的职业满足感和归属感，从而提高他们在地区的留存率。

4. 与产业发展的结合

将人力资源与教育培训与产业发展紧密结合是确保区域持续增长的核心途径。为了满足产业发展的实际需求，人才培养和技能培训计划必须与地区的产业方向和市场需求相协调。这意味着不仅要注重传统的教育和培训，还要根据产业发展的趋势和技术进步来调整培训内容。例如，如果地区的战略是发展高技术制造业或数字经济，那么相关的技术、管理和创新能力培训就变得尤为重要。通过这种方式，可以确保培训的内容始终与市场的最新需求相匹配，从而提高培训的投资回报率。与产业发展紧密结合的培训计划还可以帮助劳动者更好地适应工作环境，提高其就业率，同时为企业提供了所需的技能和知识，从而提高整体产业的竞争力。这种以产业为导向的人力资源与教育培训策略，不仅为西部地区的经济发展提供了强有力的支持，还为劳动者提供了更好的发展机会，为整个社会创造了更多的价值。

（四）产业升级与技术创新

1. 从传统产业到高附加值产业的转变

产业升级与技术创新是促进地区长期、健康和高质量经济增长的关键。过去，该地区主要依赖传统且低附加值的产业，这种模式虽然曾为其带来了一定的经济收益，但在全球化和技术快速进步的背景下，这种依赖关系逐渐暴露出其固有的局限性，如易受国际市场波动的影响、环境污染问题和低效的资源利用。为了克服这些挑战并实现更高的经济增长，西部地区开始寻求从传统产业向高技术、高附加值产业的转型。这种转型的核心是技术创新和产业结构调整。通过引进和发展先进的技术，如生物技术、新能源和高端制造，地区可以打破传统产业的束缚，开辟新的增长点。通过调整产业结构，促进高附加值产业的发展，可以提高整体的经济效益和竞争力。这种以技术和创新为驱动的产业升级策略，不仅为西部地区带来了新的经济机会，还为其创造了一个更加可持续和环保的发展模式，为地区的长远发展打下了坚实的基础。

2. 技术创新与研发投入

技术创新与研发投入被认为是推动产业升级的关键要素。面对全球经济的日益激烈竞争，传统的低附加值产业已经无法满足地区日益增长的经济需求。技术创新，作为一种通过研发新技术、新产品和新工艺来提高产业技术水平和附加值的方式，逐渐成了地区经济发展的重要方向。为了实现这一目标，增加研发投入成为必然选择。通过为企业、高等教育机构和研究所提供更多的资金和资源支持，这些机构可以更好地开展研发活动，推动技术进步和产业创新。鼓励这些机构间合作也是一个有效策略。这种合作可以促进知识和技术的交流，加速研发成果的转化和应用，从而提高地区的整体技术创新能力。随着技术创新和研发投入的不断加强，西部地区的产业结构正在发生深刻的变革，从传统的、依赖资源的产业向技术密集型、高附加值的产业转变。这种转变不仅为地区带来了经济增长的新动力，还为其在全国乃至全球的竞争中赢得了更多的优势。

3. 高端制造和服务业的发展

高端制造和服务业的发展被视为产业升级与技术创新的重要组成部分。随着全球经济的转型和中国经济的发展，单纯依赖传统制造业和低附加值的服务业已经无法满足地区的经济增长需求。因此，鼓励和支持高端制造业和现代服务业的发展成为了地区经济发展的新方向。高端制造业，如航空装备、机器人和精密仪器制造，可以为地区带来更高的产值和利润，同时可以提高其在全球产业链中的位置。现代服务业，如金融、信息技术和文化创意产业，可以为劳动者提供更多、更好的就业机会，从而提高他们的生活水平和消费能力。这种对高端制造和服务业的发展策略，不仅可以为西部地区带来经济上的益处，还可以帮助其在全球经济中占据更有利的地位。地区政府和企业需要加大对技术研发、人才培养和市场开拓的投入，确保产业升级与技术创新的双重目标得以实现。总之，高端制造和服务业的发展是西部地区经济发展策略中的重要内容，对于推动地区经济的持续、健康和高质量增长具有至关重要的作用。

4. 产业链的完善与延伸

产业链的完善与延伸被认为是确保产业持续增长和增强竞争力的核心策略。一个完整和高效的产业链可以为企业提供稳定的原材料供应、先进的生产工艺和广阔的市场空间，从而确保其在激烈的市场竞争中占据有利地位。通过鼓励企业在地区内进行上下游产业的整合，不仅可以实现生产过程中的资源、技术和信息的高效流动，还可以降低整体的生产成本和提高生产效率。形成完整的产业链和价值链还可以帮助企业更好地把握市场需求，提高其产品和服务的附加值，从而增强其在市场中的竞争力。地区政府需要为企业提供有利的政策环境和资金支持，鼓励其进行技术研发和市场开拓，同时要加强对上下游产业的协同和配合，确保产业链的高效运转。

5. 吸引外部技术和资本

吸引外部技术和资本被视为推动产业升级与技术创新的关键环节。为了更好地融入全球经济和提高产业的竞争力，地区需要不断地引入先进的技术和充足的资本。这种技术和资本的引入，不仅可以为企业提供创新的动力和发展的资金，还可以帮助其更好地把握市场机会和提高市场竞争力。为此，地区政府应制定一系列的优惠政策和措施，如税收减免、资金补贴和技术引进，以吸引国内外的技术和资本进入地区。通过与外部企业和机构的合作，可以促进技术和知识的交流，加速地区的技术进步和产业创新。这种对外部技术和资本的开放态度，不仅可以为西部地区带来技术和资金上的支持，还可以帮助其更好地融入全球产业链和价值链，从而实现经济的持续、健康和高质量增长。

第二章　国内外相关课题研究进展

第一节　环境规制相关研究

一、中国环境规制发展历程

生产力与生产关系是相互影响、相互制约的。生产力的发展推动了生产关系的变革，而新的生产关系又为生产力的进一步发展提供了更加有利的条件。生产关系是生产力发展的外在形式，它们之间的关系如影随形，共同决定了一个社会的经济基础和上层建筑。

中国的环境规制相关制度的发展与总体社会经济的发展阶段有着紧密的联系。随着生产力的发展，人们对自然环境的利用越来越深入，环境问题越来越突出。因此，环境规制的制度设计和实施也在不断地调整和完善，以适应生产力发展的新需求。环境规制的发展是一个与生产力发展水平相伴随的制度演进过程。中国环境规制发展历程主要有五个方面，如图2-1所示。

（一）环境规制的初创阶段（新中国成立初期到改革开放）

在新中国成立初期至改革开放之前，环境规制处于初创阶段。此时期的环境污染和自然资源保护相关的政策和文件，通常由党中央、国务院及行政主管部门以"红头文件"形式下发。在这期间，多项重要的环境保护政策和文件相继出台。

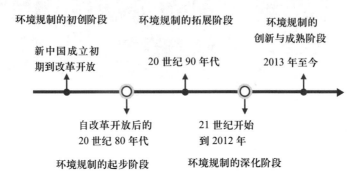

图 2-1　中国环境规制发展历程

1951 年，《中华人民共和国矿业暂行条例》标志着中国矿产资源保护法规的诞生。此后不久的 1956 年，《工业企业设计暂行卫生标准》则作为一种预防环境污染的非强制性技术规范被发布。

1970 年，随着国际环境保护运动的兴起，中国的环境保护意识迅速觉醒。1972 年，在瑞典斯德哥尔摩举行的联合国人类环境会议对中国当代环境保护行动产生了深远影响。1973 年，中国召开了历史上的第一次全国环境保护会议。这次会议提出了环保方针，并成立了国务院环境保护领导小组及其办公室以及各省区市的环保机构。接下来的工作重点放在了全国范围内的工业"三废"治理和环境规划上。1974 年 10 月，国务院环境保护领导小组正式运行，它肩负着制定环境保护的方针、政策和规定，审定全国的环境保护规划，并组织、协调和督促各地区及各部门开展环境保护工作的重要责任。

1979 年，《中华人民共和国环境保护法（试行）》的颁布，确立了环境影响评价制度和排污收费制度，为中国环境保护工作提供了坚实的法制依据。这一法规的实施，标志着中国环境保护进入了一个新的法制化阶段，为后续的环境保护工作铺设了坚实基础。

（二）环境规制的起步阶段（自改革开放后的 20 世纪 80 年代）

20 世纪 80 年代，随着改革开放的深入推进，中国环境规制进入了起步阶段。中国确立了"预防为主，防治结合""谁污染，谁治理"以及"强化环境管理"等基本原则。这三大政策为后续的环境保护工作提供了方向指引。还形成了八项核心的环境保护制度，这些制度为环境管理提供了制度性保障。

1982 年的《中华人民共和国宪法》明确："国家保护和改善生活环境和生态环境，防治污染和其他公害"，同年 2 月国务院规定在全国范围内实行征收排污费的制度，并对征收排污费的标准、资金来源以及排污费的使用等做了具体规定，这标志着中国环境治理进入了真正的起步阶段。之后的几年，国家还通过了许多有关污染防治和自然资源保护等方面的环境法律法规，如《中华人民共和国海洋环境保护法》（1982 年）、《中华人民共和国水污染防治法》（1984 年）、《中华人民共和国大气污染防治法》（1987 年）、《中华人民共和国森林法》（1984 年）、《中华人民共和国草原法》（1985 年）、《中华人民共和国水法》（1988 年）和《中华人民共和国野生动物保护法》（1988 年）等。

组织架构方面，1982 年 5 月，国家对多个部门进行整合，组建了城乡建设环境保护部，部内设有环境保护局。1984 年 5 月，国务院成立了环境保护委员会，其主要职责是领导和协调全国的环境保护工作。1988 年 7 月，环保工作独立出来，正式成立了国家环境保护局，作为国务院的直属机构。在环境管理制度方面，1981 年 2 月，国务院颁布了《关于在国民经济调整时期加强环境保护工作的决定》，明确了"环境影响报告书制度"，这是中国环境保护由治理向预防转变的标志。1982 年的宪法修正案中，首次明确了国家对环境和生态的保护责任。

1983 年底召开的第二次全国环境保护会议是中国环境保护事业的一个重要里程碑。这次会议不仅确立了环境保护的大致方针，而且确立了环境保护在国民经济和社会发展中的重要地位。

1989 年 4 月，第三次全国环境保护会议召开，中国政府开始积极探索符合国情的环境保护路径。

（三）环境规制的拓展阶段（20 世纪 90 年代）

1992 年里约环境峰会后，中国成为首个提出环境与发展十大对策的国家，该对策旨在转变传统的粗放型发展模式，明确指向可持续发展的方向。随后，1994 年发布的《中国 21 世纪议程——中国 21 世纪人口、环境与发展白皮书》进一步将可持续发展原则渗透到经济、社会和环境各个领域，确立了可持续发展战略作为国家发展的核心指导思想。

法律法规方面，修正、修订和颁布了《中华人民共和国水污染防治法》《中华人民共和国大气污染防治法》《中华人民共和国环境噪声污染防治法》《中华人民共和国固体废物污染环境防治法》以及《中华人民共和国海洋环境保护法》等一系列环境法律法规的颁布。这标志着环境保护已正式纳入国民经济与社会发展的全局规划。

中国在工业污染防治上实施了一系列从重污染末端治理向生产全程控制，从重浓度控制向总量与浓度控制相结合，以及从重分散的点源治理向集中控制与分散治理相结合的策略。利用世界银行贷款，中国还在部分地区进行了清洁生产试点工作。

1996 年，第四次全国环境保护会议进一步明确了环境与发展综合决策制度、统一监管分工负责制度、环保投入制度以及公众参与制度。这些新的制度设计有力推进了环境税费政策的实施和环境保护投入的增加。1998 年 6 月，国家环境保护局得到了进一步的升级，正式成为国家环境保护总局，其权力和职能得到了明显的提升。

（四）环境规制的深化阶段（21 世纪开始至 2012 年）

21 世纪初期，中国经历了一个显著的环境规制的深化阶段。在这一时期，伴随着国家经济的快速增长和社会的迅速发展，工业化和城市化进程获得了显著的突破。然而，这也带来了一系列的环境问题。特别是在国外投资迅速增长的背景下，一些外资企业将其高污染的产业转移到中国，导致中国在某种程度上成为了所谓的"污染天堂"。

为了应对这些新的环境挑战，中国政府采取了一系列行动。政府在多次环境保护会议上明确了环境保护的新目标和任务。强调了将可持续发展战略置于国民经济发展的核心位置。国家陆续出台了一系列相关的法律和法规，以确保对环境问题的系统和全面应对。1996年，第四次全国环境保护会议特别强调了环境保护的重要性，并指出它是关系到国家长期发展的战略问题。进入21世纪，党中央进一步提出了科学发展观和构建社会主义和谐社会的重要思想，为环境保护工作指明了新的方向。与此同时，面对资源瓶颈的挑战，党和国家明确了走"新型工业化"发展道路的策略。

此背景下中国的环境政策开始体现出更为先进的理念，如"科学发展观""循环经济"和"节能减排"。这些新的发展观念强调了综合运用多种环境管理手段，并重新确立了环境保护的基础国策地位。2005年的《国务院关于落实科学发展观加强环境保护的决定》进一步明确了在某些地区实行"环境优先"的原则，并对不符合国家产业政策和环保标准的企业提出了严格的限制。2006年，第六次全国环境保护大会上，提出了从主要使用行政手段向综合运用法律、经济、技术和行政手段解决环境问题的转变。2007年，中央经济工作会议进一步强调了使用法律手段推进节能减排，并完善相关的价格、财税和金融激励政策。2008年7月，国家环境保护总局升格为环境保护部，其职责和权限得到了进一步加强。2009年，《中华人民共和国循环经济促进法》的颁布为中国循环经济的发展提供了坚实的法律支撑。

（五）环境规制的创新与成熟阶段（2013年至今）

自党的十八大以来，中国的环境保护事业进入了一个新的历史时期。中央对环境问题的关注和决策层次明显上升，生态文明建设和环境保护成为国家战略的核心内容。党的十八届四中全会和五中全会分别提出了健全生态文明法律法规和创新、协调、绿色、开放、共享的新发展理念，为国家环境政策提供了明确的指导思想。

2015 年，中共中央和国务院发布了《关于加快推进生态文明建设的意见》，标志着生态文明建设进入了一个全新的发展阶段。党中央、国务院推出了"1+6"生态文明体制改革"组合拳"，涵盖了从环境督察、生态环境监测到领导干部的环境责任追究等多个方面，旨在构建一个完整、系统的环境治理机制。2017 年，中共中央办公厅、国务院办公厅发布了关于设立国家生态文明试验区和划定生态保护红线的相关意见。环境保护部和其他相关部门针对各个具体领域，如生活垃圾分类、环境标准制定、固定污染源管理等发布了相关的政策文件。2017 年 8 月，多个部委联合发布了针对京津冀及周边地区大气污染治理的攻坚行动方案，表明国家在环境问题上的决心和行动力。

2018 年是一个关键的转折点。从 1 月 1 日起，《中华人民共和国环境保护税法》和新版《中华人民共和国水污染防治法》在全国范围内开始实施，标志着中国环境治理进入了法治化、规范化的新阶段。同年 3 月，十三届全国人大一次会议决定组建生态环境部，将原有的多个部门的环境职责进行整合，旨在更为高效和有力地进行环境治理。

2020 年 11 月，《中共中央关于制定国民经济和社会发展第十四个五年规划和二〇三五年远景目标的建议》发布，文件提出到 2035 年广泛形成绿色生产生活方式，碳排放达峰后稳中有降，生态环境根本好转，美丽中国建设目标基本实现。2021 年 7 月 1 日，国家发展改革委印发《"十四五"循环经济发展规划》（以下简称《规划》）。《规划》强调了三个重点任务，分别是构建资源循环型产业体系，提高资源利用效率；构建废旧物资循环利用体系，建设资源循环型社会；深化农业循环经济发展，建立循环型农业生产方式。

2023 年，随着国家对生态文明建设和生态环境保护要求不断提高，环境治理全民行动体系不断健全，群众生态环境保护意识不断提升，作为国家鼓励发展的行业企业，将迎来持续盈利和稳步成长的机会。《关于加强新时代水土保持工作的意见》《关于做好国土空间总体规划环境影响评价工作的通知》《"十四五"环境影响评价与排污许可工作实施方案》等政策文件的出台，为环保行业发展方向提供了基本原则，为环保行业形成了良好的市场环境，提升了主体活跃度和产业发展空间，也为拥有核心竞争力的优质企业提供良好的发展机遇。

二、中国环境规制工具的使用

环境规制目标是基于综合分析主客观环境条件后，由规制主体所确立的明确指引，其主要涵盖了规制的对象、方法和期望达到的效果。这些目标不仅仅是简单的行为要求，它们更多地反映了规制主体对于预期规制效果的深度理解和主观期望。为了确保这些目标得以实现，需要采用合适的规制工具。规制工具可以看作一系列为实现规制目标而设计的具体措施，它们为约束对象提供了明确的行为指引，确保其行为与规制目标保持一致。通过恰当的规制工具，可以更有效地引导和管理约束对象，从而实现规制的预期效果。中国的环境规制实践，以下仅从命令控制型、市场激励型和公众参与型规制工具三方面加以梳理。

（一）命令控制型规制工具

新古典经济学主张，在一个理想的市场环境中，追求个体利益最大化将导致资源的有效配置。然而，当市场条件远离这一理想状态时，市场失灵现象可能出现，从而导致资源配置发生扭曲。环境与自然资源经济学也强调市场在资源配置中的核心地位，但对于环境资源配置中的市场失灵给予了更多的关注。

微观经济学分析指出，市场失灵主要是由环境资源要素的外部性和公共物品特性引起的。外部性的存在意味着一方的行为会对另一方造成未经补偿的成本或收益，进一步导致环境资源无法得到有效的市场配置。例如，生态林建设等活动产生的正外部性导致了生态保护行为的明显不足，而某些污染排放活动引起的负外部性促使污染行为过度增长。公共物品具有非竞争性和非排他性，这些属性使得公共物品在市场上很容易被误用或滥用。由于这些原因，市场失灵为政府介入提供了合理依据，使其能够实施命令控制型的规制工具。命令控制型环境政策是由行政当局通过命令形式实施的。对于违反规定的企业，行政当局会施加行政处罚。这种规制工具被称为行政型环境规制。由于环境政策机构的建立、环境政策目标的确定以及环境政策的执行和监管都必须遵循法律程序，所以该规制工具被视为法律规制政策。

中国命令控制型的规制策略涵盖了三大政策和九大制度。三大政策包括："预防为主，防治结合""谁污染，谁治理"和"强化环境管理"。这些政策旨在确保环境保护始终处于中心位置，强调预防和治理的相互结合，并要求污染者对其造成的环境影响承担责任。九大制度为实现上述政策提供了具体的操作指南和工具。这些制度包括"环境影响评价""三同时""排污收费""环境保护目标责任""城市环境综合整治定量考核""排污申请登记与许可证""污染限期治理"和"污染集中控制"。这些制度旨在确保环境保护的连续性、对污染者进行经济激励和惩罚并确保所有行为都在法律和行政框架内进行。

1. 污染物总量控制制度

污染物总量控制制度是一个重要的环境保护策略，它将特定地区视为一个系统整体，并在环境质量目标的基础上为该区域内的各个污染源确定排放总量的最大允许限度。这一制度旨在确保区域内的环境质量达到预定标准，同时为相关污染源提供了明确的排放要求。

在中国的环境保护法规中，污染物总量控制制度已有深厚的历史渊源。早在 1986 年，国务院环境保护委员会就颁布《关于防治水污染技术政策的规定》，开始了对污染物总量控制制度的推广和实践。随后的数十年里，这一制度在多部重要法律中得到了进一步的明确和完善，如 1996 年修正的《中华人民共和国水污染防治法》、1999 年修订的《中华人民共和国海洋环境保护法》、2000 年的《中华人民共和国大气污染防治法》、2003 年的《中华人民共和国清洁生产促进法》和 2009 年的《中华人民共和国循环经济促进法》。这些法律分别针对水污染、海洋污染、大气污染和清洁生产等领域实施了污染物总量控制。

在制度实施的实践方面，中国政府采取了一系列行动。1996 年，国务院制定的《"九五"期间全国主要污染物排放总量控制计划》标志着这一制度在实践中的正式运用。随后的"十五""十三五""十四五"等计（规）划中都包含关于污染物总量控制制度的相关内容。更为近期的文件，进一步强调了大气污染物和水污染物的总量控制。

尽管污染物总量控制制度在中国得到了广泛的应用和推广，但也面临着一些挑战。中国各地区的经济发展水平和环境状况存在显著差异，实施全国范围内相对统一的污染物目标总量控制可能并不符合每个地区的实际情况。因此，污染物目标总量控制制度需要逐步向容量总量控制过渡。为确保这一制度能够有效发挥作用，需要建立完善的配套保障制度和目标责任追究机制。

2. 环境影响评价制度

环境影响评价制度在中国的发展历程中，已经从一个初步设想逐步演变为一个完善的、具有法律约束力的制度。该制度致力于对规划和建设项目可能带来的环境风险进行预判、预测和评价，并为减少或预防负面环境影响提供策略建议。通过追踪监测手段，确保评价建议被有效执行。

1973 年，全国环境保护大会上，环境影响评价的概念首次被提出。1978

年,《环境保护工作汇报要点》进一步明确了进行环境影响评价的意向。1979年,《中华人民共和国环境保护法(试行)》出台,环评制度在法律层面上开始得到认可,从而确立了环境影响报告书制度的法制地位。在随后的几十年中,多部法律对于不同领域的环境影响评价提出了具体规定,如《中华人民共和国海洋环境保护法》《中华人民共和国水污染防治法》《中华人民共和国大气污染防治法》《中华人民共和国水法》和《中华人民共和国野生动物保护法》等。这些法律旨在确保在各个领域中,环境影响评价能够得到全面而有效的实施。

1998年,国务院制定的《建设项目环境保护管理条例》在评价制度的程序、内容、范围及法律责任等方面进一步细化,为制度的实施提供了明确的操作指南。2002年,《中华人民共和国环境影响评价法》的修订标志着环境影响评价制度在中国达到了新的高度。这部法律不仅涵盖了建设项目,还进一步拓展到了规划项目领域。进一步的法律和政策,如2009年的《规划环境影响评价条例》等,都在不断地强化环境影响评价制度的实施力度,确保制度能够真正地为环境保护工作提供有效的支持。近年来,随着环境问题的日益突出,环境影响评价制度在中国得到了进一步的加强和完善。2016年的《"十三五"环境影响评价改革实施方案》,提出了"三线一单"的管理策略,以强化空间、总量和准入的环境管理。2018年的《环境保护部关于强化建设项目环境影响评价事中事后监管的实施意见》强调了完善环评监管工作机制的重要性,以确保环评的源头预防功能能够有效发挥。

"十四五"规划也对环境保护工作提出了更高的要求,强调了绿色发展的重要性,并提出形成绿色生产和生活方式的目标。环境影响评价制度,作为环境保护工作的重要组成部分,将继续在中国的环境保护事业中发挥关键作用。

3."三同时"制度

"三同时"制度在中国的环境保护领域中占据着核心的地位,其主要内容是要求新建、改建、扩建项目，区域开发项目，自然开发项目，技术改造项目以及对环境存在潜在损害风险的工程项目，在设置污染防治和安全设施时，与主体工程在设计、施工和投产等方面保持一致。

1972 年，国务院批示并转发的《国家计委、国家建委关于官厅水库污染情况和解决意见的报告》中首次出现了"三同时"制度的雏形。在 1973 年，首次全国环境保护会议上，该制度正式提出。1979 年，《中华人民共和国环境保护法（试行）》的制定更是使"三同时"制度在法律层面上得到了明确的确认和规定。在此之后，一系列的法规和管理办法不断地完善和细化这一制度，如 1981 年的《基本建设项目环境保护管理办法》和 1986 年的《建设项目环境保护管理办法》。

随着时间的推移，对"三同时"制度的实施和管理逐步走向规范化。1994 年，国家环境保护总局发布的《建设项目环境保护设施竣工验收管理规定》加强了建设项目的环保验收管理。1996 年，建设项目环境保护的台账管理和统计工作开始逐渐施行，标志着建设项目环境保护的规范化管理进入了一个新的阶段。1998 年，国务院发布的《建设项目环境保护管理条例》对建设项目完工后的环境保护验收管理设定了更高的标准。

进入 21 世纪，中国的环境保护工作持续加强，特别是 2022 年，各项生态环保工作均取得了显著的成效。这一年，多个部委联合印发了一系列的实施方案和行动计划，如 2022 年的《深入打好城市黑臭水体治理攻坚战实施方案》和《深入打好重污染天气消除、臭氧污染防治和柴油货车污染治理攻坚战行动方案》。这些方案和计划旨在解决人民群众关心的突出环境问题，并努力实现高质量的经济发展与高水平的生态环境保护。

4. 环境保护目标责任制

环境保护目标责任制在中国的发展和实施过程中体现了对环境质量的高度重视和对法制化管理的坚定追求。该制度是以现行法律为准则，将环境质量的责任明确到各级地方政府和污染单位，确保对环境的保护和改善工作有明确的责任主体和明确的目标要求。

1985 年，首次全国城市环境保护工作大会强调了环境综合整治的重要性，并明确提出各级政府要对此负责。之后，一些省份如甘肃、陕西和山东等开始尝试实施环保目标责任制。1989 年，第三次全国环境保护大会进一步强调了该制度的全国范围内的推进，同时通过的《中华人民共和国环境保护法》为其提供了法律支持。1996 年，国务院的相关决定进一步明确了各级政府在环境保护中的责任，强调将环境质量作为考核地方政府主要领导人政绩的主要指标。这一措施有效地刺激了地方政府在环境污染防治方面的行动力度。随着 2014 年修订的《中华人民共和国环境保护法》和发布的《中华人民共和国大气污染防治法（修订草案）》，环境保护目标责任制的内容和考核评价制度得到了进一步的明确和完善。

2015 年、2016 年的行动计划为水和土壤污染防治设定了明确的目标，不仅对 2020 年提出了具体的要求，还进一步展望了到 2030 年的远景目标。这些目标对于各级政府和相关部门在环境保护工作中的行动具有重要的指导意义。2018 年，《中共中央　国务院关于全面加强生态环境保护坚决打好污染防治攻坚战的意见》进一步明确了中国未来的工作目标和重点，展现了对生态环境保护的坚定决心和对污染防治的坚决态度。

5. 排污许可证制度

排污许可证制度在中国的发展和实施过程中充分体现了对环境保护和法制化管理的重视。这一制度旨在控制污染物排放总量，通过明确污染物排放性质、种类、数量、方式和去向，从而达到优化环境质量的目的。

1988 年，国家环保局公布了《水污染物排放许可证管理暂行办法》，这一行动为地方性法规、规章制定提供了模板。此后，随着《中华人民共和国水污染防治法》《淮河流域水污染防治暂行条例》和《中华人民共和国海洋环境保护法》的修订和颁布，排污许可证制度逐渐得到推广。2000 年的两项法律修订进一步标志着排污许可证制度的建立，并以污染排放总量控制为主线。

2008 年和 2014 年的法律修订进一步完善了排污许可证制度的内容和要求。2014 年的《中华人民共和国环境保护法》特别强调了实施排污许可证制度的法律依据，使排污许可管理制度进入新的发展时期。

地方性法规和行政规制在实施过程中也对污染物排放实行了许可证管理。例如，河北、广东、浙江和福建等省份都制定了相应的管理办法或实施细则。2016 年，国务院办公厅进一步提出要将排污许可证制度建设成为固定污染源环境管理的核心制度，并作为各方守法、执法和监督的依据。2018 年和 2022 年的相关文件更进一步明确了排污许可证制度的实施办法和加强执法监管的指导意见，旨在加速构建以排污许可制为核心的固定污染源执法监管体系。

6. 城市环境综合整治定量考核制度

城市环境综合整治定量考核制度在中国的发展中起到了至关重要的作用。该制度基于城市生态学理论，采用系统分析方法，旨在充分发挥城市的整体功能，优化城市的生态环境，以实现城市生态系统的可持续发展。

自 20 世纪 80 年代中期起，中国城市环境保护进入了综合整治的新阶段。1984 年中共中央颁布的《关于经济体制改革的决定》将城市环境综合整治纳入地方政府的工作职责。1988 年，国务院公布了《关于城市环境综合整治定量考核的决定》，并从 1989 年开始实施定量考核制度，标志着中国正式实行城市环境综合整治定量考核制度。1990 年，国务院进一步强调了地方政府在城市环境综合整治工作中的重要职责，并鼓励利用社会各方面的资源深化整治工作。2007 年，为激发公众对城市环境保护的参与意识，国家环境保护总局在城市综合整治考核指标体系中加入了"公众对城市环保满意度"的考核指标。城市环境综合整治定量考核指标体系得到了进一步完善，考核的城市数量也从最初的 32 座逐渐扩大到全国范围。

2015 年和 2017 年的一系列法律和政策文件进一步加强了城市环境综合整治工作，特别是在生活垃圾管理和分类制度方面。2017 年的《生活垃圾分类制度实施方案》要求各级政府加快建立垃圾分类投放、收集、运输和处理的系统，确保垃圾分类制度得到有效实施。2022 年的《"十四五"城市黑臭水体整治环境保护行动方案》进一步强调了防止水体返黑返臭的长效管理机制，要求地方政府从根本上解决黑臭水体问题。

7. 污染限期治理制度

污染限期治理制度在中国环境保护政策体系中占据了重要地位。该制度通过对严重污染生态环境的污染者或污染源提出警告，强制要求污染主体在给定的时间内达到治理目标，从而实现环境质量的改善和持续保护。

1973 年，首次全国环境保护大会上，限期治理的概念首次被提出。随后的几年中，通过一系列的政策和法律，限期治理的环境管理政策逐渐形成。1979 年，《中华人民共和国环境保护法（试行）》在法律层面上确立了限期治理制度的地位。1989 年对《中华人民共和国环境保护法》的修订进一步明确了污染限期治理的内容、对象、权限、范围以及法律责任。1996 年，《国务院关于环境保护若干问题的决定》对现有的超标排放污染物的排污单位提出了严格的限期排放要求，凸显了对环境保护的决心和严肃态度。此后，多项环境污染防治法对其领域内的污染限期治理制度进行了明确规定，如《中华人民共和国环境噪声污染防治法》《中华人民共和国海洋环境保护法》《中华人民共和国大气污染防治法》及《中华人民共和国固体废物污染环境防治法》等。

近年来，中国政府陆续发布了多个行动计划，如《大气污染防治行动计划》《水污染防治行动计划》和《土壤污染防治行动计划》等，这些计划都囊括了限期治理的内容，显示出中国在环境保护方面的决心和努力。2018 年，《关于进一步强化生态环境保护监管执法的意见》进一步强调了企业在生态环境保护中的主体责任，目的是推动环境守法成为常态。2020 年，《关于固定污染源排污限期整改有关事项的通知》为固定污染源的排污许可制度改革提供了新的指引，进一步完善了中国的污染限期治理制度。

8. 企业"关停并转"

企业"关停并转"政策是中国针对严重污染环境的小型生产企业所采取的一种污染控制措施。自 1996 年国务院通过《关于环境保护若干问题的决定》第四部分首次明确了对限期未达标企业实施"关停并转"规定以来，各地政府逐步将经济工作重心转向结构优化和效益提高，以期通过妥善处理企业"关停并转"工作推动优胜劣汰的竞争机制形成。2015 年，国务院常务会议探讨了对长期亏损且产能过剩的企业实施"关停并转"的问题，强调应对不符合安全、质量、能耗、环保等标准或长期亏损的产能过剩企业采取"关停并转"措施。企业"关停并转"或剥离重组被视为一项复杂的系统工程，需找到系统的关键点，即以市场机制为主，政府调控为辅，逐步完善企业退出的制度安排和政策设计，以促进产业结构的优化和升级。2017 年，环境保护部印发了《重点排污单位名录管理规定（试行）》，规定实施分类管理，将重点排污单位分为水环境、大气环境、土壤环境、声环境及其他重点排污单位五类，为"关停并转"政策提供了具体的指南。通过这些措施，中国期望能有效控制和减少企业产生的环境污染，同时推动产业结构的优化升级。

9. 污染集中控制制度

污染集中控制制度为特定区域在具体污染状态下的同类污染物提供了一个综合、整体和适度规模的管理框架。通过整合管理、政策和技术等多方面工具，该制度旨在实现污染减排效果与经济效益的双赢。与污染分散治理相比，污染集中控制在成本投资方面更具优势，同时能助力环境质量在较短时间内得到快速提升。2011 年 4 月，国务院发出通知，以及住房城乡建设部等部门的《关于进一步加强城市生活垃圾处理工作的意见》，明确到 2030 年，中国城市生活垃圾应基本实现无害化处理，全面实行生活垃圾分类收集、处置。2016年，全国人大常委会修订了《中华人民共和国固体废物污染环境防治法》，法律明确生产者延伸责任制，使污染者承担污染防治责任，为解决固体废物污染问题提供了法律支持。新修订的"固废法"进一步补充了有关生产者延伸责任的条款，规定国家对部分产品、包装物实施强制回收制度。通过这些法律和政策框架，污染集中控制制度在中国得到了进一步的推广和实施，为实现环境保护与经济发展的协调提供了重要支撑。

（二）市场激励型规制工具

市场失灵通常为政府提供了采纳命令控制型规制工具的机会与理由，然而，政府干预有时会表现出政策失效，反而可能加剧市场的扭曲。主要原因在于政府制定的是政策决策过程，而非市场作用的结果，从而附带有判断失误的风险。相较之下，市场激励型规制工具将市场作为中介，强调通过间接宏观调控，并利用市场信号影响排污主体的经济利益，进而激励其改变行为以追求经济绩效的最大化。市场激励型规制工具赋予了排污主体自主承担能源节约和环境保护责任的选择余地，使得环境管理更为灵活，同时为企业提供了进行污染控制技术改善以降低外部性成本的激励。根据市场在处理环境问题上的作用，市场激励型规制工具可分为"调节市场"与"建立市场"两类。其中，"调节市场"利用现有市场实施环境管理，包括排污收费制度、补贴政策和押金返还制度；"建立市场"则涵盖了排污权交易和生态补偿等方式，以推动环境质量的改善和可持续发展。市场激励型规制工具的应用不仅为解决市场失灵和政策失效问题提供了一种可行途径，也为实现经济与环境目标的协同提供了新的策略选择。

1. 排污收费制度

排污收费制度是中国政府为平衡私人成本和社会成本而对环境污染的排污主体征收费用的手段和工具。该制度源自20世纪70年代的思想启示，并在1978年得到党中央的批准，通过《中华人民共和国环境保护工作汇报要点》正式规定向排污主体征收一定比例的排污费。1979 年的《环境保护法（试行）》的通过标志着排污收费制度开始走向法制化道路。随着 1981 年全国范围内 27 个单位的试点工作的展开，为 1982 年国务院发布的《征收排污费暂行办法》提供了宝贵经验，使得排污收费工作在全国范围内得以全面展开。此后，排污收费制度逐渐被纳入多项专项法律，包括 1984 年的《中华人民共和国水污染防治法》、1987 年的《中华人民共和国大气污染防治法》、1995 年的《中华人民共和国固体废物污染环境防治法》及 1996 年的《中华人民共和国环境噪声污染防治法》。2003 年施行的《排污费征收使用管理条例》是排污收费制度改革的重要里程碑，对征收对象、使用管理和收费标准等进行了较大的调整。2014 年印发的《关于调整排污费征收标准等有关问题的通知》从国家层面首次提升排污收费标准，并提出建立排污费收缴情况季度通报制度。2017 年 12 月 30 日，国务院公布了《中华人民共和国环境保护税法实施条例》，并于 2018 年 1 月 1 日与《中华人民共和国环境保护税法》同步施行，标志着排污收费制度向环境保护税制度的转变，同时废止了《排污费征收使用管理条例》。这些法律和政策的演变展现了中国政府在环境保护和污染控制方面的法律制度不断完善和调整，以适应国家环境保护的长远目标和实际需求。

2. 补贴政策

补贴政策是中国政府为提高环境质量，推动经济主体或排污主体符合国家排污标准或达到环保要求而采取的资助活动。这种政策形式主要包括税收优惠和补助金。税收优惠政策涵盖了一系列的法律和规定，包括但不限于《粉煤灰综合利用管理办法》《中华人民共和国清洁生产促进法》《中华人民共和国可再生能源法》《中华人民共和国企业所得税法》及其附属的优惠目录，如《节能节水专用设备企业所得税优惠目录》和《环境保护专用设备企业所得税优惠目录》等。这些法律和规定旨在通过税收减免来激励企业采取环保措施，提升环保技术和设备的应用。

补助金政策主要针对脱硫、脱硝电价补贴，重点流域和城镇污水处理设施配套管网建设项目的奖励补助，以及特定流域水污染防治的专项补助。例如，通过《燃煤发电机组脱硫电价及脱硫设施运行管理办法（试行）》和对燃煤发电机组脱硝设施进行电价试点工作，政府为燃煤发电机组的脱硫和脱硝设施提供了电价优惠补贴。中央财政针对特定流域如松花江流域及"三河三湖"的水污染防治专门设立补助资金。还有通过贷款优惠、环境基金、专项基金、部门基金和加速折旧等优惠政策来实现环境保护的目的。在不断的政策完善和调整中，如2016年的《关于减征1.6升及以下排量乘用车车辆购置税的通知》和2017年的《关于印发节能节水和环境保护专用设备企业所得税优惠目录（2017年版）的通知》等，中国政府进一步明确了对环境保护和污染控制的支持和鼓励，为经济主体和排污主体提供了更明确、更具吸引力的财税优惠和补贴，从而推动了环保技术和设备的更新换代，促进了环境质量的改善和可持续发展。

3. 押金返还制度

押金返还制度是一种环境经济政策，旨在通过经济激励来推动废弃物的回收和处理。在中国，消费者在购买某些潜在污染风险产品时需预先支付额外费用，一旦这些产品得到妥善处理或进入再循环系统，消费者便可获得相应退款。该制度将废弃物回收和处理的行为转换为企业为赎回押金而采取的主动行为，不仅降低了监管者的监督成本，同时激励了被规制者降低污染水平或采用低污染原材料以减轻押金返还政策的影响。在监督成本高或排污企业多的情境下，押金返还制度相较于"庇古税"，在成本和灵活性上展现出优势。

为明确押金返还制度的法制基础，中国政府制定了多项法律法规，如1995年的《中华人民共和国固体废物污染环境防治法》、2008年的《废弃电器电子产品回收处理管理条例》和《中华人民共和国循环经济促进法》等，这些法律法规为生产者的回收和再利用行为提供了法律责任、监督管理和激励措施的规定。尽管如此，目前还没有对押金返还制度适用范围、条件和征收依据的具体法律法规出台。为推进押金返还制度的法治建设，2015 年 9 月，中共中央和国务院印发了《生态文明体制改革总体方案》，旨在实施生产者责任延伸制度，以推动生产者落实废弃产品回收处理等责任。此举标志着中国政府在推动生态文明和循环经济发展方面的决心，同时为押金返还制度的进一步完善和推广奠定了制度和政策基础。

4. 排污权交易

排污权交易是一种市场激励型规制工具，通过设立排污许可证形式的排污权，准许在市场上自由交易，以实现污染物排放总量的控制。与排污收费制度相比，排污权交易需要先确定污染物排放总量，然后由市场决定价格，而排污收费制度是先明确价格，再由市场决定污染物排放总量。自 1988 年起，排污许可证制度的试点工作在 18 个城市进行，并于 1991 年开始实施排污权交易的试点工作。1996 年国务院公布的《关于环境保护若干问题的决定》要求将污染物排放总量控制作为重要指标，国务院批复的《"九五"期间全国主要污染物排放总量控制计划》，为排污权交易的全国推行打下坚实制度基础。2000 年和 2008 年修订的《中华人民共和国大气污染防治法》和《中华人民共和国水污染防治法》为排污许可证制度提供了法律保障。2005 年国务院发布的《关于落实科学发展观加强环境保护的决定》中，二氧化硫排污权交易首次被正式提及。在"十五"期间，中国的环保工作重点在总量控制上，国家环境保护局建议借助排污权交易试点工作进一步改进污染物排放总量控制项目。2002 年，国家环境保护总局选择天津、上海、江苏、山东、河南、广西柳州和山西 7 个地区试行二氧化硫排放权交易和排放总量控制。通过实践发现，排污权交易在提高空气质量、降低污染治理成本、促进宏观调控、优化资源配置和激发企业投资污染治理设施方面取得了积极效果。2014 年，国务院办公厅公布《关于进一步推进排污权有偿使用和交易试点工作的指导意见》，截至 2017 年，全国 30 个省份开展排污权有偿使用和交易试点工作，基本建立了以有偿使用为核心的排污权交易市场，取得了积极成效。

5. 生态补偿试点

生态补偿是一种环境保护措施，通过法律规定或约定，使得生态利益享用者对受到经济或其他权益限制或损害的主体进行补偿。2007 年，中国环境保护总局制定了《关于开展生态补偿试点工作的指导意见》，为生态补偿试点工作提供了指导思想、目标、原则和组织实施的具体规定，尽管该指导意见更像是一项政策，而非对生态补偿试点工作的系统论证。在中国西部，生态补偿的需求尤为突出，特别是在贫困和生态脆弱区域。通过合理选择试点区域，重点推动在三江源地区、自然保护区、重要生态功能区、矿产资源开发和流域水环境保护等领域的生态补偿工作，研究并建立相应的规范体系，明确各利益相关方的补偿责任，探索多样化的生态补偿办法和模式，努力构建试点区域生态环境共建共享的长效机制，以此推动西部生态补偿相关政策法规的制定和完善。生态补偿试点工作旨在实现生态环境保护与经济社会发展的协调，为中国西部地区的生态补偿工作提供可借鉴的经验和法律支撑。

（三）公众参与型规制工具

从外部性的理论框架出发，科斯定理将外部性问题通过法律制度转化为产权问题，为原本未涉及生产交易的局外人提供了参与交易的可能。这可视为公众参与制度的经济学理论基础，即通过法律手段明确公众在环境保护方面的权利，并通过既定制度赋予公众与污染排放者磋商谈判的权利，借助私有激励机制与公有产权界定提升公众参与环境保护的积极性。公众参与作为环境保护的基本制度，是根据环境法赋予公众相应的环境保护和监督权利与义务，使得政府相关部门在环境经济行为、环境监管活动及环境决策过程中能够听取公众意见并获得公众认可，以促使公众增强保护和监管环境的责任意识。随着经济的快速发展，环境利益呈现出复杂多元的特征。政治体制的改革和民主化趋势，以及民众环境权利意识的觉醒，推动了公众参与的规制制度的持续深化与发展。

1. 环境标志制度

环境标志制度是由政府相关机构、公共团体和民间部门基于特定的国家环保标准或环保要求推行的一项制度，旨在为申请者提供可在产品和包装上印制的绿色标志，以展示该产品在设计、研制、生产、开发、运输、销售、使用至回收利用的全过程中符合环保标准，未对生态环境特别是人类健康造成负面影响。环境标志能够清晰地展示产品在生产和消费过程中对环境的影响，为下游企业或最终消费者购买时识别环保产品和非环保产品提供便利。随着科技创新步伐的加快及产品更新换代频率的提高，环境标志制度在门类划分和专业化方面也得到了进一步完善。

环境标志制度在中国始于 1994 年国家环境保护局通过的《环境标志产品认证管理办法（试行）》，随后国家陆续颁布了一系列环境标志规范性文件，如 1996 年的《中国环境标志产品认证证书和环境标志使用管理规定》，2008 年的《中国环境标志使用管理办法》等，从而构建了较为完善的环境标志法律体系。通过这些法律体系，环境标志制度在中国得以稳定发展，为企业和消费者提供了明确的环保产品识别和选择依据。

2. 环境信息公开制度

环境信息公开制度指导政府、企业及其他社会行为主体通过公布各自掌握或产生的环境信息，以促进规制主体、被规制对象及公众共享环境信息，进而推动环境行为的优化和社会经济的可持续发展。该制度作为公众参与环境保护的基本前提，是提升环境管理水平、促进企业环境行为自律、推动环境监督执法和社会参与环境保护的重要手段。中国的环境信息公开制度体系已基本得到完善。

环境信息公开制度始于 1989 年制定的《中华人民共和国环境保护法》，虽然该法提及了环境信息公开，但内容较为概括。随后，一系列法律法规如2000年的《中华人民共和国大气污染防治法》、2002年的《中华人民共和国清洁生产促进法》等对环境信息公开做了分散的规定，但仍不全面。2007年，国务院通过的《中华人民共和国政府信息公开条例》和国家环境保护总局通过的《环境信息公开办法（试行）》为环境信息公开制度的系统性建立标示了开始。随后的环境单行法律、行政法规及环境基本法进一步补充了环境信息公开制度，如2008年修订的《中华人民共和国水污染防治法》、2008年的《中华人民共和国循环经济促进法》、2014年修订的《中华人民共和国环境保护法》等，显示了环境信息公开制度逐渐步入成熟的发展阶段。2015年1月1日施行的《企业事业单位环境信息公开办法》是此制度的进一步完善，为公众参与和企业自律提供了制度保障，有助于推动中国环境治理体系的不断进步。

3. 环境认证制度

环境认证制度针对企业的管理程序和结构进行认证，而非直接针对环境表现或环境标准。由于企业追求利润最大化以及环境治理成本的压力，其在环境污染治理上的动力不足。环境认证制度为企业提供了一种改善自身形象，以及应对"绿色贸易壁垒"的机制，使得企业在环境污染治理上表现出自觉和主动。虽然环境认证制度可能在短期内增加企业生产成本，但长期来看，通过实施环境管理体系，企业能减少环境污染从而降低生产成本，并借助良好的社会影响促进产业竞争力的提升。

目前的环境认证主要包括ISO14000环境管理体系认证和环境标志产品认证。ISO14000标准的实施，一方面，有助于企业在转型过程中加强科学管理和采用集约型生产方式，从而提高市场竞争力；另一方面，有助于帮助全社会树立环境法制观念和加强环境保护意识。在环境产品标志认证方面，中国政府颁布了多项规范性文件，如《关于环境保护产品实行认证的决定》《无公害农产品管理办法》《关于加快绿色食品发展的意见》《环境保护产品技术要求》。这些文件为环境认证制度提供了法律和政策支持，推动了环境认证制度的发展，从而对企业和社会环境保护意识产生了积极的推动作用。

三、中国环境规制的政策文件

经多年演变，中国的环境规制政策体系已基本确立。从政策发布形式划分，可分为八个层级。第一层为宪法中关于环境保护法的条文，为所有环境立法提供法律基础；第二层为环境法律，现行 20 多项法律包括由环保部门主管的各类污染防治法、由其他部门分管的资源法律及生态保护法律；第三层为国务院颁布的行政法规，包括条例、办法、决定等；第四层为环保行政主管部门及相关部门的环境保护规章；第五层为地方性法律法规，包括具有立法权的省、市、特区的人大和政府颁布的法规；第六层为环境标准；第七层为国家其他法律中的环境保护条款，如《中华人民共和国刑法》《中华人民共和国民法》《中华人民共和国物权法》中的环境保护内容；第八层为国际环境公约，包括公约、条约、议定书等多边和双边法规，以及环保部门与其他部门发布的大量规范性文件或部门规章。20 世纪 90 年代主要侧重于环境统计公报或年鉴、多种形式的环境宣传教育、城市环境整治考核、生态标志等；21 世纪则加强了环境影响评价的公众参与、环境信息公开的法制化以及环境友好企业、生态园林城市评选等方面的工作。自 20 世纪 80 年代开始，我国部分环境规制政策的梳理如表 2-1 所示。

表 2-1 自 20 世纪 80 年代开始我国部分环境规制政策

规制政策	政策类别	政策文本
命令控制型	法律规定	《环境保护法（试行）》（1980 年），《中华人民共和国海洋环境保护法》（1982 年），《中华人民共和国水污染防治法》（1984 年），《中华人民共和国森林法》（1984 年），《中华人民共和国草原法》（1985 年），《中华人民共和国渔业法》（1986 年），《中华人民共和国大气污染防治法》（1987 年），《中华人民共和国水

续表

规制政策	政策类别	政策文本
命令控制型	法律规定	污染防治法实施细则》(2000年),《中华人民共和国环境噪声污染防治条例》(1989年),《中华人民共和国水土保持法》(1991年),《自然保护区条例》(1994年),《中华人民共和国固体废物污染环境防治法》(1995年),《中华人民共和国电力法》(1995年),《中华人民共和国环境噪声污染防治法》(1996年),《中华人民共和国煤炭法》(1996年),《中华人民共和国节约能源法》(1997年),《建设项目环境保护管理条例》(1998年),《中华人民共和国海洋保护法》(1999年),《国务院关于环境保护若干问题的决定》(1996年),《水污染防治法实施细则》(2000年),《畜禽养殖污染防治管理办法》(2001年),《中华人民共和国海域使用管理法》(2001年),《危险化学品安全管理条例》(2002年),《医疗废物管理条例》(2003年),《中华人民共和国清洁生产促进法》(2003年),《中华人民共和国环境影响评价法》(2002年),《中华人民共和国放射性污染防治法》(2003年),《中华人民共和国可再生能源法》(2005年),《环境监测管理办法》(2007年),《主要污染物总量减排统计办法》(2007年),《主要污染物总量减排监测办法》(2007年),《主要污染物总量减排考核办法》(2007年),《中华人民共和国循环经济促进法》(2008年),《"十二五"全国环境保护法规和环境经济政策建设规划》(2011年),《危险化学品安全管理条例》(2011年),《太湖流域管理条例》(2011年),《放射性废物安全管理条例》(2011年),《中华人民共和国环境保护法》(2014年修订),《建设项目主要污染物排放总量指标审核及管理暂行办法》(2014年),《中华人民共和国电力法》(2015年修正),《城市生活垃圾管理办法》(2015年修正),《住房城乡建设部环境保护部关于规范城市生活垃圾跨界清运处理的通知》(2017年),《城市市容和环境卫生管理条例》(2017年3月1日修订版),《生活垃圾分类制度实施方案》(2017年),《中华人民共和国大气污染防治法》(2015年修订),《"十三五"生态环境保护规划》(2016年),《排污许可管理办法(试行)》(2018年),《关于进一步强化生态环境保护监管执法的意见》(2018年),《国家发展改革委等部门关于加强县级地区生活垃圾焚烧处理设施建设的指导意见》(2022年),《海水、海洋沉积物和海洋生物质量评价技术规范》(2023年)
	强制淘汰	《国务院关于关闭和布局不合理煤矿有关问题的通知》(1998年),《关于清理整顿小炼油厂和规范原油成品油流通秩序的意见》(1999年),《国家环境保护总局关于做好关停小火电机组、清理整顿小玻璃厂、小水泥厂、小炼油厂等有关工作的通知》(1999年),《国务院关于进一步加强淘汰落后产能工作的通知》(2010年),《机动车强制报废标准规定》(2012年),《环境保护主管部门实施限制生产、停产整治办法》(2014年),《关于全面推进黄标车淘汰工作的通知》(2015年),《重点排污单位名录管理规定(试行)》(2017年),《限期淘汰产生严重污染环境的工业固体废物的落后生产工艺设备名录》(2021年)

续表

规制政策	政策类别	政策文本
命令控制型	技术改造	《关于防治水污染技术政策的规定》(1986年),《国家重点技术改造项目管理办法》(1999年),《国家环境保护总局关于加快进行国家重点技术改造项目环境影响审批工作的通知》(1999年),《火电厂氮氧化物防治技术政策》(2010年),《城市地表水环境质量排名技术规定(试行)》(2017年),《船舶水污染防治技术政策》(2018年),《2018年主要污染物总量减排核算有关要求》(2018年),《黄河生态保护治理攻坚战行动方案》(2022年)
	行政处罚	《环境保护行政处罚办法》(1999年),《环境保护违法违纪行为处分暂行规定》(2006年),《规范环境行政处罚自由裁量权若干意见》(2009年),《环境行政处罚办法》(2010年),《环境行政处罚听证程序规定》(2010年),《环境保护主管部门实施按日连续处罚办法》(2015年),《国务院办公厅关于进一步加强商品过度包装治理的通知》(2022年),北京市《生活垃圾焚烧厂运行评价规范》(2023年)
	成本费用	《国家环保总局　国家物价局　财政部关于调整超标污水和统一超标噪声排污费征收标准的通知》(1991年),《中华人民共和国大气污染防治法实施细则》(1991年),《国务院办公厅关于征收水资源费有关问题的通知》(1995年),《国家计委　财政部关于征收污水排污费的通知》(1993年),《有机(天然)食品标志管理章程(试行)》(1995年),《关于城市污水处理收费试点有关问题的通知》(1997年),《关于加大污水处理费的征收力度,建立城市污水排放和集中处理良性运行机制的通知》(1999年),《关于开展征收工业燃煤二氧化硫排污费试点工作的通知》(1992年),《关于发布建设项目环境影响评价收费项目和标准的通知》(1992年),《中华人民共和国资源税暂行条例》(1993年),《排污费征收使用管理条例》(2003年),《排污费资金收缴使用管理办法》(2003年),《关于填报国家重点监控企业排污费征收情况的通知》(2010年),《关于调整排污费征收标准等有关问题的通知》(2014年),《挥发性有机物排污收费试点办法》(2015年),《关于减征1.6升及以下排量乘用车车辆购置税的通知》(2016年),《中华人民共和国环境保护税法》(2018年),《中华人民共和国环境保护税法实施条例》(2017年),《生态环境损害赔偿管理规定》(2022年)
市场激励型	投资调节	《矿产资源补偿费征收管理规定》(1994年),《关于企业所得税若干优惠政策的通知》(1994年),《关于对排污费和污染源治理贷款基金免征营业税问题的通知》(1998年),《关于落实好综合利用电厂优惠政策的通知》(1998年),《财政部　国家税务总局关于运输费用和废旧物资准予抵扣进项税额问题的通知》(1994年),《关于进一步开展资源综合利用的意见》(1996年),《财政部　国家税务总局关于废旧物资回收经营企业增值税先征后返问题的通知》(1999年),《环境保护专用设备企业所得税优惠目录》(2008年),《节能节水专用设备企业所得税优惠目录》

规制政策	政策类别	政策文本
市场激励型	投资调节	（2008 年），《安全生产专用设备企业所得税优惠目录》（2008 年），《财政部 国家税务总局关于执行公共基础设施项目企业所得税优惠目录有关问题的通知》（2008 年），《国家税务总局关于实施国家重点扶持的公共基础设施项目企业所得税优惠问题的通知》（2009 年），《财政部 国家税务总局关于公共基础设施项目和环境保护 节能节水项目企业所得税优惠政策问题的通知》（2012 年），《财政部 国家税务总局关于享受资源综合利用增值税优惠政策的纳税人执行污染物排放标准有关问题的通知》（2013 年），《重点流域水污染防治项目管理暂行办法》（2014 年），《国务院办公厅关于进一步推进排污权有偿使用和交易试点工作的指导意见》（2014 年），《关于加快建立流域上下游横向生态保护补偿机制的指导意见》（2016 年），《关于印发节能节水和环境保护专用设备企业所得税优惠目录（2017 年版）的通知》（2017 年），《中央财政关于推动黄河流域生态保护和高质量发展的财税支持方案》（2022 年）
	第三方治理	《国务院办公厅关于推行环境污染第三方治理的意见》（2014 年），《环境保护部关于推进环境污染第三方治理的实施意见》（2017 年），《国家发展改革委办公厅 生态环境部办公厅关于深入推进园区环境污染第三方治理的通知》（2021 年）
志愿行动型	信息激励	《关于共享企业环境信息有关问题的通知》（2006 年），《关于落实环保政策法规防范信贷风险的意见》（2007 年），《环境信息公开办法（试行）》（2008 年），《关于全面落实绿色信贷政策 进一步完善信息共享工作的通知》（2009 年），《中华人民共和国清洁生产促进法》（2012 年修正），《国务院关于大力推进信息化发展和切实保障信息安全的若干意见》（2012 年），《企业环境信用评价办法（试行）》（2013 年），《企业信息公示暂行条例》（2014 年），《社会信用体系建设规划纲要（2014—2020 年）》（2014 年），《国家重点监控企业自行监测及信息公开办法（试行）》（2013 年），《企业事业单位环境信息公开办法》（2014 年），《水利部办公厅关于强化流域管理机构河湖管理工作的通知》（2022 年）
	公众参与	《环境影响评价公众参与暂行办法》（2006 年），《环保举报热线工作管理办法》（2010 年），《环境监察执法证件管理办法》（2013 年），《环境保护公众参与办法》（2015 年），《"互联网＋"绿色生态三年行动实施方案》（2016 年），《信息通信行业绿色低碳发展行动计划（2022—2025 年）》（2022 年）
	自愿协议	《国务院关于落实科学发展观加强环境保护的决定》（2005 年），《中国环保民间组织发展状况报告》（2006 年），《中国环保民间组织信息库》（2006 年），《最高人民法院民政部 环境保护部关于贯彻实施环境民事公益诉讼制度的通知》（2014 年），《最高人民法院关于审理环境民事公益诉讼案件适用法律若干问题的解释》（2015 年），《国家发展改革委 国家能源局关于完善能源绿色低碳转型体制机制和政策措施的意见》（2022 年）

续表

规制政策	政策类别	政策文本
志愿行动型	生态教育	《关于推进生态文明建设工程的行动计划》（2011年），《全国生态文明宣传教育工作绩效评估试点实施工作方案》（2013年），《全国生态文明宣传教育工作绩效评估办法和标准（试行）》（2013年），《全国环境宣传教育工作纲要（2016—2020年）》（2016年），《关于加快建立统一规范的碳排放统计核算体系实施方案》（2022年）
激励约束型	绩效考核	《领导干部任期环境保护政绩考核必行、可行》，《建立和完善党政领导干部绩效考核制度》（2008年），《当前领导干部绩效考核中的一些问题》（2008年），《国务院关于加强环境保护重点工作的意见》（2011年），《环境保护目标责任书（2011—2015年）》（2011年），《大气污染防治行动计划》（2013年），《大气污染防治目标责任书》（2014年），《大气污染防治行动计划实施情况考核办法（试行）》（2014年），《水污染防治行动计划》（2015年），《"十三五"生态环境保护规划》（2016年），《2016年度党政领导生态环境保护目标责任书考核指标》（2016年），《土壤污染防治行动计划》（2016年），《领导干部自然资源资产离任审计规定（试行）》（2017年），《省级政府耕地保护责任目标考核办法》（2018年），《国家发展改革委　国家统计局　国家能源局关于进一步做好新增可再生能源消费不纳入能源消费总量控制有关工作的通知》（2022年）
	绿色CDP	《可持续发展下的绿色核算》（1999年），《建立中国绿色国民经济核算体系研究》（2004年），《开展绿色GDP核算和环境污染经济损失调查试点方案》（2004年），《中国绿色国民经济核算研究报告》（2006年），《绿色GDP核算有关技术规范》（2015年），《编制自然资源资产负债表试点方案》（2015年），《"十四五"可再生能源发展规划》（2022年）
	节能减排	《关于城市环境综合整治定量考核的决定》（1988年），《"十一五"主要污染物总量削减目标责任书》（2007年），《主要污染物总量减排统计办法》（2007年），《主要污染物总量减排监测办法》（2007年），《主要污染物总量减排考核办法》（2007年），《"十二五"节能减排综合性工作方案》（2011年），《建设项目环境影响评价区域限批管理办法（试行）》（2015年），《控制污染物排放许可制实施方案》（2016年），《"十三五"节能减排综合工作方案》（2016年），《"十三五"环境影响评价改革实施方案》（2016年），《环境保护部关于强化建设项目环境影响评价事中事后监管的实施意见》（2018年），《国务院办公厅关于进一步加强商品过度包装治理的通知》（2022年）

第二节 环境规制与经济发展相关研究

一、环境规制与经济发展

作为世界第二大经济体，中国的经济发展速度与规模吸引了世界的目光。然而，伴随长期的高速经济增长，环境污染已成为中国发展的重大挑战。鉴于环境保护的关键性，中国政府颁布了众多环保法律法规，并采取了一系列的环境规制政策以应对环境问题。

（一）产业结构的优化与创新

环境规制对传统产业的限制和约束，推动了传统产业向更为清洁、低碳和环保的方向转型。这种转型往往伴随技术创新和产品升级，通过引入先进的环保技术和管理模式，企业能够提高资源利用效率，降低环境污染，从而提高企业的整体效益。技术创新和产品升级也使企业在市场上获得更好的竞争力，为企业打开了新的市场空间和发展机遇。环境规制也创造了一个促进技术交流和合作的平台，通过政府、企业和研究机构之间的合作，加速了环保技术的研发和推广，推动了产业技术水平的整体提升。这种技术进步和产业升级，为经济的长期发展奠定了坚实的基础，也为实现经济与环境的和谐发展提供了可能。

（二）对传统产业的限制与引导

环境规制作为一种政策工具，旨在通过法律法规和标准来保护环境和公共健康。然而，这种规制会给企业带来额外的负担，尤其是在生产成本和竞争力方面。环境规制通常要求企业进行额外的环保投入，包括更新设备、改进工艺或处理废弃物等，这些投入在短期内可能会导致企业的生产成本增加。生产成本的增加可能会影响企业的价格竞争力，尤其是在高度竞争的市场环境下。因此，环境规制可能会在短期内对企业的经营活动产生负面影响。

从长期角度看，环境规制可能会刺激企业采纳更为环保和高效的生产方式。在面对环境规制的压力下，企业可能会寻求技术创新和管理创新以降低环保成本，提高资源利用效率和环境性能。这种创新和改进不仅能帮助企业满足环境规制的要求，还可能帮助企业降低生产成本、提高生产效率和市场竞争力。通过改善环境性能和提高资源效率，企业可能会在市场上获得更好的声誉和消费者认可，这对于企业的长期发展是有益的。

环境规制也可能会创造一个更为公平和可持续的竞争环境。在这种环境中，企业被鼓励采取更为环保的生产方式和商业模式，有助于推动整个行业或经济体向更为绿色和可持续的方向发展。环境规制不仅对保护环境和公共健康具有积极意义，同时可能对推动经济的绿色和可持续发展产生积极的影响。

（三）技术创新与产业升级

环境规制为企业技术创新和产业升级提供了重要驱动力。环境规制的实施使企业面临遵守环保标准的压力，为适应这些标准，企业倾向于投资研发，寻求新的技术和方法以降低生产过程中的环境污染和资源消耗。这种压力促使企业加快技术创新的步伐，以求在符合环境规制要求的同时，能提高生产效率和市场竞争力。

环境规制的实施，借助于引导和激励企业采纳更为先进、清洁和环保的生产技术，为企业的技术创新提供了方向。通过技术创新，企业能够达到减少废弃物排放、降低能源消耗和提高资源利用效率的目标，这不仅有助于企业降低环保合规成本，同时能提升企业的核心竞争力。面对环境规制的要求，企业逐渐认识到只有通过产业升级，才能实现长期、可持续的发展。产业升级通常伴随着生产流程的优化、管理模式的创新和产品质量的提升，这些变化不仅能帮助企业满足环境规制的要求，还能提高企业的市场地位和客户满意度。

（四）环保技术的推广与应用

环境规制的严格标准促使企业和研究机构加大对环保技术的研发力度，进而推动了环保技术的创新和应用。当企业为满足环境规制而采用新的环保技术时，不仅有助于降低污染排放，还可能通过提高资源利用效率和减少废弃物生成而降低生产成本。

环境规制通过设定清晰的环保标准和要求，为环保技术的应用提供了清晰的方向和目标。企业在努力满足这些标准时，将逐步应用和推广各种环保技术，包括废水处理、废气净化和能源效率提升等技术，从而在应对环境规制的同时，促进了自身技术水平的提高和生产方式的绿色转型。

环保技术的推广与应用为经济发展质量的提升做出了重要贡献。通过环保技术的应用，企业不仅能满足环境保护的要求，还能通过提高生产效率和资源利用效率而提高经济效益。环保技术的推广与应用也促进了新兴环保产业的发展和壮大，为经济发展注入了新的活力和动力。环境规制的实施有助于形成有利于环保技术推广与应用的市场环境和政策环境。政府通过财政支持、税收优惠和其他激励措施，鼓励企业采纳和推广环保技术，为环保技术的市场化应用提供了有利条件。

二、环境与各因素之间的相互关系

（一）环境发展与就业

在"十二五"至"十四五"规划期间，中国强调改善生态环境与保障就业持续增长为双重目标，旨在构建集约型和友好型社会，以加速经济发展模式的转变。环境与经济之间的关系已经得到了广泛的研究和验证，但环境与就业之间的关系却相对缺乏关注。然而，在现实的经济发展过程中，环境的发展确实对就业水平产生了影响。

提高环境质量和实现节能减排的目标可能会对就业增长产生一定的影响。

环境质量的改善通常需要投入大量的资金和资源，可能会导致传统产业的收缩和就业机会的减少。环境治理和绿色经济的发展也可能会创造新的就业机会。例如，新的环保技术和绿色产业的发展可能会吸引大量的投资，并为劳动力市场提供新的就业机会。环境改善也可能会改善公共健康，从而提高劳动力的工作效率和就业的质量。在协调环境发展与就业之间的关系方面，需要采取各种策略。一方面，政府可以通过财政和税收政策，以及培训和教育计划，为传统产业的转型和劳动力的再培训提供支持。另一方面，政府和企业可以通过投资绿色产业和促进环保技术的研发，创造新的就业机会，以应对传统产业就业的减少。公共和私营部门的合作可能会促进绿色产业的发展，为劳动力市场提供更多的就业机会，同时为经济的可持续发展提供支持。

（二）财政与环境治理

在财政竞争的背景下，环境质量的改善动力可能会被削弱。地方政府间存在博弈关系，往往为了吸引投资和增加财政收入，可能会降低环境标准或放松环境监管，从而导致环境治理的波动性。这种情况反映了地方政府在财政收入和环境保护之间的困境，可能会在一定程度上妨碍环境治理的效果和效率。这种波动性的主要原因在于各级地方政府之间的治理博弈、地区治理界限的不明确和财政权力的不对称。这些因素相互作用，形成了财政与环境治理之间的复杂关系。例如，地方政府可能会为了保护本地经济利益和财政收入，而选择牺牲环境质量，忽略或降低环境治理的重要性。

解决财政与环境治理之间的矛盾，需要建立一个综合性的、多层次的治理体系，明确各级政府的责任和权力，同时建立有效的激励机制和监管机制，以确保环境质量的持续改善和经济发展的可持续性。透明公开的财政分配制度和环境信息的公开，也是推动财政与环境治理协调发展的重要条件。通过综合利用法律、经济和管理等多种手段，推动财政资源向环境保护和绿色发展方向倾斜，构建长期的环境治理机制，实现财政与环境治理之间的良性互动，为实现可持续发展提供坚实的制度保障。

三、环境规制对各因素的影响

环境规制是政府等相关部门制定和实施环境政策措施来规制生产企业的行为，以此减轻或解决企业生产带来的环境污染问题，促进自然与经济和谐发展。

（一）环境规制对就业的影响

环境规制的实施与就业市场之间的相互作用展现了多元化的影响，这些影响在不同的经济水平和政府规制手段下呈现出不同的特征。在高收入地区，环境规制的实施可能会促进就业的显著增长，而在中低收入地区，其对就业的影响可能是消减或递减的。环境规制的具体手段，例如基于市场的税费机制或者是强制性的行政手段，决定了环境规制与就业之间的相关关系的正负性。

一方面，当政府采用基于市场的刺激性手段，如税费机制时，高污染高消耗的企业会面临较高的税负，导致其资源重组。这种资源重组迫使企业提高生产成本，推动产业结构的改革。这种结构改革有助于淘汰产能过剩的企业，但同时可能导致就业机会的减少，增加企业员工的下岗率，从而使环境规制与就业呈负相关关系。另一方面，当政府采用强制性的行政手段或其他强制手段时，例如关停一些高消耗、高污染的企业或者命令部分企业使用清洁技术和低碳技术，环境规制对就业的影响可能会更明显。这种情况下，不是所有企业都能承受技术创新带来的额外成本。一些企业可能会因为成本的增加而在市场竞争中处于劣势，甚至可能会被市场淘汰，从而直接导致就业机会的减少。

环境规制的实施也有可能促进就业的增长。通过提高环境规制水平，政府可以推动经济结构的优化升级，可能会创造出新的就业岗位。特别是，随着环境规制的加强，市场可能会向那些受规制影响较小的行业转移，例如服务业和其他第三产业领域，从而会带动就业岗位的增加。

（二）环境规制与财政支出之间的关系

环境规制与财政支出之间的关系展现了地方政府在环境治理与经济发展方面的权衡与选择。在我国的财税体制下，纵向财政竞争现象使税收财力向上集中，而事务执行向下转移，导致上下级政府间的权责不对等。尽管税费制度得到了一定程度的改革，但改革主要集中在省级，对于省级以下的政府并没有明确的改革和调整，从而导致底层政府承受着环境规制实施的压力。在权责不相匹配的制度环境下，环境规制的水平和质量难以得到保证。

地方政府在考虑自身的政绩时，可能会倾向于采纳粗放型的经济结构以推动市场经济的发展，从而为本地区贡献 GDP 和税收。这种做法往往导致财政支出被投入到其他非环境规制的建设项目中，减少了对环境规制的支出。这种财政支出的分配方式进一步加剧了环境与经济之间的恶性循环，而环境治理的长期效益在短期内可能不会得到显著的体现，使得地方政府在财政支出的决策中可能偏向于追求短期的经济收益。

环境规制与财政支出之间的这种相互影响展示了一个复杂的政治经济学问题，即如何在实现经济增长的同时保障环境的可持续发展。也揭示了在当前的财政体制下，地方政府可能会面临的环境规制与财政支出之间的冲突与矛盾。解决这种冲突，需要对现有的财政体制进行进一步的改革和调整，以确保地方政府在财政支出决策中能够充分考虑到环境保护的长期效益，从而为实现环境与经济的和谐发展提供制度保障。

四、环境规制与经济发展的政策启示

（一）环境规制与经济发展之间的关系

环境规制与经济发展之间的关系可以从合力的角度进行深入探讨，它体现了综合性的分析对于理解环境规制与经济增长相互作用的重要性。研究揭示，在中国的情境下，环境规制与经济发展的关系在长短期内均呈现 U 型曲线，这可能意味着在一定阶段内，环境规制的强化可能会对经济增长造成阻碍，但随着时间的推进，环境的改善反而能为经济发展注入新的活力。

从区域分布的角度看，加强环境规制不仅有助于推动社会经济的发展，同时能改善环境质量，从而提高人们的生活水平。这表明环境规制与经济发展之间存在着正面的相互影响。环境规制的实施能够促使企业和社会在生产和消费过程中采纳更为环保、高效的方式，这不仅有利于改善环境条件，也有助于提高资源的利用效率和社会的经济效益。环境规制的强化可能会带来新的经济增长点。例如，环保产业的发展、清洁能源的推广以及循环经济的实施，都能为经济发展提供新的动力。同时，改善的环境质量能够提高人们的生活满意度和健康水平，从而为社会经济的持续发展创造有利的条件。

（二）政府切实加大环境规制力度

政府在加大环境规制力度方面的作用不容忽视，特别是在财政政策不断改革的背景下。合理解决地方政府与中央政府在环境规制执行过程中的博弈关系成为实现这一目标的关键措施。探析中央和地方两级政府的环境规制措施不仅有助于识别环境污染治理效果不佳的主要原因，还能为政策纠正提供依据，以期在合理处理中央与地方政府关系的前提下，达成经济可持续发展的目标。通过降低中央对地方政府的监督成本并强化监察力度，可以有效降低环境规制的执行成本，减轻环境规制实施对经济的负面影响，从而进一步提升环境质量水平。这不仅显示了政府在环境规制方面的决心和责任，也反映了在财政政策改革的大背景下，如何通过协调中央与地方政府间的关系，以实现环境规制的有效执行和经济的持续健康发展。在此过程中，通过科学的政策设计和执行，可以为提高环境规制效率，促进经济与环境的和谐发展提供有力的政策支持。

（三）政策要促进财政分权下地方政府的良性竞争

政策推动财政分权背景下地方政府良性竞争显得至关重要。分析可见，环境规制与经济发展的责任及压力主要由各级政府承担，特别是基层政府。因此，解决地方政府间财政竞争问题，对执行环境规制及提高其质量具有重大意义。

一是清晰的责任主体是实现这一目标的基石。对于全国性的环境质量问题，中央政府需承担环境规制的主体角色，详细制定环境规制政策，并针对不同地区提出区域性政策方略。同时，妥善协调地方各级政府间权力与责任关系，明确责任主体。完善税费体制，确保地方政府在环境治理中具有财力支持也显得至关重要。明确各区域的环境治理责任主体，需要明确划分区域管辖权利，应对环境污染的外溢性，使相邻区域能够相互合作，共同商议规制方案。

二是政绩考核机制的调整也是促进地方政府良性竞争的重要措施。应将改善区域环境质量水平纳入地方政府政绩考核体系，使政绩考核不仅侧重于GDP、财政收入等指标的增长，而且应重视当地环境治理质量水平。这一机制改革旨在破除短期经济收益牺牲环境的困境，提高地方各级政府执行环境规制的积极性，从而推动实现节约资源型和环境友好型社会建设的目标。

第三章 环境规制与经济高质量发展研究的相关理论基础

第一节 环境规制的理论基础

学术领域对环境规制的理解经历了漫长的历程。起初,环境规制被视为政府通过非市场机制对环境资源利用的直接调控。随后,随着环境税、补贴、押金退款、经济刺激措施的引入,环境规制显示出了积极效果,因而其内涵得以进一步修订,被概括为政府对环境资源利用的直接与间接调控。这不仅包括行政法规,也将经济手段和利用市场机制的政策纳入其中。

一、环境规制的产生逻辑

（一）环境规制的功用

通常,环境问题的根源主要在于人类对自然资源的不恰当开发与利用。随着环境议题逐渐升温,作为人类生存和繁衍基础的环境资源已逐渐稀缺。如何有效地配置这些资源已成为经济学领域的重要课题。市场与政府干预被视为实现资源配置的两大关键手段。从理论上说,在市场经济框架下,"看不见的手"应能实现资源的最优配置。然而,现实经济中却常见"市场失灵"的现象,特别是在环境资源的利用方面,常因资源产权不明确或缺失、外部性以及公共物品属性等因素，导致市场机制无法独自完成环境资源的最优配置。因此，在环境领域实施政府规制是必要的。美国经济学家马歇尔最早对环境问题进行了理论分析，在其所著的《经济学原理》中首次提出了"外部经济"和"内部经济"的概念，前者指某个产业的一般发达对经济效率提高所产生的经济性，后者指某产业的个别企业本身资源、组织和经营效率提高所产生的经济性。[①]

规制，也被称为政府规制，标志着具有法律地位且相对独立的政府行政机构采取一系列管理与监督的行动，旨在纠正市场失灵的现象。此类行动依据特定法规，通过许可等手段，对企业和个人的市场活动产生影响，体现了政府的重要职能。政府规制可分为经济性规制和社会性规制两大类。经济性规制针对自然垄断、信息不对称等导致的市场失灵问题，旨在提升资源配置的效率。它涵盖了自然垄断产业规制（如电力行业规制、电信行业规制等）及信息不对称领域的规制。相对而言，社会性规制关注市场行为主体所提供的物品和服务质量，并制定了伴随各种活动的相应标准，旨在保护相关行为主体的安全与健康。主要包含环境规制、安全规制和健康规制等。环境规制作为政府规制的重要组成部分，聚焦于控制环境污染、保护环境和改善环境资源利用的低效率，旨在提高公众的生活质量和生活水平。

（二）市场失灵与政府干预

市场失灵指市场机制无法实现资源的有效配置，特别在环境资源的分配和保护方面。由于环境资源具有公共物品和外部性的特征，单纯依赖市场机制往往会导致环境资源的过度消耗和污染。在市场失灵的情况下，政府干预成为必要的选择以纠正市场的失灵现象。环境规制作为政府干预的一种重要形式，旨在通过法律、法规和政策措施，调整和引导市场主体的行为，以实

---

① 李丽. 基于运输需求的公路项目经济效益形成机理及计量[M]. 北京：光明日报出版社，2010.

现环境资源的合理利用和保护。政府通过环境规制，设定环境保护的最低标准，限制有害物质的排放，促进清洁生产技术的应用，以期改善环境质量，保障公众健康和社会的可持续发展。

（三）法律与社会需求

随着社会经济的发展和公民环保意识的提高，对健康和优质生活环境的需求不断增强。法律制度和社会需求是推动环境规制产生和发展的重要力量。通过法律手段明确环境保护的义务和权利，为环境规制提供了法律基础和社会支持。随着环境问题的日益严重，社会对环境保护的需求日益增强，这种需求反映了公众对环境质量的关切和对未来可持续发展的期望。环境规制应当回应这种社会需求，通过制定和执行相应的环境法律、法规和标准，促进环境资源的合理利用和保护，以实现社会的长期可持续发展目标。公众参与和社会监督是环境规制更为完善和有效执行的重要保障，为环境规制的实施提供了重要的社会支持和监督机制。

二、环境规制的有效性研究

环境绩效的研究历来是环境管理领域的核心议题。合理与有效的环境规制不仅有助于提高资源的使用效率，还能够维护和提升环境的质量。波特的观点进一步指出，环境规制不仅有助于提升环境质量，还能为污染者带来经济利益，为其创造竞争优势。这种规制为工业企业提供了关于资源效率不足和技术改进潜力的信息，从而促进了技术创新和污染物排放的减少。国内外有关环境规制这一课题的研究主要有两大方向：一是成本—收益分析；二是信息不对称。

（一）从成本—收益角度分析

从成本—收益的角度对环境规制的有效性进行分析，需要考虑规制执行所需的成本与其带来的收益。规制有效性的研究涉及环境规制工具选择对成本的影响以及环境实施层面选择对成本的影响。环境规制工具对成本的影响可以进一步细分为：由于污染收益的信息不对称性，规制者对社会成本的误解可能导致价格工具和数量工具产生不同的效果；规制者对特定规制工具的选择依赖于污染的边际收益曲线与边际社会成本曲线的相对斜率，从而在价格工具和数量工具之间作出选择以最小化社会福利损失；考虑环境规制的遵从成本、行政成本和污染损失成本，进行成本—收益的均衡分析可以进一步揭示规制的有效性。

（二）从信息不对称角度分析

从信息不对称的角度分析环境规制的有效性，可以发现规制的低效率、政府行为和企业行为均与信息不对称有关。尽管政府在环境保护上的财政投入持续增加，但环境问题仍未得到显著改善，暗示环境规制的效率可能并不高。环境规制失效的原因多种多样，包括信息成本过高、规制工具缺乏弹性、法律法规不完善、政府干预不当、经济性规制过度、社会性规制缺失、规制目标不明确、规制规则与实际需求不符等。环境规制相关者对于与环境规制相关的信息的了解程度不同，也会影响规制的效果。

政府行为对环境规制的有效性有显著影响。当前的环境规制政策已经经历了从命令和控制管制到基于市场的规制，再到基于信息的策略的转变。政府作为规制者不仅受到信息不对称的制约，其行为也会影响规制过程中的其他相关主体的信息状态，从而影响规制的效果。

企业行为也对环境规制的有效性产生影响。企业对环境规制的响应是决定规制目标是否能够实现的关键。环境规制的执行信息会对企业的环境行为产生影响。

三、环境规制的实施体系

环境规制是一个包罗广泛的概念，它的表现形式多样，不仅囊括狭义环境规制所涵盖的诸如环境制度、环境保护政策、环境检查与监测、环境信息公开以及环境标准等方面，还延伸至环境法律法规、环境税费、环保补贴、排污权交易及生态补偿机制等领域。因此，所有与环境规制相关的法律、法令、条例、规划、计划、管理办法以及措施都可被纳入环境规制政策的范畴内，这些政策是政府在特定时期为了保护环境所制定的行为准则。从更深层次理解，环境规制政策实质上是可持续发展战略与环境保护战略的具体表现形式，它通过设定一系列的准则来诱导、约束和协调环境规制对象的观念和行为，成为实现可持续发展战略目标的定向管理工具。在实施体系方面，环境规制通过构建一套完整的制度框架，利用法律法规、经济激励和技术支持等多元手段，推动环保目标的实现，同时协助各相关方在环保与发展之间找到一个平衡点，以确保在推动经济增长的同时，不牺牲环境的健康和可持续性。

（一）法律法规和标准框架

环境规制实施体系中的法律法规和标准框架是确保环境管理活动得以有序、有效进行的基石。环境保护法、水污染防治法、大气污染防治法等法律为环境规制行为提供了权威的法律依据，明确了各方的权利和义务，为环境保护活动提供了明确的方向和目标。这些法律法规不仅规定了环境保护的基本原则和目标，还明确了环境保护的具体措施和方法，如污染物排放的限制、环境影响评价的要求、环境监测和信息公开的规定等。这些具体规定为环境管理部门提供了操作指南，确保了环境规制活动的具体性和可操作性。

一系列环境质量标准、排放标准和监测标准为环境规制提供了科学的技术支持。这些标准基于科学研究和实践经验，明确了各种污染物的允许排放浓度、环境质量的接受标准和监测方法等，确保了环境规制的科学性和实效性。这些标准不仅为环境管理部门提供了技术指南，还为企业和公众提供了清晰的行为准则，确保了环境规制的公正性和公平性。

（二）经济激励和市场机制

经济激励与市场机制在环境规制的实施体系中占据核心地位，为企业和个体提供了遵守环境规则的动机。通过环境税费、排污权交易和环保补贴等经济手段，政府成功地将环保的利益与经济利益相结合，使得环保成为市场参与者追求的目标。

环境税费是一种有效的经济激励手段，它通过对污染活动的征税，增加了污染成本，从而激励企业和个体减少污染排放。环境税费不仅能提高企业和个体的环保意识，还能为政府提供必要的财政资源，支持环保项目和绿色技术的研发。排污权交易是一种市场化的环保机制，它允许企业间交易排污权，从而找到降低污染成本的最优解。通过排污权交易，企业能在遵守环境规定的同时，找到降低污染成本的方法，实现经济效益和环保效益的双赢。环保补贴是政府为了推动绿色技术的研发和应用，对企业和个体提供的经济支持。通过环保补贴，政府能够降低企业和个体采用绿色技术的成本，激励他们参与环保行动，从而促进绿色产业的发展。

经济激励与市场机制的运用，为环境规制提供了有效的实施手段。它们使得环保不再是企业和个体的负担，而成为他们追求的目标。经济激励与市场机制还为政府提供了灵活的环保管理手段，使得环境规制能够根据市场条件的变化而做出相应的调整，实现环境保护与经济发展的和谐统一。

（三）监测、信息公开与社会参与

监测、信息公开与社会参与是环境规制实施体系的重要组成部分，共同构建了一个多元互动的环境管理模式。环境监测作为评估环境规制效果的基础，为政府和社会提供了准确的数据支持，使得环境政策的制定和执行更为科学和准确。

环境监测通过定期的数据采集和分析，为政府提供了关于环境质量和污染排放的实时信息，使得环境管理部门能够及时了解环境问题的实际情况，为环境规制的优化提供了数据基础。环境监测的结果也为社会公众提供了评价环境政策效果的依据，增加了环境政策的公信力和接受度。信息公开是提高环境规制透明度的重要手段，它能够增强公众的环保意识，提高环境政策的社会认同度。通过信息公开，政府可以将环境监测的结果、环保政策的具体内容以及环境法律法规的相关信息传递给社会公众，使得公众能够了解环境问题的严重性和环境政策的重要性，增加了公众的环保意识和参与意愿。社会参与机制是环境规制实施体系的重要组成部分，它允许公众、企业和非政府组织参与到环境规制的过程中，丰富了环境规制的实施手段，提高了环境规制的执行效率。通过社会参与机制，政府能够汇集更多的资源和智慧，增强环境规制的创新性和实效性。社会参与机制也为环境规制的持续优化提供了可能，使得环境管理能够更好地适应社会经济的发展和变化，实现环境保护与社会发展的和谐统一。

四、环境规制的效果评估

环境规制的效果评估是一个复杂且多维度的过程，主要目的是评估环境规制政策的实施对环境质量、经济发展及社会福利的影响。

（一）环境质量的改善

环境质量的改善是环境规制效果评估的核心，通过测量和分析规制实施前后的环境质量变化，可以明确环境规制政策对环境质量的积极影响。具体来说，环境质量的评估通常通过一系列的环境指标完成。这些指标可以为政策制定者和社会公众提供清晰、直观的信息，以理解环境规制的效果和价值。空气质量的改善是环境规制效果评估的重要组成部分。通过监测和分析空气中的污染物浓度，如颗粒物、二氧化硫、氮氧化物和挥发性有机物等，可以评估环境规制对空气质量的影响。通过比较规制实施前后的空气质量数据，可以明确环境规制政策的效果和效率。

水质的改善也是环境规制效果评估的重要方面。通过监测和分析水体中的污染物浓度和水质参数，如化学需氧量、生物需氧量、重金属和有害化学物质等，可以评估环境规制对水质的影响。通过比较规制实施前后的水质数据，可以明确环境规制政策对水质改善的贡献。土壤质量的改善是评估环境规制效果的另一个重要方面。通过监测和分析土壤中的污染物含量和土壤参数，如重金属、有机污染物和土壤肥力等，可以评估环境规制对土壤质量的影响。通过比较规制实施前后的土壤质量数据，可以明确环境规制政策对土壤质量改善的贡献。生物多样性的保护和恢复是环境规制效果评估的重要组成部分。通过监测和分析生物多样性指标，如物种丰富度、生态系统健康和生物群落结构等，可以评估环境规制对生物多样性的影响。生物多样性的保护不仅对保持生态系统的稳定和健康至关重要，而且对实现可持续发展的目标具有重要意义。

（二）经济效益和成本效益分析

环境规制的实施涵盖了众多领域，旨在通过控制和减少环境污染，促进生态的持续性和改善公共健康，其效果评估不局限于环境质量的改善，同时包括对经济效益和成本效益的分析。环境规制的经济效益与成本效益分析是评估环境规制效果的重要组成部分，它通过定量和定性方法，分析环境规制对企业运营成本、市场竞争、技术创新和就业等经济指标的影响。这些经济指标反映了环境规制在短期和长期内对经济活动的影响，是评估环境规制效果的重要依据。

环境规制的实施可能会增加企业的运营成本，如需投资清洁技术或支付环境税费。然而，这些投资和费用可能会促使企业采取更为环保、高效的运营模式，从而在长期内降低运营成本，提高市场竞争力。环境规制也可能刺激技术创新，推动企业研发和应用绿色技术，从而实现经营效率的提高和市场竞争力的增强。绿色技术的研发和应用可能为企业创造新的市场机会和增加就业。环境规制对市场竞争的影响也值得关注，它可能会改变市场结构和市场力量分布，从而影响市场的竞争环境和企业的市场地位。环境规制的成本效益分析主要关注环境规制实施的总体经济效益和成本。它通过对比分析环境规制实施前后的经济指标，评估环境规制的经济效果和效率。长期经济效益是评估环境规制效果的重要内容，包括环境规制对绿色技术创新和绿色产业发展的推动，以及对经济结构优化和长期可持续发展的贡献。通过深入分析和评估环境规制的长期经济效益，可以更好地理解和评价环境规制的总体效果和价值，为未来的环境规制政策制定和优化提供科学依据。环境规制的成本效益分析也为评估和提高环境规制的效果和效率提供了重要参考。

（三）社会福利和公众满意度

环境规制的实施旨在提升社会福利，对此，评估其效果不仅仅是对环境和经济的考量，更是关于社会福利及公众满意度的探讨。社会福利的提高主要体现在公众健康的改善、生活质量的提高以及社会公正的实现上。公众健康和生活质量是环境规制效果的直接反映。环境规制通过控制污染、改善环境质量，为公众提供了更为健康、舒适的生活环境。例如，空气质量的改善可以减少呼吸系统疾病的发生率，水质的改善可以保障公众的饮水安全。通过环境规制，社会资源得到了更为合理的配置，这在一定程度上促进了社会公正的实现。

环境规制的效果评估同时需涵盖公众对环境规制的满意度和认可度的评估。这需要通过问卷调查、公众咨询和社会反馈等方式，收集和了解公众对环境规制的看法和意见。公众的满意度和认可度是评估环境规制社会效果的重要指标，它反映了环境规制是否得到了社会的支持和认可，也反映了环境规制在提高社会福利方面的效果。通过对公众满意度和认可度的评估，可以了解到环境规制政策在社会上实施的效果和存在的问题，为环境规制政策的优化和调整提供重要的参考。环境规制效果的评估是一个多维度、多层次的分析过程，它需要结合环境、经济和社会等多方面的因素，全面、客观地评估环境规制的效果，为环境规制的未来发展提供科学的指导和参考。

第二节 绿色经济相关理论

作为一种经济形态，绿色经济指以绿色产品和服务为主的经济。作为一种经济手段，绿色经济是针对关键环境制约因素，通过调整总需求，创建并积累新一代资本：清洁、低碳、能提高资源能源使用效率的人造资本，对人类生活生存至关重要的自然资本，受到良好教育、掌握现代化清洁技术、健康的人力资本，以及有利于和谐包容和公平的社会资本。[①]

一、绿色经济概述

绿色经济作为一种新兴的经济发展模式，反映了 21 世纪全球社会对于可持续发展和环境保护的共同关注。它旨在通过提高效率、促进和谐和实现持续发展，以推动经济、社会和环境三方面的全面进步。绿色经济不仅是一种新的经济结构，也是一种新的社会形态，它将生态农业、循环工业和持续服务产业作为其基本内容，以实现经济增长与生态环境的和谐共融。

绿色经济强调的"效率、和谐、持续"三位一体的目标体系，突破了传统经济发展模式中对单一增长目标的依赖。通过提高资源使用效率，减少浪费和污染，绿色经济寻求在保障经济增长的同时，实现对环境的最小化伤害。这种新的发展理念将人与自然的和谐关系纳入经济增长的目标体系中，强调经济、社会和环境的协调发展。其所倡导的"生态农业、循环工业、持续服务产业"三位一体的结构体系，为实现经济和生态的和谐提供了实践路径。生态农业通过推广绿色、有机和低投入的农业模式，降低了对化肥和农药的依赖，有助于保护土壤和水资源。循环工业则通过推动资源循环利用和废物

---

① 董珂,谭静,王亮等.低冲击低消耗低影响低风险的城乡绿色发展路径[M].北京:中国建筑工业出版社,2022.

回收，减少了工业生产对环境的负面影响。持续服务产业通过提供绿色、节能和低碳的服务，促进了社会经济的持续发展。绿色经济构建了"绿色经济、绿色新政、绿色社会"三位一体的发展体系。绿色新政指通过政策引导和法律法规的完善，推动绿色经济的发展和社会的转型。绿色社会指通过教育、宣传和公众参与，增强全社会对绿色发展的认识和参与，以实现社会的全面绿色转型。

绿色经济是绿色发展的物质前提。"绿色经济"一词最早是由英国著名经济学家皮尔斯在1989年出版的《绿色经济蓝皮书》中提出的。皮尔斯认为，经济发展必须是自然环境和人类自身可以承受的，不会因盲目追求生产增长而造成社会分裂和生态危机，不会因为资源耗竭、环境污染而使经济无法持续发展，主张从社会及其生态条件出发，建立一种"可承受的经济"绿色经济发展模式。[①]

绿色经济的理念源于对自然资源有限和环境恶化问题的深刻认识，它强调在经济发展过程中应遵循"开发需求、降低成本、加大动力、协调一致、宏观有控"五项准则，以实现可持续发展的目标。绿色经济不仅局限于微观单位的经济活动，而且涵盖了国家甚至全球范围的经济发展。

（1）开发需求：绿色经济注重满足人们的基本需求和提高生活质量，同时要确保未来代际的需求不会受到威胁。这包括开发和推广清洁、绿色和可再生的技术和产品，以满足人们的需求而不损害环境。

（2）降低成本：通过提高资源利用效率、减少浪费和推动循环利用，绿色经济致力于降低生产和消费的环境和社会成本，从而实现经济活动的高效和低碳发展。

（3）加大动力：绿色经济通过政策激励、法律法规和公共宣传等方式，

---

① 关雯文. 新发展理念的人本意蕴及意义指向[M]. 南京：东南大学出版社，2021.

加大对企业和个人进行绿色行为的动力，鼓励更多的社会成员参与到绿色经济的建设中来。

（4）协调一致：绿色经济强调经济发展、社会进步和环境保护三者之间的协调与一致，以避免单方面的发展导致的负面效应。

（5）宏观有控：通过宏观经济政策和规划，以及相关法律法规的制定和执行，确保绿色经济的健康、稳定和持续发展。

二、绿色经济的产生过程

环境经济学家的洞察提供了绿色经济发展理念的基础，强调经济发展的可承受性和对自然环境的尊重。在传统的经济发展模式中，忽视了自然资源的有限性和生态系统的脆弱性，这种忽视在长期发展中可能导致资源的枯竭和环境的退化。绿色经济模式的提出，是对过去几次工业革命的传统经济发展模式的根本反思和否定。它反映了 21 世纪世界经济发展的必然趋势，即向更为可持续、生态和人文的方向发展。

绿色经济的核心是实现经济和生态的协调发展，它将环保技术和清洁生产工艺转化为生产力，通过促进与环境无对抗的经济行为，为经济的可持续增长提供动力。它着眼于维护人类生存的环境，合理保护资源和能源，推动有益于人体健康的经济发展方式。这种平衡式经济模式，尊重自然的边界，充分考虑未来代际的需求和权益，以生态、知识和可持续为发展目标，努力构建一个低碳、绿色、循环的经济体系。

中国作为世界上最大的发展中国家，面临着严重的资源约束和环境压力。为了应对这些挑战，中国已经明确将生态文明建设纳入国家发展战略，致力于推动绿色、循环、低碳的经济发展。中国努力摆脱资源消耗和环境污染严重的非持续性黑色经济模式，向生态化、知识化和可持续化的绿色经济转型。通过改造现存的经济发展体制，推动科学技术生态化、生产力生态化和国民经济体系生态化，中国希望在 21 世纪的社会主义现代化建设中实现绿色经济强国的目标。绿色经济的发展不仅对于中国，而且对于全球的可持续发展具有重要的示范意义和实践价值，它为全人类展现了一种新的、可持续的经济发展路径。

三、绿色经济的价值分析

绿色经济的价值主要体现在推动可持续发展，确保在满足当前需求的同时不损害未来代际的需求。通过合理调整传统的产业发展模式，绿色经济助力协调经济、社会和自然环境的关系，改善和保护自然环境。它继承并拓展了可持续发展的核心理念，通过环保技术和清洁生产工艺的应用，转化生产力，促进经济的持续、健康增长。《中国 21 世纪议程——中国 21 世纪人口、环境与发展白皮书》指出，"可持续发展的前提是发展""既能满足当代人的需求而又不对满足后代人的需求的能力构成危害"。①

（一）绿色经济模式强调经济、社会和环境的一体化发展

绿色经济模式是对传统经济发展模式的反思和超越，它尝试打破自然环境与经济增长、社会发展之间的对立关系，提倡经济、社会和环境的一体化发展。传统的经济发展模式中，为了追求经济增长和社会繁荣，常常牺牲自然环境，这种模式忽视了自然资源的有限性和生态系统的脆弱性，导致经济发展的不可持续性。

绿色经济模式强调的是一个以可持续发展为核心，以自然生态规律为基础的经济发展方式。它通过政府主导和市场导向，制定和实施一系列符合生态系统规律的制度安排，引导和推动社会产业活动的绿色化。这种模式致力于在促进经济增长和社会发展的同时，保护和改善自然环境，减少或消除污染，实现经济、社会和环境的和谐发展。绿色经济模式旨在实现一个长期、

---

① 中国 21 世纪议程——中国 21 世纪人口、环境与发展白皮书[M].北京:中国环境科学出版社,1994.

健康、持续的经济发展过程。

绿色经济模式的实施需要政府的强有力指导和市场的有效运作，以确保社会经济活动的绿色化并促进经济、社会和环境的一体化发展。这种模式不仅有助于解决当前的环境问题，而且为未来的可持续发展提供了稳固的基础。通过促进绿色技术的研发和应用、优化资源配置、提高资源利用效率以及加强环境保护和管理，绿色经济模式有助于构建一个更为和谐、可持续的发展体系，实现人与自然的和谐共生。

（二）绿色经济能够体现出自然环境的价值

绿色经济的理念反映了一种转变，从传统的经济系统的封闭性和独立性转向开放性和协调性，从而更好地体现和实现自然环境的价值。传统的经济系统往往追求经济的无止境扩大，而忽视了与自然环境的紧密联系和相互依赖，导致全球环境危机的加剧。与之相反，绿色经济系统将环境资源的保护和合理利用视为经济系统运行的重要组成部分，强调在生产、流通和消费各个领域实行绿色先导原则。绿色经济旨在最大限度地减少对自然环境的影响和破坏，改善环境资源条件，并将自然环境的代价纳入产业经济核算的依据中。这种做法有助于确认和表现出经济发展过程中自然环境的价值，突破了传统经济核算体系中仅关注经济增长而忽视环境成本的局限。在量化经济发展的各项收益指标时，绿色经济主张实事求是地计算并扣除环境消耗的价值，以实现更为全面和真实的经济评估。绿色经济能够揭示和体现出自然环境在经济发展中的重要价值，促进了环境资源的保护和合理利用，为实现经济、社会和环境的协调、可持续发展提供了新的视角和方法。

（三）绿色经济的自然资源利用具有公平性

绿色经济模式旨在通过可持续利用自然资源，实现公平性，这是可持续发展的重要特性。在传统经济模式下，为追求经济利益最大化和提高生活质量，常常以自然资源系统的严重破坏和污染为代价，这种模式往往仅满足了当代人或某些区域人群的物质利益需求，而忽略了后代人或其他欠发达区域人群的生存需要。这种做法在很大程度上失去了公平性和可持续性，是对子孙后代和全人类的不负责任。绿色经济模式强调自然资源的可持续利用，旨在最大限度地提高自然环境的利用率和再生能力。通过推动资源的循环利用、减少浪费和污染，以及促进清洁生产和绿色消费，绿色经济模式尽可能地保护和恢复自然资源，确保其对当前和未来代际的持续供给。这种模式理论上可以同时兼顾当代人和后代人的代际利益平衡，以及当代人之间的区域利益平衡，为所有人提供公平的资源利用和环境享受机会。

绿色经济模式的公平性体现在它努力消除或减轻传统经济模式下的不公平现象，通过可持续的资源利用和环境保护，为不同区域和不同代际的人群创造公平的发展机会。这种公平性不仅有助于实现经济和社会的持续发展，而且有助于构建一个更为和谐、公正和包容的社会，促进全人类的共同福祉。

（四）绿色经济可以引导产业结构的优胜劣汰

在经济发展过程中，产业结构是动态的，优胜劣汰是客观规律，正是基于产业结构的更新机制，才能实现产业的可持续发展。[1] 在生产领域，绿色经济倡导转变传统的以提高社会劳动生产率和经济增长为中心的生产方式，推动向以提高自然资源的利用率和消除或减少环境污染为核心的可持续发展生产方式的转变。这种转变加重了生产者的环境保护责任，促使企业和产业致力于资源的高效利用和环境的保护。流通领域绿色经济提倡改革传统的自由贸易原则，引入附加环境保护的义务，以控制和禁止污染源的转移。通过实施更为严格的环境标准和监管措施，绿色经济模式助力减轻贸易活动对环境的负面影响，并促进全球贸易体系的绿色转型。消费领域绿色经济强调转变消费观念，引导和推动绿色消费。通过提升消费者对环保产品和服务的认知

---

[1] 洪银兴.可持续发展经济学[M].北京:商务印书馆,2000.

和选择，促进绿色消费成为社会主流，从而推动产业向更为环保、可持续的方向发展。

四、发展绿色经济的基本制度安排

（一）绿色经济需要合理的环境保护制度

绿色经济的推动和实现依赖于合理、高效的环境保护制度安排。这些制度安排为经济活动的绿色化提供了必要的法律和制度框架，有助于解决环境问题，促进环境、经济和社会三维复合系统的健康运行。在绿色经济的实施过程中，制度因素对维持长期经济发展具有至关重要的作用。

强制性制度安排通过法律、行政和经济手段，为经济活动的绿色化提供了明确的规则和要求。具体来说，法律手段包括自然资源与环境保护的立法、司法、守法和法律监督，为环境保护和资源利用提供了基本的法律保障。行政手段主要通过国家行政机关制定实施的环保政策，如环境影响评价制度和环境资源利用与保护许可证制度，为环保产业提供政策性引导、规划和监督。经济手段通过经济鼓励和经济抑制对环境利用进行干预，如建立环境保护专项投入资金，收取环境资源税费，以及对环保科研与教育的组织与投入，促进环保技术和产业的发展。

非强制性制度安排主要通过环境知识和法律知识的教育，以及社会公众环保意识的提高，培养公众的环境价值观、道德观和良好的环境习惯。这些制度安排旨在引导和激励社会公众以及各种经济主体积极参与环保活动，遵守环保法律和规定，促进绿色生产、流通和消费。合理的环境保护制度安排能够使人们认识到人类是自然的一部分，既不能超越自然，也不能与自然相分离。通过发展绿色经济，依据相应的法律和道德规范标准，人们应在生产、流通和消费活动中保持与自然环境的平等相处关系。这种制度安排不仅为绿色经济的实施提供了有力的支持，同时有助于推动社会经济向更为可持续和环保的方向发展。

（二）环境保护激励机制

环境保护激励机制在绿色经济的发展中占据核心地位，为实现经济、社会和环境的可持续发展提供了制度保障。环境资源产权制度激励通过明确和确定环境资源的产权关系，构建了生产者和环境资源的所有者之间的市场经济关系，促使生产者承担环境保护的成本，推动环境资源的合理利用以及环境污染的减少或消除。企业环境制度激励通过制定和实施绿色化的企业发展规则或指标体系，对企业及其内部财产制度和管理制度进行绿色化安排，从而推动企业的绿色发展。这种制度安排包括实行绿色的财产权制度、分配制度和管理制度，坚持环保理念，以促使企业在生产、分配和管理过程中关注和实践环保要求。

绿色消费制度激励通过消费者对绿色产品的认可和需求，对生产者形成正向激励，推动生产者从事绿色生产经营活动。随着绿色消费浪潮的兴起，生产结构的调整成为必然，引导生产者重视环保，采用清洁生产技术，生产环保产品，以满足消费者的需求。政府绿色引导制度激励通过政府的产业政策和法律法规，对生产者的收益比例进行调节，弥补市场机制下绿色生产者与非绿色生产者之间，以及绿色生产者与社会效益之间的收益差距。政府通过各种权力性和非权力性手段，如征收排污费、资源费，提供低息贷款或优惠贷款，实施税收优惠政策等，促使生产者减少污染物的排放和合理开发利用自然资源，从而推动绿色产品的生产和消费。

环境外部性制度的消除是绿色经济模式下的重要环境保护激励机制之一，它通过确立和明确环境资源的产权制度和保护制度，使生产经营者的环境成本明确化、内部化，促使生产经营者在生产经营过程中更多地关注环境资源的合理利用，减少环境问题的发生。政府环保职责的强化涵盖了政府在环保工作中的促导、强制和参与三个方面，通过运用经济杠杆和调整经济参数，以及运用行政权力对人们的行为进行限制和管理，促使人们在进行各种社会、经济活动中考虑对环境的影响，从而实现环境保护的目标。社会技术创新是绿色经济的重要支撑，它通过对传统经济技术的改造与创新，以及节约资源的高新技术的应用，推动经济活动的知识化、生态化转向，培育和发展科技含量高、经济效益好、资源消耗低、环境污染小的新型工业企业，为经济的持续增长提供重要保障。

第三节　环境规制与经济高质量发展相关理论

一、波特假说理论

（一）基本内涵

波特假说是一种对环境管制与企业创新关系的理论解释，认为适当的环境管制能够刺激技术革新，从而促使企业进行更多的创新活动。这一理论突破了传统的观点，即"环境管制会增加企业费用，对提高生产率和竞争力产生消极影响"。波特假说主张，通过适当的环境管制，企业可以提高生产力，抵消环保成本，提升市场盈利能力和产品质量，从而在国际市场上获得竞争优势，同时提高产业生产率。

波特假说进一步解析了环境管制能够为企业带来的六个主要益处：第一，它能够揭示企业资源利用的低效率并指明技术改进的方向；第二，它强调信息收集的重要性，从而提高企业的环保意识；第三，它能够降低环境投资的不确定性，为企业提供更明确的投资方向；第四，它为企业创造了创新和进步的压力，激励企业不断追求技术创新和管理创新；第五，它改变了传统的竞争环境，确保企业不能通过规避环境投资而获得不正当的竞争优势；第六，在不完全补偿的情况下，规制成为必需，因为创新并不能总是完全抵消成本。

波特假说可分为三个层面，即狭义波特假说、弱波特假说和强波特假说。狭义波特假说认为某些类型的环境规制会直接促进企业创新，强调灵活的政府监管能够激励企业开展创新活动。弱波特假说认为环境规制会刺激某些类型的创新，通过正确设计的环境规制可能会促进创新。强波特假说进一步认为，环境规制不仅能促进企业创新，而且创新所带来的收益将大于额外的监管成本，从而使得环境规制成为促进企业增强竞争力、提高企业绩效的重要手段。

（二）波特假说理论研究现状

1. "狭义波特假说"

狭义波特假说探讨的是环境规制对企业创新的促进作用，特别是以经济手段为主的灵活规制政策。在多数相关文献中，通常通过研究某一种环境规制对企业创新的影响而揭示这一关系。例如，美国较为知名的"气候智慧"项目对企业创新活动的影响被具体考察，结果显示参与"气候智慧"能够带来环境专利方面的变化，但这种影响主要体现在研发密集度较低的企业中。一些学者通过采用排污费这一激励型环境规制手段衡量环境规制的强度，得出结论认为，排污费能够促进企业加大创新投入力度，进而推动企业的创新转型。

部分文献则从多种环境规制政策对企业创新的影响角度进行探讨。通过构建理论框架模型，研究者考察了命令—控制型工具、市场化型规制工具和相互沟通型规制工具对企业创新的影响。包括绿色产品创新、绿色工艺创新与末端治理技术创新在内的多方面创新均受到这些规制工具的影响。研究结果表明，命令—控制型规制工具主要促进企业末端治理技术创新，而市场化型规制工具和相互沟通型规制工具则较为明显地促进了绿色工艺创新和末端治理技术创新。狭义波特假说的核心理念是，适度的环境规制能够为企业创新提供必要的刺激与导向，尤其是在经济激励和灵活规制的框架下。通过明智设计的环境规制政策，可以诱导企业向更为绿色、更为环保的方向转型，从而在提高环境绩效的同时，为企业在激烈的市场竞争中寻找到新的竞争优势。狭义波特假说为理解环境规制与企业创新之间的关系提供了重要的理论视角，为制定切实可行的环境政策提供了宝贵的参考。

2.“弱波特假说”

弱波特假说在学术领域得到了广泛的探讨和验证，其核心观点是环境规制在一定程度上能够刺激企业创新，然而这种刺激效应并不总是正向的。众多学者通过不同的研究方法和角度对弱波特假说进行了检验，得出的结论呈现出多元化的特点。一部分学者认为，环境规制能够促进企业创新，特别是在环境研发和环境资本投资方面。另一些学者指出，环境规制可能会对企业的总研发和总资本积累产生负面影响，换句话说，环境研发可能会挤出非环境领域的研发投入。

随着研究的不断深入，学者们开始从多维度和多层面探讨环境规制与企业创新之间的关系。其中，有研究发现，环境规制与工业技术创新间的关系呈现出“U”型特征，即在弱环境规制的情况下，技术创新可能受到抑制，但当环境规制强度达到一定的拐点后，其对技术创新的影响将变为正向。这种“U”型关系表明，环境规制的效果可能会随着其强度的变化而变化，揭示了环境规制对企业创新影响的复杂性和非线性特征。研究方法的逐渐丰富也为理解弱波特假说提供了更为全面的视角。早期的研究主要聚焦于环境规制与企业创新间的简单关系，而随着研究的进展，学者们开始引入更多的控制变量和调节变量，从而能够更为准确地刻画环境规制与企业创新间的关系。这些研究不仅丰富了弱波特假说的内涵，也为环境政策的制定和企业创新策略的设计提供了更为精准的指导。

3.“强波特假说”

强波特假说的探讨近年来日渐增多，主要集中在环境规制通过影响技术创新进而影响企业的全要素生产率或经营绩效。从全要素生产率的角度，部分学者研究了环境管制、研发投入与全要素生产率间的关系，发现环境规制对绿色工业全要素生产率的影响为正，但随着工业绿色发展水平的提高，其影响程度逐渐降低。在经营绩效方面，一些研究指出，医药产业的环境规制对行业经营绩效的作用为正且存在滞后效应。

除了对全要素生产率和经营绩效的研究，也有学者开始关注环境规制对企业环境绩效的影响。通过运用数据包络法和面板数据模型，研究发现，环境规制强度对环境绩效具有滞后作用，当期为负，滞后一期为正。这一发现提示，环境规制对企业环境绩效的影响可能具有一定的时间延迟，而企业的适应和响应可能需要一个过程。

强波特假说的研究从多维度展开，包括宏观和微观两个层面。在宏观层面，研究环境规制对工业或其他行业的影响；而在微观层面，从企业的角度出发，通过收集多个企业的微观数据进行深入研究。当前的文献研究多集中于企业竞争力和经营绩效方面，而关于其他绩效方面的研究相对较少，表明强波特假说在未来的研究中仍有较大的拓展空间。

二、污染天堂假说

（一）污染天堂假说含义

污染天堂假说，也被称为污染避难所假说或产业区位重置假说，是一个探讨环境规制与国际产业转移的理论框架。该假说指出，在全球贸易自由化的背景下，污染密集型产业的企业倾向于选择环境标准相对宽松的国家或地区作为其生产基地。在理想的贸易自由化条件下，产品的价格与其产地无直接关联，而由市场供求关系决定。然而，在现实世界中，由于运输成本和贸易壁垒的存在，贸易自由化通过套利机制使产品价格趋于一致，而生产成本的差异成为决定企业生产区位的重要因素。

该背景下，如果各国除了环境标准外，其他条件如劳动力成本、技术水平和市场准入等都相差不大，那么污染密集型的企业倾向于选择环境标准较低的国家或地区进行生产，以降低生产成本，提高企业的竞争力和盈利能力。这些环境标准较低的国家或地区因此被认为是污染的天堂。

污染天堂假说认为，环境规制的变化会导致污染密集型产业从环境规制较严格的国家转移到环境规制较为宽松的国家或地区。虽然这个假说在理论上具有一定的合理性，但在实证研究中却往往难以获得充分支持。其中的原因有两方面：一方面，环境规制变量的内生性可能会干扰检验结果的稳健性；另一方面，实证分析中往往忽略了"要素禀赋"因素对外商直接投资流入的影响。环境规制对国际资本流动的影响一直是个具有争议的话题。基于对环境规制影响竞争力的悲观认识，一种影响较大的观点认为环境标准低的国家或地区因环境成本低而成为污染天堂，吸引了环境标准高的国家或地区的产业转移。这一观点在国际多边谈判中具有重要的理论依据，成为发达国家要求发展中国家强化环境规制的重要依据。例如，在北美自由贸易区谈判中，美国和加拿大特别关注墨西哥的环境规制松懈问题，三国最终签署了《北美环境合作协定》作为附属协定。对于包括中国在内的发展中国家来说，环保已成为世界贸易组织多方谈判的重要议程之一，澄清环境规制对国际投资的影响具有重要的理论和现实意义。

（二）污染天堂假说的理论背景

污染天堂假说的提出是在全球经济一体化和环境保护意识逐渐增强的背景下产生的。在国际贸易自由化的进程中，企业面临着如何在降低生产成本与遵守环境规制间找到平衡的挑战。环境规制通常被视为一种可能提高企业运营成本的因素，因为它要求企业采取更为环保的生产技术和管理措施。而为了降低生产成本和避免严格的环境规制，一些污染密集型产业的企业可能会选择将生产基地迁移到环境标准相对较低的国家或地区，这就是污染天堂假说的基本论点。

在全球贸易自由化的背景下，商品和服务的流动变得更为自由，企业开始在全球范围内寻找最有利的生产和市场环境。环境规制的差异成为影响企业生产区位选择的重要因素。环境规制的强度不仅反映了一个国家或地区对环境保护的重视程度，也影响了企业的生产成本和竞争力。严格的环境规制可能会推高企业的生产成本，而相对宽松的环境规制可能会吸引污染密集型产业的企业。

污染天堂假说反映了环境保护与经济发展间的矛盾。在经济全球化的大背景下，各国为了吸引外资和促进本国产业发展，可能会在环境规制上做出妥协，从而吸引污染密集型产业的投资。然而，这种做法可能会带来环境污染和资源消耗的问题，对于长期的可持续发展来说是不利的。污染天堂假说也触及发达国家与发展中国家在环境保护问题上的责任和义务的分担。发达国家通常有较高的环境保护标准和较严格的环境规制，而发展中国家为了吸引外资和促进经济发展，可能会在环境规制上有所妥协。这种情况在一定程度上反映了全球环境治理的不平等和发展中国家在国际政治环境中的弱势地位。探讨和研究污染天堂假说，对于理解环境规制、国际产业转移和全球环境治理的复杂关系具有重要的理论和现实意义。

（三）污染天堂假说理论分析

污染天堂假说的理论分析涵盖了环境规制、国际资本流动和产业转移等多个方面。环境标准的差异被视为影响国际资本投资和产业区位选择的重要因素。在全球化背景下，环境标准的不同可能会导致产业从环境标准较高的国家向环境标准较低的国家或地区转移，从而在某种程度上形成污染天堂。

在完全竞争市场模型中，假定市场上的所有参与者都是价格接受者，且信息完全透明。企业的生产决策主要基于成本考虑。环境规制被视为一种成本因素，企业为了降低成本，可能会选择将生产基地迁移到环境规制较为宽松的国家。而这种跨国产业转移可能会使环境标准较低的国家或地区成为污染天堂。

郎 (Long) 和西伯特 (Siebert) 建立的模型中，有两个国家、劳动和资本两种要素以及一个生产部门，生产产生污染，政府征收排污税，排污税降低了资本收益率，利益驱动资本流向国外，直到两国的资本收益率均等，资本外流使国内资本稀缺，导致国内工资水平下降和外国工资水平上升。[①] 在奥茨 (Oates) 与施瓦布 (Schwab) 建立的模型中，包括 N 个国家、一个非贸易商品及三种生产要素：可自由流动的资本、不可流动的劳动和环境，得到的结论类同。[②]

非完全竞争市场模型则考虑了市场结构、企业行为和信息不对称等因素的影响。在非完全竞争市场中，企业不仅要考虑成本，还要考虑市场份额、品牌影响和长期发展等多方面因素。环境标准的差异可能会影响企业的市场竞争力和国际资本投资的决策。环境规制的差异可能会使企业面临在遵守高环境标准与保持市场竞争力间的选择。污染天堂假说的逻辑仍然成立，但其影响程度和表现形式可能会受到市场结构和企业行为等多方面因素的影响。

污染天堂假说的理论分析，揭示了环境规制对国际资本流动和产业区位选择的重要影响，反映了环境保护与经济发展之间的复杂关系。在推进全球经济一体化的同时，也需要关注环境保护和全球环境治理，以实现可持续发展的目标。它也为国家和国际组织在环境规制、国际贸易政策和环境合作等方面的政策制定提供了重要的理论参考。

三、环境规制与经济发展关系研究

环境规制与经济发展关系研究源于中国面临的环境压力与持续经济增长

---

①② 佘群芝. 贸易自由化与有效环境保护 [M]. 北京:中国财政经济出版社,2003.

的双重挑战，旨在探寻两者之间的平衡与协同进步的可能路径。

（一）环境发展与就业

环境规制，作为政府为保护环境、确保可持续发展而实施的一系列政策和措施，对于经济发展和就业市场产生多维度影响。环境规制通常要求企业和个人降低污染排放和资源消耗，这可能会对企业成本、产出和就业产生影响。

1. 短期就业影响

在短期内，环境规制可能会带来一些负面影响。严格的环境标准可能会提高企业的运营成本，影响其竞争力，从而可能导致某些行业的就业机会减少。尤其是对于那些污染较为严重且劳动密集型的产业，环境规制可能会使企业面临较大的经营压力，进而影响就业。

2. 长期就业影响

在长期的视角下，环境规制可促使企业投资于绿色技术和环保设施，从而带来新的就业机会。随着绿色经济和循环经济的发展，环境友好型产业将逐渐壮大，为社会提供大量的就业机会。环境规制也会催生绿色技术和服务的创新，为经济发展注入新的动力，从而在长期内对就业市场产生积极影响。

3. 技能升级和劳动力流动

环境规制可能会促使劳动力市场中的技能升级和劳动力的流动。随着绿色产业的发展，需要更多具有环保、节能等相关知识和技能的人才，这将推动教育培训机构提供相关的培训和教育服务，促使劳动力市场逐渐向更高技能水平转变。

4. 区域经济发展

环境规制对不同区域的经济发展和就业市场可能会产生不同影响。例如，对于那些依赖重工业和资源性产业的地区，环境规制可能会对其经济发展和就业市场产生较大的负面影响。对于那些具有绿色产业基础和创新能力较强的地区，环境规制可能会促使其经济更加繁荣，提供更多的就业机会。

（二）财政与环境治理

环境规制与财政间的关系呈现多维度的交织，涵盖财政支出、税收政策以及环境治理资金的配置等多个方面。财政政策是实施环境规制的重要手段，通过调整税收、公共支出和财政补贴等，能够影响企业和个人的环保行为。例如，通过实施环保税、资源税或碳税，政府可以提高他人污染的成本，从而激励企业和个人减少污染排放和资源消耗。财政补贴和投资也是推动环境治理和绿色技术创新的重要手段。政府可以通过财政补贴支持绿色技术的研发和推广，或者直接投资于环保基础设施建设，从而提高环境治理的效率和效果。

在环境治理中，财政资源的合理配置是实现环境目标的重要条件。环境规制的实施往往需要大量的财政支持，包括监测和执法的成本、环保设施的建设和运营成本以及环境污染的修复成本等。财政政策可以通过为符合环保标准的企业提供税收优惠或财政补贴，以促进环境友好型的产业结构调整和绿色经济的发展。财政与环境治理的关系也反映在环境税收和环境财政的设计上，这不仅可以为环境治理提供必要的资金支持，也能够通过价格机制引导社会的生产和消费行为向更为环保的方向转变。通过财政与环境治理的相互作用，不仅能够推动环境质量的改善，也为实现可持续发展提供了重要的政策支撑。

（三）环境规制与企业竞争力

环境规制与企业竞争力间的关系是一个复杂而多维的议题。环境规制，包括但不限于排放标准、资源使用限制和环保税费，通常被视为企业运营成本的增加因素。这些规制要求企业采取更为环保的运营和生产方式，而这往往伴随着技术升级和初期投资的增加。短期内，这种成本的增加可能会压缩企业的利润空间，甚至影响其在激烈的市场竞争中的立足之地。然而，当企业逐渐适应这些环境规制，并投资于新的、更为环保的技术和生产流程时，可能会发现这些投资实际上有助于提高其长期竞争力。

环境规制往往能激发企业的创新能力，促使其开发和采用清洁生产技术、节能技术和循环经济技术。这种技术创新不仅有助于企业满足环境规制的要求，而且可能会提高企业的资源和能源效率，从而降低单位产品的生产成本，提高产品质量和企业的市场响应速度。符合环境规制的企业可能会在市场上建立更为正面和可靠的声誉，吸引更多的消费者和投资者。环保已经成为现代消费者和投资者决策的重要因素，企业的环保表现往往直接影响其产品的市场接受度和企业的品牌价值。环境规制还可能促使企业参与全球绿色供应链，开拓新的市场和商机。

（四）环境规制与国际贸易

环境规制与国际贸易间的关系在全球化背景下显得尤为重要。严格的环境规制可能会影响国际贸易格局，形成一种保护主义的手段。通过实施高标准的环境规制，一些国家可能意图保护本国企业免受外国低成本、低标准产品的竞争，确保本国企业在国际市场中保持竞争力。然而，这样的做法可能会影响国际贸易自由化的进程，甚至可能导致贸易纠纷。另外，环境规制的差异可能促使污染密集型产业向环境标准较为宽松的国家转移，导致"污染天堂"现象的产生。这不仅会加剧环境污染问题，也可能导致全球产业结构的不均衡，影响国际贸易的健康发展。

环境规制在国际贸易谈判和多边合作中的角色日益凸显。环境标准的不同可能会成为国际贸易协定谈判的重要议题，影响贸易协定的形成和执行。环境规制也可能促进国际间的环境合作与技术交流。为了解决全球环境问题，许多国家和国际组织正努力推动环境友好型技术的国际传播和应用，促进全球环境治理体系的建设。环境规制不仅影响着单个国家的国际贸易格局，也在全球层面上推动着环境保护和可持续发展目标的实现，进而影响全球贸易体系的构建和发展方向。

第四章　西部地区环境规制政策情况分析

第一节　西部地区环境规制的发展

西部地区环境规制的发展体现了国家对生态保护的重视与努力。随着环境保护立法的逐步完善，西部地区开始积极推行多项环境规制措施。通过法律、政策的引导和技术的支持，有效促进了该地区的生态环境保护和可持续发展，为区域的经济社会发展创造了良好的环境条件。

一、西部地区环境规制的生态成就

（一）荒漠化面积净减少

西部地区的荒漠化问题，根植于长期的生态破坏和不合理的土地利用。原先水草丰茂的大西北在失去天然植被保护后，经受风力侵蚀，逐渐演变成了荒漠化严重的地区。近年来，在国家政策的推动下，启动实施了一系列的防沙治沙重点工程，并构建了以《中华人民共和国防沙治沙法》为核心的法律和政策体系，为西部地区荒漠化的治理提供了坚实的法律保障。西部大开发战略的实施，使该地区荒漠化及沙化土地面积开始呈现缓慢缩小趋势，荒漠化的扩展已得到一定程度的控制。

西部地区治理土地荒漠化的任务依然艰巨。主要的沙化土地集中在内蒙古、新疆、青海、甘肃等地区，这些地区的沙化土地面积占全国明显沙化土地面积的大部分。乱开垦、乱采挖、乱放牧的"三乱"现象依然存在，加剧了土地的荒漠化进程。气候变暖也为防沙治沙工作带来了不小的困难。综合考虑，若要完全治理西部地区的土地荒漠化问题，按照目前的治理速度，可能还需上百年的时间。这不仅考验着政策的持续性和执行力，也反映了生态环境治理的长期性和复杂性。未来，需进一步完善法律政策体系，加大治理力度，同时推动科技创新，以期加快西部地区荒漠化土地的治理进程，为实现生态文明建设和区域可持续发展提供有力的生态保障。

（二）水土流失得以缓解

水土流失问题对中国西部地区的生态环境和社会经济发展构成了严重威胁。根据数据显示，1999 年，该地区的水土流失总面积高达 294.5 万平方千米，占全国水土流失总面积的 82.8%。该现象在不同地域表现为风蚀、水蚀和冻融侵蚀等多种形式。然而，进入 21 世纪以来，特别是随着西部大开发战略的推进，国家针对水土流失问题实施了一系列的工程项目，如长江和黄河中上游、京津风沙源区、东北黑土区、珠江上游南北盘江等区域的水土保持工程，以及黄土高原淤地坝工程和农业综合开发水土保持等项目。这些项目的实施，为该地区水土流失问题的缓解提供了有力支持。

进一步的数据表明，截至 2022 年，全国水土流失面积已降至 265.34 万平方千米，与 2020 年相比减少了 2.08 万平方千米，降幅达 0.78%。这一变化反映了国家在水土保持和生态环境保护方面取得的明显成效。水土保持率和中度及以上侵蚀占比的改善，也显示出水土流失面积和强度的"双下降"，水蚀和风蚀的"双减少"，为该地区生态环境的持续改善奠定了基础。

水土流失问题的缓解不仅归功于上述的工程项目实施，还与国家对生态环境保护的重视，法律法规的完善，以及社会各界对水土保持工作的广泛参与密不可分。展望未来，应继续加大水土保持和生态环境保护的投入，完善相关的法律法规和政策体系，同时推动科技创新和社区参与，以期实现水土流失问题的根本性解决，为西部地区的可持续发展提供坚实保障。

（三）森林、草原面积逐年增加

中国的西部地区拥有丰富的森林和草原资源，但由于历史及自然条件的限制，这些生态资源曾面临严重的退化和破坏。然而，随着国家对生态文明建设重视的加深和西部大开发战略的实施，特定的生态修复和保护措施得以落地，使得该地区的森林和草原面积呈现增加趋势。

根据国家林业局的最新森林资源清查结果，截至 2021 年，我国的森林覆盖率已提高至 24.02%，相较于之前的 16.55%，提高了 7.47 个百分点。西部地区，尤其是西北 5 省（区），森林覆盖率从 3.34% 增加至 5.86%，森林面积的显著增加，反映了该地区森林资源保护和恢复工程的初步效果。国家的六大林业重点工程在西部地区得以实施，为基础性生态建设工程提供了有力支撑。西部地区的森林资源结构逐渐优化，尽管存在的幼龄林和中龄林较多，但林龄结构不合理等问题仍需解决，以提高森林生态系统的生态功能和保障生物多样性。

在草原资源方面，西部地区占据全国草地面积的 80% 以上，但长期以来，草地的生态功能和综合经济价值未得到充分重视。过度放牧、非法开垦等行为导致草原退化严重。然而，自西部大开发战略实施以来，国家加大了对草原生态保护和恢复的投入，大量资金用于草原植被的恢复，使草原的保留面积和围栏面积大幅度提升，累计种草保留面积至 2021 年已达千公顷。通过推广草原围栏和禁牧休牧轮牧等管理措施，以及促进舍饲圈养等现代畜牧业发展，有助于缓解草原过度利用的现象，推动草原生态系统的恢复和保护。然而，根据草畜平衡监测结果，部分地区的草原仍存在过度利用的现象。

（四）动植物种群逐渐恢复

西部地区的生态多样性是我国乃至全球生物多样性保护的重要组成部分，然而，由于过度开发和人类活动的干预，该地区的多种动植物种群曾面临严重的威胁。为缓解这一压力，国家采取了一系列环境规制措施，以期促进该地区动植物种群的恢复和保护。

自 20 世纪 80 年代以来，尤其是野生动植物保护及自然保护区建设工程的实施，为西部地区的生态保护创造了有利条件。通过建立自然保护区，特定的生态环境得以保留，为濒危和稀有动植物提供了相对安全的栖息地。据统计，截至 2019 年，中国共建立了 2750 个自然保护区，其中包括 474 个国家级自然保护区，总面积达到 147 万平方千米，占我国陆域国土面积的 15%，这为保护西部地区丰富的生物多样性提供了强有力的支持。

在这些保护区内，许多国家重点保护的野生动植物种群得到了有效保护，其野外资源的急剧下降趋势得到了一定程度的遏制。国家林业局的数据显示，目前国家重点保护野生动物资源的数量保持稳定或呈现稳中有升的态势。这一积极变化，反映了环境规制措施在生态保护和恢复方面取得的初步成效。

尽管野生动植物种群显示出恢复的迹象，但生物多样性保护的压力依旧巨大。特别是非国家重点保护野生动植物，尤其是具有较高经济价值的野生动植物种群数量仍在明显下降。这表明，尽管通过环境规制措施取得了一定的保护效果，但生物多样性保护的路仍然任重道远。需要进一步完善相关的法律法规，加强对非国家重点保护野生动植物的保护力度，提高全社会的生态保护意识，以期在更广泛、更深入的层面上促进西部地区动植物种群的恢复和生物多样性的保护。既要注重保护现有的生物资源，也要着眼于恢复和重建受损的生态系统，以实现生物多样性的长期保护和可持续利用。

二、西部地区环境规制的方法

（一）处理好生态环境治理与经济发展之间的关系

西部地区生态环境治理与经济发展之间的关系处理得当是促进区域可持续发展的关键。由于该区域自然资源的丰富与生态环境的脆弱共存，经济发展过程中的环境规制显得尤为重要。在实现经济增长的同时，必须将生态环境保护纳入发展规划中，确保资源的持续利用，促进生态功能的恢复和维持。

首先，提高资源利用效率是解决这一关系的重要途径。通过改变生产和消费方式，采用更为高效、环保的技术和管理方法，可以减少资源的消耗和废弃，降低生产过程中的环境污染。例如，推动循环经济的发展，促进资源的再利用和回收，能够显著提高资源的利用效率，为经济发展提供持续的资源保障。

其次，技术进步与投资增加对维持生态功能持续性具有重要作用。通过加大对环保技术研发的投入，推动清洁生产技术的应用，可以在保证经济效益的同时，降低对环境的负面影响。通过投资环境治理项目，如污水处理、固废处理和生态恢复等，可以提高生态系统的自我修复能力，为区域的长期发展提供有利的生态条件。

再次，寻求替代资源是解决资源供需矛盾的有效方法。通过开发和利用可再生资源，如太阳能、风能和生物质能，可以减轻对传统非再生资源的依赖，为经济发展提供更为持久和环保的能源和材料支持。

最后，资本投入是克服自然资源供给条件所设定的自然界限的重要手段。通过对自然资源的投资，包括生态保护和恢复、资源再生和回收等，可以在一定程度上克服自然界限，为经济发展提供必要的资源和环境条件。投资能促进环保技术的研发和应用，为区域的可持续发展提供技术和资本支持。

（二）统筹规划，加大资金投入力度

改善西部地区的生态环境是一项涵盖多方面的复杂系统工程，它需要得到科学的规划和充足的资金支持。环境规制在这一过程中起到了基础性作用，它通过对资源利用的规范和环境保护的实施，为区域的可持续发展提供了必要的条件。在这一过程中，资金投入对于实现环境规制的目标具有决定性的影响。由于西部地区的经济基础相对薄弱，地方政府的资金投入往往难以满足环境保护和治理的需要，因此，需要通过多方面的合作和支持，解决资金的短缺问题。

在实施环境规制的过程中，统筹规划是确保资金有效利用的重要手段。通过科学的规划，可以明确环境治理的重点和方向，合理分配资金资源，确保每一笔投入都能产生实际的效益。统筹规划能够避免重复投入和资源的浪费，为区域的环境保护和经济发展提供有力支持。资金投入是环境规制实施的基础，它为环保项目的实施提供了必要的经济保障。在资金投入方面，需要充分发挥国家、地方政府、企业、社会团体和个人的力量，通过多方合作，解决资金的短缺问题。通过提高中央财政性环保资金对西部地区的支持，安排更多的环保项目，可以为西部地区的环境保护提供更为充足的资金支持。通过多种形式筹集资金，包括财政转移支付、金融信贷支持、优惠政策和国际合作等，能够为区域的环境治理提供必要的资金保障。

在具体的实施过程中，政府应通过建立和完善市场秩序，规范市场法规，引导市场为资源保护和环境治理提供更多的投入。可以从根本上改变过去只索取不治理的局面，为西部地区的生态环境改善和经济发展创造有利的条件。通过综合施策，既可以为西部地区的环境保护提供充足的资金支持，又能确保资金的有效利用，为区域的可持续发展奠定坚实的基础。

（三）控制人口数量，实现人口合理迁移

在探讨西部地区环境规制的方法时，控制人口数量和实现人口合理迁移的议题不容忽视。西部地区的自然条件和生态环境日益恶化与区域内的贫困问题密切相关，贫困进一步加剧了人们对自然资源的过度索取，形成了一种贫穷、环境恶化和人口增加之间的恶性循环。随着人口数量的增加，为了满足基本的生存要求，人们往往不得不通过乱垦荒、乱伐木、乱挖草、乱采矿、乱放牧、乱灌溉等方式，加剧了对自然资源的消耗和环境的破坏。

为了打破这种恶性循环，控制人口增长和实现人口合理迁移成为解决问题的重要途径。实施"生态难民"移民政策，将生活在水资源严重短缺和风沙线上的人群，有组织、有计划地迁移到人口稀疏、生产力高的地区，不仅可以减轻西部地区的人口负担，也为发展林业和畜牧业创造了更为有利的条件。

人口迁移不仅能够改善西部地区的生态环境，也有助于提升区域内的生产力和经济发展水平。通过减轻人口负担，可以为西部地区的环境保护和生态恢复创造更为有利的条件，为区域的可持续发展提供必要的支持。

（四）合理开发，综合治理

针对西部地区的生态环境特点，合理开发与综合治理的策略显得尤为重要。西部地区生态环境的脆弱性和已经出现的环境恶化情况，使得单纯的开发或仅仅依赖治理都无法达到环境和经济的双重目标。因此，在综合开发的过程中采取积极的环境整治措施，是保持区域可持续发展的关键，不能走"先开发、后治理"的路子，这种方式将进一步恶化生态环境，增加未来的治理成本。不能完全放弃开发，那将严重阻碍地区的经济社会发展。开发与治理需要在统一的规划和执行框架下同时进行。

合理地开发应遵循"开发利用与保护增殖并重"和"谁开发谁保护、谁破坏谁治理、谁利用谁补偿"的方针。这意味着在开发过程中，必须同时考虑到环境的保护和恢复，确保资源的可持续利用。可以考虑建立生态破坏限期治理制度和制定生态恢复治理检验或验收标准，以确保环境质量不会因为开发活动而遭受不可逆的损害。综合治理的重点应放在生态环境保护和建设方面。抛弃传统的"竭泽而渔"式的经济增长方式，将生态环境的保护和建设与本地区的经济社会发展紧密结合，是实现可持续发展的必要条件。处理好资源开发与生态保护、资源保护与经济发展的关系，是保证西部地区在追求经济效益的同时，不会牺牲生态环境的重要原则。

（五）加强法制建设，强化执法力度

在解决西部地区环境问题时，法制建设和执法力度的加强显得至关重要。而与资源和环境保护相关的法规，在面对社会主义市场经济发展的要求时，表现出一定的不适应性，部分法规的可操作性不强，这需要通过法律的修改和完善解决。应着重解决当前普遍存在的有法不依、执法不严的问题，为此需要各级党政领导部门支持资源和环境管理部门依法行使监督权利，确保法律的严格执行。

对于法律的执行和监督，应做到有法必依、执法必严、违法必究，确保法律在实际执行过程中发挥其应有的作用。对于执法不力的部门，应追究其行政和法律责任，以此作为对其他部门的警示和教训，推动形成良好的法治环境。在法制建设方面，应针对西部地区的实际情况和需求，制定或修订相关法律法规，提高法律的针对性和实效性。西部地区环境规制的方法中，加强法制建设和执法力度是保证环境保护和资源合理利用的重要手段。通过法律手段，可以为资源和环境的保护提供必要的法律保障，为环境规制提供法律依据，也能够通过法律的执行和监督，推动各方面更好地履行环境保护和资源合理利用的职责。法制建设和执法力度的加强，是推动西部地区实现可持续发展，解决环境和发展问题的关键环节。通过建立健全的法律体系和强化法律执行，可以为西部地区的环境改善和经济发展提供有力的法律支持。

第二节　西部地区环境规制的度量

一、西部地区环境规制度量指标

在探讨西部地区环境规制的度量指标时，需要明确环境规制的本质：它是对环境污染和清洁事件所采取的一系列法律、政策和程序，旨在对人类和自然环境提供保护。为了对这些措施的效果进行量化，需要制定一个精细的指标体系。

环境规制的度量指标通常可以归纳为两大类别：输入度量指标和输出度量指标。输入度量指标主要关注为实现环境规制目标而采取的法律、政策和程序所投入的资源，如资金、人力和时间。而输出度量指标更为关注实际的成果，如环境影响的改善以及环境状况维持在预期水平的持续性。

评估环境治理行为的时候，通常会从效率、有效性和可持续性这三个方面进行。效率关乎措施的成本与效益之间的比率，它探索是否采取了成本效益最大化的策略来促进环境保护。有效性侧重于环境规制措施在实施过程中对环境污染的控制效果，及其是否能够稳定地减少环境污染。而可持续性则关注在长期内，是否能够维持环境在一个期望的健康水平。不同的环境治理领域，如环境监管、环境信息公开、环境管理和环境整治，都可以采用特定的指标进行衡量。例如，环境污染指标可以用来评估环境监管的实际效果；公众参与水平指标可以用来评估环境信息公开的广度和深度；技术应用程度或认证有效性指标可以反映环境管理的现代化水平；环境质量恢复时间指标和技术改进率指标能够反映环境整治的效果和进度。

但在评估环境规制的度量指标时，还需考虑到相关因素的复杂性。环境及其相关因素的变化只是评估的一部分，同时需要关注社会影响的变化，包括社会治理体系和民众的可接受性。这些因素的变化都会对环境规制的实施效果产生重要影响。

二、西部地区环境规制度量方法

自20世纪70年代起，随着全球环境规制政策的逐渐收紧，中国西部地区面临着环境规制实施带来的多重经济影响，如投资、贸易、就业和生产率等变动。这些影响很大程度上依赖于环境规制强度的准确测度，而测度的准确性直接关系到相关实证分析结论的可靠性，例如是否存在"污染天堂效应"。但目前，中国西部地区在环境规制测度上多是对国外研究的简单模仿，缺乏与本土实际相结合的深度研究，导致度量方法和指标使用上的混乱。因此，为了确保环境规制影响的实证研究和政策分析的准确性和针对性，针对西部地区的环境规制度量方法进行详细严谨的研究和修正成为了迫切的需求。

（一）基于污染治理投入的衡量方法

在探索西部地区环境规制制度的度量方法中，基于污染治理投入的衡量方法显得尤为关键。企业在环境治理上的投入，尤其是污染减排支出，往往直接反映其面临的环境规制压力。以美国为例，环境保护署进行的污染减排支出（PACE）调查为研究者提供了一个宝贵的数据资源，允许他们深入研究，例如《清洁空气法案》对不同特性企业污染减排支出的具体影响。当这些数据以行业为单位进行汇总时，污染减排的投资和运营费用往往被用作衡量环境规制强度的指标。

为了更准确地评估各个地区和行业的环境规制强度，研究者会将污染减排支出与企业特征相结合，并进行回归分析。这些企业特征包括资本投入、劳动力投入、增加值、是否为新成立的企业，以及行业和地区的虚拟变量。经过这样的分析，可以得到各行业和地区的环境规制程度，但需要注意的是，很多研究为了得到相对的环境规制强度，会使用诸如产业增加值、总成本和就业人数等指标去除污染减排的成本。由于地区间的产业结构差异，这种方法可能会导致评估偏差，因此，需要构建调整后的指标来更准确地衡量地区的环境规制强度。政府的环境支出也是衡量污染治理投入的重要指标。考虑到环境的公共品性质，政府往往是主要的治理参与者，其治理方法主要包括税收管制和财政支出，尤其是环境保护支出。例如，2007年中国将环境保护支出独立列出，尽管其在整体财政支出中所占比重相对较小，但政府已经逐渐加大了对环境的重视。这种关注在一系列政策和文件中得到体现，如2015年的《水污染防治专项资金管理办法》和2017年的《水污染防治专项资金绩效评价办法》，以及2022年的《中国清洁发展机制基金管理办法》和《财政支持做好碳达峰碳中和工作的意见》等。这些政策和文件都强调了提高环境支出的效率和管理，反映了政府对环境治理的重视和努力。

（二）基于污染物排放的衡量方法

基于污染物排放的衡量方法为环境规制制度提供了一种实际绩效的反映，允许研究者和政策制定者更加直观地把握规制的效果。然而，单一地依赖于污染物的绝对排放量可能导致误解，因为不同的研究背景下，高强度的污染排放可能代表不同的环境规制含义。例如，较高的污染排放可能是由于宽松的环境规制，但同样可能是因为企业受到了更加严格的排放标准的约束，导致它们在试图遵循政府设定的标准时产生排放。

以美国的《清洁空气法案》为例，每个县超出污染排放标准的程度可以作为环境规制强度的代理指标，其中超出的程度越大，说明面临的环境规制压力越强。这种方法的关键在于所有地区必须遵循统一的排放标准，以确保数据的可比性。进一步地，仅依赖污染物的绝对减排量可能会因为不同地区或企业的规模差异而导致可比性问题。因此，单位产值的污染排放量成为了一个更为广泛接受的衡量方法。通过评估单位产值的二氧化碳、铅和废水的减排量，可以更加准确地反映一个地区或企业在环境规制下的实际绩效。

在中国，由于环境统计数据包含了多种污染物排放信息，基于污染物排放的环境规制衡量方法已经在许多研究中得到了应用。但为了确保其准确性和可靠性，必须结合实际情境和各种因素进行综合分析，从而为环境政策的制定和实施提供有力的依据。

（三）基于综合评价的衡量方法

在环境规制制度的度量方法中，基于综合评价的衡量方法提供了一个全面、深入的角度来评估环境规制的强度和效果。这种方法主要建立在一个全面科学的理论框架基础上，能够跨越单一指标的局限性，为研究者提供一个综合的视角。有学者提出，评估环境规制强度应涵盖努力程度、承受成本和直接测量这三个关键方面。另有观点认为，环境规制应被视为一个投入产出的过程，因此其衡量应包括投入、过程和结果三个维度。

在构建综合评价的度量方法时，研究者通常会用多个体系的指标，如环境规制法律、监督、方法和支撑等。这些体系不仅涉及法律和政策的制定，还包括实际执行的效果和相关的支持机制。综合性指数方法在国家和地区间的比较研究中得到了广泛应用，其中包括 CI 指数、FREE 指数和 LCV 指数等。特别是 CI 和 LCV 指数，两者都将环境保护支出的投票次数作为衡量地区在环境保护上努力程度的一个重要指标。而其他的指数更倾向于从环境保护的各种投入，如立法和投资，以及实际的污染物排放数据来综合评估地区的环境规制强度。

这种综合指数方法最大的问题在于如何选择合适的指标以及如何确定这些指标的权重。这些选择和确定直接影响到地区的排名，可能在不同权重下导致不同的评估结果。由于数据的不完整性和缺失，构建一个完整的面板数据变得具有挑战性。许多指标具有序数特性，这也为计算某些影响的边际效应带来了难题。尽管基于综合评价的度量方法提供了一个更为全面的环境规制评估手段，但在应用中仍需小心处理上述问题，以确保其度量结果的科学性和准确性。

（四）基于自然试验和替代指标的衡量方法

基于自然试验和替代指标的衡量方法为反向因果关系问题提供了一个独特的解决路径。自然试验的倍差法为这种评估提供了一个有力的工具，它利用那些由于外部或随机因素导致的制度或政策变化，从而实现类似于实验条件下的观察。美国的《清洁空气法案》为这一方法提供了一个经典实例，它不仅展示了自然试验方法的优势，同时为其他地区和国家提供了参考。

在《清洁空气法案》的背景下，空气质量标准由联邦政府设定，确保这些标准不会受到特定地区的经济或环境条件的反向影响。这种设置为研究者提供了一个关键的优势：当某个县未能达到规定的环境规制标准时，自然地意味着该县面临更加严格的环境规制，而那些达到标准的县则相对宽松。这样，达标与未达标的县之间的对比为衡量环境规制强度提供了一个直观、有效的指标。Henderson（1996）基于此方法验证了环境规制能够有效地改善空气质量，但降低了污染密集型制造业的新进入数量①。环境规制对于非达标地区的污染密集型行业的就业有直接影响。更为严格的环境规制可能导致这些行业的就业机会减少，进而改变污染密集型行业的就业格局。事实上，不仅是在美国，国内也出现了一些利用自然试验方法进行的研究，这些研究进一步证实了基于自然试验和替代指标的衡量方法在环境规制制度度量中的重要性。

三、西部地区环境规制度量潜在问题的修正

中国西部地区因其受发展阶段限制，发展均处于环境库兹涅茨曲线的左端，即收入越高，污染程度越深，较高的人均 GDP 可能对应着较低的环境规制强度。概括而言，环境规制的度量中存在两个关键问题：多维性和可

---

① 王勇,李建民.环境规制强度衡量的主要方法、潜在问题及其修正[J].财经论丛,2015(5):98–106.

比性。

（一）多维性的修正

环境规制度量的多维性问题在两个核心方面显得尤为突出：环境规制措施的丰富多样性以及污染物排放的多元性。每一个特定地区、行业乃至企业都可能面临着一系列不同的环境规制措施，同时在生产过程中可能会产生多种不同的污染物排放。这种多维性问题对于度量方法提出了巨大挑战。

解决这一问题的策略之一是通过聚焦某一特定问题来限定研究范围，自然试验是此策略的一种实证表现。然而，更为全面的方法是将多种环境规制措施和污染排放进行综合，从而得到一个更具代表性的测度结果。

中国的环境规制在污染治理投入方面具有多个层面，包括企业污染治理的"三同时"政策、排污费征收、老污染源的治理投资、城市环境基础设施建设，以及环境影响评价等。这些投入措施反映了政府在污染治理上的各种努力和投入。《中国环境年鉴》为这些不同方面的污染治理投入提供了详尽的统计数据，为综合测度提供了坚实的数据基础。基于污染治理投入的资金加总方法避免了量纲问题，从而在一定程度上缓解了多维性的影响。但在企业层面，除了政府的投入，还需考虑企业自身在污染治理上的支出。虽然资本投入与实际生产投入难以区分，但《中国环境年鉴》所统计的工业污染治理项目投资中，很大一部分是由企业自筹，这可作为企业在污染减排方面的资本投入的代理指标。要准确衡量环境规制强度，关键在于确定哪些污染治理投入直接影响企业的生产行为。因此，一个地区的实际污染治理投入应是工业污染治理投资、建设项目"三同时"环保投资及污染治理设施运行费用的综合。

对于行业的污染治理投入，《中国环境年鉴》仅提供了废水和废气治理设施的运行费用数据，但由于运行费用与资本投入之间存在强烈的正相关性，使用运行费用作为代理变量可以为环境规制强度提供一个合理的估计。

（二）可比性的修正

实证评估环境规制影响时，样本数据间的可比性是一个基本的前提。但在实际研究中，由于各地区、各行业之间的经济与产业结构差异，直接采用相对指标可能导致对环境规制强度的误估。

以单位产值的污染治理投资或污染排放为例，这种度量方式可能会低估清洁行业密集地区的环境规制强度，同时高估污染行业密集地区的环境规制强度。由于经济发达地区可能将其生产过程中的高污染部分转移到经济欠发达地区，这种生产流程与地区间的经济差异导致两个地区在同一行业中的污染排放强度可能有显著差异。因此，单纯地进行产业结构调整仍然可能导致对环境规制强度的测量误差。

在行业层面，污染治理设施的运行费用与该行业的污染排放量密切相关。对于清洁行业，虽然其运行费用相对较低，但由于其产值规模可能较小，单位产值的运行费用测度可能会高估其环境规制强度。随着生产技术的进步，行业产值不断增长，而污染排放的增长相对减缓，可能导致单位产值的污染设施运行费用低估了行业的环境规制强度。

为修正上述可比性问题，研究者需深入分析各地区、各行业的经济与产业结构特点，并综合考虑各种因素的影响，确保对环境规制强度的测量更为准确。这可能涉及采用更复杂的统计模型，或引入其他控制变量，以消除结构性差异带来的偏差。只有在充分考虑并纠正这些结构性差异后，才能更准确地评估环境规制的真实影响，为政策制定者提供有价值的决策参考。

第三节　西部地区环境规制政策的发力点

新的历史时期，持续推进西部地区的开发战略不仅对抵御和减轻各种潜在风险至关重要，而且是实现地区间平衡增长的关键途径。这样的努力为实现全面建成小康社会的目标奠定了坚实基础。这不仅在现阶段具有深刻的价值，而且在历史的长河中也将产生深远的影响。为了保护西部环境，环境规制政策的发力点需要考虑以下几个方面：

一、坚持植树造林、退耕还林等绿化工作

森林，作为生态体系的核心，不仅具有经济价值，为人们提供了木材和林副产品，更是生态环境的调节者和保护者。它们在多方面都为自然和人类带来了巨大的益处。

（一）调节水量和湿度

森林作为一个生态系统，具有显著的气候调节功能。在水循环过程中，森林通过蒸腾作用有效地调节区域水汽的平衡，从而影响到大气湿度。研究表明，有林地区的湿度普遍高于无林地区，这一差异可以达到10%~20%。这种湿度的提高有助于维护生态系统的水分平衡，为农作物提供适宜的生长环境，同时为人类居住和其他生物提供了一个更为舒适的生活环境。进一步地，森林对湿度的调节能够缓解干旱和其他极端气候事件的影响，对于保护生态平衡和维护生物多样性具有重要意义。

（二）增加降雨量

森林对大气的影响表现在多个方面，其中降雨量的促进作用是显著的。由于森林的蒸腾和蒸发作用，大量的水分被释放到大气中，不仅增加了大气中的水汽含量，而且有助于云的形成和降雨的诱发。研究表明，在同样的气候条件下，有林地区的降雨量要比无林地区增加3.8%~20%。这种增量在某些程度上反映了森林对大气湿润条件的贡献。

对于那些受到干旱影响或水资源短缺的地区，这种降雨量的增加具有尤为关键的意义。它不仅有助于补充地下和地表的水源，确保农作物的正常生长，还能为生态系统的其他组成部分，如河流、湖泊和湿地提供关键的水分，

从而维护生态平衡。增加的降雨量还能够为人类提供更多的饮用水和生产用水，支持社会经济的可持续发展。

（三）蓄水功能

森林对水文循环的影响涉及其多重生态机制。森林的植被层能有效拦截大气降水，通过叶片和树冠的结构形成一种天然的缓冲系统，使得雨水在到达地面之前已经发生了一系列的生物物理过程。这种拦截作用能够减少土壤侵蚀和径流，使得更多的雨水得以渗透到土壤中。

森林土壤由于其丰富的有机质和较为疏松的结构，具有高度的吸水和保水性。这使得森林土壤能够在雨季吸纳大量水分，并在干旱时期逐渐释放，为植物和微生物提供稳定的水源。每亩林地由于其特有的土壤结构和植被组合，其蓄水量比同样面积的无林地增加 20 立方米。放大到更大的尺度，5 万亩森林的蓄水能力与一个具有 100 万立方米蓄水量的人工水库相当。

民间的智慧对森林的蓄水功能有形象的描述："山上多种树等于修水库，有雨它能吞，无雨它能吐。"这不仅揭示了森林在雨季和干旱季节的不同作用，还强调了其在维持水文平衡中的关键角色。在雨季，森林能够吸纳和储存大量雨水，防止洪水和土壤侵蚀；而在干旱季节，森林逐渐释放所储存的水分，为周围环境提供持续的水源。这种天然的调节功能，为维护生态平衡和确保水资源的可持续利用提供了重要支撑。

西部地区，在生态修复方面已经取得了不容小觑的成绩。据统计数据显示，该地区森林蓄积量已经达到了一个令人瞩目的数字——82.7 亿立方米，与十年前相比，这一数值有了近 13 亿立方米的增长。这种显著的增长同样反映在森林覆盖率上，现阶段的 17.05% 相较于十年前的 10.32%，也有了相当的提升。

生态系统的复杂性和相互联系的特点使得任何单一的干预或努力都难以达到全面和长远的效果。单纯地增加森林蓄积量和提高森林覆盖率，虽然在某种程度上可以缓解生态压力，但对于整体的生态平衡和稳定仍有待加强。为此，必须持续关注并投资于一系列的关键生态工程。例如，三北防护林工程不仅是防止沙尘暴的关键，还是维持水土保持和增进地区生物多样性的重要手段。三江源生态保护工程旨在保护我国重要的水源地，其健康直接影响到数亿人的饮水安全。与此同时，天然林保护、退耕还林、退牧还草等措施也都在努力修复已受损的生态系统，希望恢复其原有的功能和价值。

考虑到京津地区的特殊地理位置和经济地位，风沙源治理显得尤为重要。它不仅关乎当地居民的生活质量，还与周边地区的空气质量、农业生产以及社会经济发展息息相关。

二、合理安排水资源使用

（一）搞好水资源的合理利用

西部地区的生态问题，特别是土地沙化和水土流失，与其气候的干旱特征以及水资源的过度利用有着密切关联。合理地利用水资源显得尤为关键，它不仅关乎生态环境的改善，也影响到地区的经济发展和人民的生活质量。现有的水资源利用方式存在明显问题，如农业灌溉中的开渠引水漫灌方法造成的浪费，沟渠的渗漏等都导致了水资源利用效率低下。工业用水方面，重复利用率的低迷进一步加剧了水资源的浪费；尽管城镇人均生活用水量相对较低，但其实仍存在相当的节水空间。更为严重的是，生产和生活中产生的污水在未经适当处理的情况下直接排放，不仅造成了水资源的直接损失，还带来了环境的二次污染。

为应对这些问题，需要从多个维度出发，确保水资源的合理、高效利用。宣传和教育是关键，要让人们深刻认识到节约用水的重要性，改变传统的消费观念，形成新的节水习惯。调整水价，将其与市场经济原则相结合，可以为用户提供节约用水的经济激励。为了进一步提高水资源的利用效率，可以建立更为科学和合理的供水制度，例如采取累进加价、按量计征等方法，同时征收取水的水资源税，确保水资源的价值得到合理体现。污水处理及其后续应用也是关键，既能节省水资源，又能减少环境污染。在技术层面，推广现代节水技术，如滴灌、低压喷灌和激光平整土地等，都将为西部地区的水资源合理利用提供有力的技术支持。总体而言，只有通过综合性、系统性的策略，才能真正实现西部地区水资源的合理、高效利用，为其持续、健康的发展创造有利条件。

（二）增加水资源供应

1. 抓好"南水北调"的后续工作

尽管"南水北调"工程已经启动并从其中线和西线进行了初步的水资源调配，其目前的调水量仍未达到预期的需求。鉴于青藏高原涌流出的澜沧江、怒江和雅鲁藏布江拥有丰富的水资源，总量高达 2736 亿立方米，而这些水最终都流入印度洋，考虑将部分水资源转移至西部地区成为了一个具有潜力的方案。为确保这一策略的可行性和效益，需要对从雅鲁藏布江的朔玛滩进行筑坝引水，并串联怒江、澜沧江、金沙江，直至四川的阿坝地区并最终入黄河的"南水北调"西线工程进行深入的研究和评估。这不仅涉及工程技术的挑战，还包括环境、经济和社会层面的综合考量，确保在满足水资源需求的前提下减少对生态和当地社区的影响。

2. 加速海水淡化工作发展

自 20 世纪中叶开始，海水淡化技术在全球范围内逐渐受到重视，并在四十余个国家得到了应用。部分国家，如以色列、科威特和沙特阿拉伯，已经依赖海水淡化技术来满足其淡水需求。中国也已经探索并将此技术推进到实际生产阶段。若在国内的渤海地区充分利用华北和西北的太阳能和风能资源，建立海水淡化设施，不仅能够缓解华北地区的水资源短缺，还有可能减少黄河对华北的供水量，进而将更多的水资源输送到西部地区。

海水淡化的经济成本和废弃物处理始终是该技术面临的挑战。为此，应秉持循环经济的理念进行创新和发展。以天津北疆电厂为例，其所建立的综合产业链整合了多个环节，包括发电、海水淡化、利用浓缩海水生产盐和盐化工产品、节约土地和生产新型建材。此模式下，除了电力产出，还额外生产了大量的盐及盐化工产品和淡化水，同时实现了大面积盐田的节约。这一成功的实践为海水淡化技术提供了新的发展方向，值得各地区学习和借鉴。

3. 开展人工降雨工作

人工降雨技术是通过科技手段，激发云层中的雨滴生成潜力，促使其转化为实际降水。近年来，青海三江源地区已利用这种技术成功地增加了降雨量，并且初步观察到了明显的效果。例如，黄河上游的两大湖泊——扎陵湖和鄂陵湖的总面积增加了约 80 平方千米，直接使该区域下游的年供水量增加了近 600 亿立方米。山西、内蒙古和陕西等地也都存在着进行人工降雨的有利条件。如果这些地方能够借鉴青海三江源地区的经验和方法，同样有可能实现降水量的提升，为这些区域的水资源管理和生态环境改善提供有力的支持。

4. 开展地质找水工作

地下水资源，作为一种隐秘但广泛存在的水源，为许多地域提供了生命之水。即便是在如撒哈拉沙漠这样的极端环境中，地下淡水的存在也有所发现。以伊朗为例，尽管其表面环境干旱、降水稀少，但该国长期依赖地下水资源支撑农业生产，说明地下水的价值在于其可为水资源匮乏的地区提供宝贵的补给。

中国的柴达木盆地在油气资源勘探过程中的意外收获便是地下水的发现。在这片戈壁，探测到的地下水层厚度超过六百米，预估储水量高达 3400 亿吨，这一数字与四个青海湖的水量相当。这一发现意味着，西部地区的八大沙漠和四大沙地，尽管现今看似荒凉，但几万年前它们曾是繁茂的湿地，其下掩藏的地下水资源潜力巨大。这些历史时期的水资源仍然保存在地下，只待合适的技术和策略将其开发出来，为该地区的生态恢复和经济发展提供支持。国际上的水资源亦可为我国带来新的机遇。贝加尔湖，位于"一带一路"沿线的俄罗斯境内，是全球最大的淡水湖。其储水量高达 2.36 万立方千米，但这些水大部分流入了北冰洋，未能充分利用。如果基于"互利共赢"的原则，与俄罗斯合作，共同开发这一水资源，不仅可以为缺水的新疆地区提供水源，还能为"一带一路"沿线国家的经济发展和生态改善做出贡献。这样的合作将为地区的持续发展注入新的活力，为实现更加繁荣、和谐的未来奠定基础。

三、光伏电、风电绿色能源开发利用

西部地区拥有丰富的光伏和风电绿色能源资源，这些资源的开发与利用带来的经济效益和生态效益是显著的。光伏和风电能源的开发不仅满足了国家的经济增长和人民生活水平的提高需求，而且有助于推进中国的绿色能源革命。相较于传统的化石燃料，这些绿色能源在生产过程中对环境的破坏和污染相对较少。光伏和风电项目可以利用沙荒地，从而为优质土地的保护提供了机会。与燃煤电站相比，光伏和风电项目在运营过程中几乎不消耗水资源，从而为水资源的节约做出了贡献。

近年来，我国在风电和光伏发电领域取得了显著的进展，装机总量已经超过了 2 亿千瓦，为数百万人提供了就业机会。这种能源的迅速发展不仅加速了农牧区的电气化，还改变了该地区长期依赖木材和草料为能源的传统，从而实现了人民生活的改善和森林资源的保护。然而，要真正发挥这些绿色能源的潜力，建设跨省、跨区的特高压电网至关重要。尽管我国已经完成了涵盖大部分国土的大电网建设，但为满足光伏和风电的发展需求，还需进一步发展"特高压电网＋智能电网＋风电、光伏电"的能源互联网，这将是我国未来能源工业发展的核心任务。

四、合理开发利用山区资源

西部地区，拥有丰富的山区资源，占据总面积的 70% 以上，但由于长期缺乏有效的资源管理策略，该地区的生态环境逐渐恶化。为了改变这一现状，合理地开发与利用山区资源显得尤为关键，对于地区经济的发展和生态环境的改善都具有深远意义。

（一）发展林、沙产业

环境规制政策的核心目标是实现生态环境的恢复与保护，同时确保地区的经济持续增长。为了实现这一目标，合理地开发和利用山区资源显得尤为关键。其中，发展林、沙产业是其中的重要组成部分。

黄土高原，作为西部地区的主要部分，拥有独特的自然条件和资源优势。这些地方的土壤和气候特点使其成为种植某些特定农作物的理想之地。例如，该区域拥有适合苹果、葡萄、梨和沙棘生长的冷凉气候和肥沃的土壤。这些果园不仅为当地居民提供了就业机会，还成为了促进农村经济发展的重要因素。西部地区的沙荒地带，尽管面临水资源短缺的挑战，但其特有的土壤和气候条件使其成为生产某些中药材的理想地点。甘草、肉苁蓉和枸杞等中药材在这些地方有着良好的生长条件。中药材产业的发展不仅能够为地区带来经济收益，而且有助于提高当地农牧民的生活水平。

从更广泛的角度看，西部地区的环境规制政策旨在通过合理开发和利用山区资源，推动地区的经济发展，同时确保生态环境得到有效的保护和改善。这一政策强调了生态和经济之间的平衡，目的是实现可持续的发展，确保西部地区的长期繁荣与稳定。

（二）草地资源的开发与利用

西部地区，草地作为一种重要的生态资源，对维护生态平衡和支持畜牧业具有独特的价值。然而，这一地区的草地资源在过去的几十年中受到了严重的退化和产草量下降的挑战，这为地区的生态环境和畜牧业带来了不小的压力。

草原退化主要是由于超载过牧和不合理的土地利用导致的。这种退化不仅导致了生态环境的恶化，还威胁到了畜牧业的可持续发展。为了解决这一问题，需要实施草畜平衡政策，确保牲畜的数量与草地的承载能力相匹配，防止过度放牧导致的草地退化。人工种草工作在草地资源的开发与利用中起到了至关重要的作用。通过人工种植高产、适口性好的牧草，可以有效提高草地的产草量，满足畜牧业的需求。推广种植环境友好的菌草等措施，对改善生态环境和提高草地的经济价值具有积极意义。

五、搞好矿区塌陷土地复垦和矿渣处理

西部地区，随着矿业的迅速发展，伴随而来的矿区塌陷和矿渣问题引起广泛关注。对此，环境规制政策的制定和实施变得尤为重要。

（一）改进采矿技术以降低对环境的负面影响

在当今矿业领域，技术的革新与应用逐渐成为矿山企业降低对环境影响和提高资源利用效率的重要手段。其中，矿山技术的改进，特别是采矿方法的优化，对于确保环境可持续性和生态平衡具有显著意义。

神东煤矿的实践是这一趋势的典型代表。在其生产过程中，该矿不仅注重煤炭的高效提取，更关注整个采矿过程对环境的潜在影响。为此，他们引入并应用了回填采矿法，这是一种将煤矸石作为充填材料，填补已经开采的空间的技术。这种技术的应用，能够显著减缓因采矿活动导致的地面塌陷现象，从而降低了对地表和地下水体的潜在风险。神东煤矿还在采矿区构建了井下储水池。这种创新性的做法不仅为矿山提供了稳定的水源，还避免了地下水的过度开采，有助于维护地下水的稳定性和可持续性。这种以循环经济

思维为导向的资源管理策略，在国内外矿业领域中都具有引领和示范作用，为其他矿山提供了一种新的、可持续的资源管理和环境保护模式。

（二）促进矿渣的综合利用

在矿业领域，随着生产活动的进行，大量矿渣被生产出来，这些矿渣曾被视为废弃物，其处理和存储问题长期困扰着矿业企业。然而，现代工业技术与环境保护理念的结合已经揭示了这些所谓的"废弃物"中蕴藏的巨大价值。煤矸石、粉煤灰、炉渣等矿渣，实际上是具有特定化学和物理特性的材料，这些特性使它们成为制造建筑材料的理想原材料。

将矿渣转化为建筑材料的研发和应用，是资源循环利用和可持续发展理念在矿业领域的具体体现。这种转化过程不仅可以实现资源的最大化利用，降低对新资源的依赖，还可以为矿山企业带来额外的经济收益。这种综合利用策略有助于降低矿渣的环境风险，减少其对土地和水资源的占用，进而对生态环境产生积极的保护效果。综合利用矿渣的策略还能够带动相关产业链的发展，为社会创造更多的就业机会和经济效益。总的来说，矿渣的综合利用不仅体现了对环境的责任与承担，还为矿业与其他产业的融合与共生提供了新的思路和方向。

（三）对矿渣进行系统管理和治理

在当今的工业化背景下，矿渣的产生和堆积已成为许多国家和地区面临的重要环境问题。由于长期的矿业开采，许多地方面临着矿渣堆积问题，这些矿渣未经适当处理而直接被遗弃，对土地、水资源和生态环境造成了严重压力，必须对矿渣进行全面的系统管理。

系统管理首先意味着对矿渣的来源进行清晰的定义和定量，以便对其进行追踪和监控。为了确保矿渣不再散乱堆放，需要建立专门的矿渣收集和存储机制，从而确保其不会对环境产生进一步的危害。考虑到矿渣中可能含有的有毒物质，对其进行适当的处理，如稳定化、固化或其他适当的方法至关重要。许多矿渣，经过适当的处理和技术创新，可以转化为有价值的原材料，用于建筑、制造或其他工业应用。这样不仅可以减少对新材料的需求，从而降低对自然资源的依赖，还可以为矿业企业带来经济利益。

第五章　环境规制对西部地区经济高质量发展的影响机理分析

第一节　环境规制对西部地区经济高质量发展的总体影响机理

一、影响机理的研究背景

自改革开放以来，中国经历了飞速的经济发展，呈现出令世界瞩目的经济增长奇迹。然而，这种高速增长的背后，也暴露出由粗放型发展模式所导致的众多环境问题，包括资源过度开发、环境污染和生态退化等。这种情况不仅威胁到中国的可持续发展，而且影响了人民的生活质量和健康。为此，党中央提出了将中国的发展阶段由追求经济总量扩张转向高质量发展的战略目标，强调在保持经济稳定增长的同时，注重解决好人民群众的生活问题，促进社会公平正义，保护生态环境。推动经济的高质量发展不仅是遵循经济发展规律的必行之路，更是实现中国社会主义现代化建设的必然要求。高质量发展强调提高发展质量和效益，而非单纯追求发展速度。在发展经济的同时，重视资源的节约和环保，以及社会责任和公平正义的实现。

为了实现经济的高质量发展，环境规制成为了重要的政策工具。通过有效的环境规制，可以在一定程度上矫正市场失灵，引导企业和社会走向更为绿色、低碳和可持续的发展道路。环境规制的目的不仅是为了解决当前的环境问题，更是为了在长远的发展中实现经济、社会和环境的和谐发展。特别是在西部地区，由于自然条件的特殊性和经济发展水平的相对落后，环境规制对于推动该地区经济的高质量发展具有重要意义。

（一）环境规制会促进经济高质量增长

环境规制与经济高质量增长之间的关系是一个多维度、多层次的复杂系统关系。在经济学与环境学交叉领域，波特假说作为一个代表性的理论，为人们探讨环境规制与经济高质量增长的内在联系提供了有益的理论框架。波特假说的核心观点是，当环境规制的强度处于一个适宜的水平时，可以刺激企业增加研发投入，从而提高其技术创新能力。通过技术创新，企业能够实现生产过程的优化，降低生产成本，这一过程被称为"创新补偿效应"。通过创新补偿效应，企业可以弥补因应对环境保护投入的资源，进而提升企业的经济实力和市场竞争力。环境规制可以为企业提供一个清晰的规则框架和预期，有助于引导企业行为走向更为绿色、低碳和可持续的发展方向。适度的环境规制不仅能够促使企业加大绿色技术研发和应用，而且可以通过市场机制，推动资源的合理配置和环境质量的持续改善。这种方式有助于形成一个良性的循环，使得生态健康与经济增长相互促进，避免了传统的以牺牲环境为代价的经济发展模式，有助于实现经济的高质量、可持续发展。

环境规制和经济高质量增长的相互关系也反映了现代社会发展对于环境和经济协调发展的迫切需求。在全球范围内，环境问题已经成为制约经济社会持续发展的重要因素，因此，如何在环境规制的框架下推动经济高质量增长，已经成为各国政府和学术界共同关注的重要议题。而波特假说为人们提供了一个有益的理论途径，能够从一个新的视角理解环境规制与经济高质量增长的内在联系，为相关的政策制定和实践提供了有益的理论支持和指导。通过深入研究环境规制与经济高质量增长的关系，可以为中国在新时代背景下推动绿色发展、实现经济社会的可持续发展提供重要的理论依据和政策建议。

（二）环境规制会抑制经济高质量增长

环境规制与经济高质量增长的关系是复杂且多面的，特别是在不同的国家和地区背景下，其影响呈现出多样性。污染天堂说是探讨环境规制对经济增长影响的一个重要理论，它指出，在环境规制强度较弱或水平较低的国家，往往能吸引大量污染密集型的企业。因为这些国家缺乏对环境保护的严格要求，为企业提供了较低的生产成本。然而，一旦这些国家加强环境规制，可能会失去环境成本低的优势，导致大量污染密集型企业向外转移，以寻找生产成本更低的地方，从而不利于本国的经济增长。

遵循成本说进一步展开了环境规制对企业运营成本和经济增长的影响机理。当政府采取各种环境规制措施时，企业必须投入更多的资源来应对环境规制的要求，不论是治理企业造成的环境污染，还是加大研发成本投入以寻求更为环保的生产方式。这些额外的投入会增加企业的运营成本，可能会削弱企业的市场竞争力，从而影响地区的经济增长速度。环境规制还可能会产生企业生产性投资的"挤出效应"。由于环境规制会导致生产要素价格的上涨，企业可能会减少对其他生产性投资的投入，这对经济高质量增长构成了一定的抑制作用。

随着中国经济的快速发展，环境问题日益突出，环境规制的强化成为必然的选择。然而，过于严格的环境规制可能会给尤其是中小企业带来较大的压力，影响其生存和发展。过度的环境规制可能会抑制一些传统产业的发展，影响地区经济的整体增长速度。这也反映了环境规制与经济高质量增长间需要找到一个合适的平衡点，以实现经济、社会和环境的可持续发展。对于中国来说，如何在推动经济高质量增长的同时，有效实施环境规制，减轻环境规制对经济增长的负面影响，是需要深入研究和探讨的重要课题。

（三）环境规制与经济增长之间存在非线性的关系

环境规制与经济增长之间的关系复杂多元，而非线性关系的探讨为人们提供了一个新维度来理解这一复杂关系。非线性关系意味着环境规制与经济高质量增长间可能存在 U 型关系或倒 U 型关系。在某些阶段，环境规制可能会抑制经济增长，而在另一些阶段，环境规制可能会促进经济高质量增长。这种非线性关系的存在，揭示了环境规制与经济增长动态互动的复杂性，同时为政策制定提供了重要启示。

根据研究发现，环境规制对经济稳定性的影响并不显著，可能会导致收入的不平等加剧，但同时有利于促进改善经济的综合质量。这种观察反映了环境规制在不同经济条件和发展阶段下可能会产生不同的影响。具体到正负效应的考量，正面的"创新补偿效应"与负面的"遵循成本效应"是决定环境规制对经济增长影响的主要因素。在创新补偿效应的推动下，环境规制能够激励企业加大研发投入，提高技术创新能力，从而通过技术进步来降低企业的生产成本，提升企业的经济实力，进而推动经济的高质量增长。而在遵循成本效应的作用下，环境规制可能会增加企业的运营成本，降低企业的市场竞争力，从而抑制经济的增长。

在这种复杂的影响机制下，环境规制与经济增长之间的非线性关系为人们理解和设计环境政策提供了重要参考。环境规制政策的设计和实施需要考虑到经济的发展阶段和结构条件，以及企业的技术创新能力和市场反应。只有在这些因素的综合考虑下，环境规制才能够在不同的经济发展阶段发挥出积极作用，推动经济的高质量、可持续发展。非线性关系的探讨也为人们提供了一个理论框架，以更为全面和深入地理解环境规制与经济增长之间的多层次、多维度的相互作用和影响，为中国在新时代推动绿色发展、实现经济社会的可持续发展提供重要的理论支持和政策参考。

二、环境规制对经济高质量发展的影响分析

环境规制对经济高质量发展的影响是多方面和多层次的，它集中体现在通过改善环境质量来优化企业和社会的经营环境，降低经营风险，同时刺激经济活力和创新力的提升，推动经济社会的全方位发展。环境规制的作用既直接又间接，既具有短期效应也影响长期发展。

（一）给企业的生产经营活动带来"约束效应"和"成本效应"

环境规制在推动企业和社会走向绿色、可持续发展的同时，对企业的生产经营活动以及整体经济的高质量发展带来了一定的影响。特别是，在市场经济条件下，企业的生产经营决策通常基于消费者需求和市场竞争的情况而制定。然而，环境规制的实施为企业的生产经营活动增加了额外的约束条件，这种"约束效应"在一定程度上影响了企业的决策自由度和生产效率。例如，企业在生产设备的选择、生产工艺的引进、生产厂房的选址以及产品设计等方面，需要将环境保护要求纳入约束条件内，无疑缩小了企业的选择范围，使得企业只能在一个更小的决策范围内进行组织管理和生产安排。在宏观层面上，这种"约束效应"可能会限制一国或地区经济增长质量的提升，使得经济高质量发展受到一定的阻碍。

环境规制的实施使得企业不得不将一部分原有的生产要素，如资本和劳动力，投入到环境的治理中，产生了"成本效应"。这种"成本效应"体现在企业需要投入大量的人力和资金来改进原有不符合环保标准的生产设备和生产工艺。正常情况下，企业用于生产经营的资源总量是既定的，但随着环境规制的实施，企业的成本增加，使得企业不得不重新配置总资源，可能会降低创新研发支出。这种资源的重新配置，使得部分生产要素从生产性活动转移到环境保护和污染治理领域，一定程度上不利于企业的自主创新和技术进步，抑制了企业全要素生产率的提升，从而影响到整个社会的产出，进而抑

制国家或地区的经济增长。

环境规制对经济高质量发展的影响是一个多维度和多层次的问题，它涉及环境、经济和社会的多方面因素。在实施环境规制的过程中，需要充分考虑其对企业生产经营活动和整体经济增长质量的影响，找到环境保护和经济发展之间的平衡点，以实现经济社会的可持续发展。通过加大对环保技术和绿色产业的支持，推动企业加大绿色创新和技术进步，可以在一定程度上缓解环境规制对企业生产经营活动的"约束效应"和"成本效应"，为经济高质量发展提供更为有利的条件和环境。

（二）通过"补偿效应"影响经济增长质量

环境规制通过"补偿效应"影响经济增长质量的探讨，为了更好地理解这一影响机制，可以借助"波特假说"展开分析。波特假说强调，环境规制虽然在短期内可能会导致企业治理污染的成本增加，但在长期看，它能够倒逼或激励企业进行技术创新，补偿环境规制带来的额外成本，并有助于提升企业的市场竞争力，实现经济增长质量的提升和生态环境的改善，形成"双赢"的局面。

在实际的生产经营活动中，企业面对的是不断变化的竞争环境和动态的市场变化。环境规制为企业带来的约束，如扩大对污染的治理、生产设备的更换等，会使企业成本增加，使得企业在市场竞争中暂时处于劣势。然而，在长期发展过程中，企业不会被动接受这种状态，会努力重建竞争优势，寻找有利于自身生存和发展的方式。这种努力可能体现在企业加大技术创新投入，优化生产程序，提高自身的市场竞争力，以期在市场中占据更多份额，获得更多的利润，以补偿因治理污染付出的成本。"补偿效应"还体现在对劳动力的改善上。当企业治理污染的成果显现时，环境质量得以改善，为企业员工创造了一个相对健康的工作环境，进而提高劳动生产率，同时降低企业对劳动者的医疗等费用。在社会发展的进程中，生态环境已成为人才落户、择业的重要考虑因素。企业的环境质量能吸引高素质人才，优化企业的人员结构，提高企业的生产效率，进而影响企业和地区经济的增长质量。

从宏观层面看，环境规制通过激发企业的"创新补偿效应"和改善劳动力条件，为推动一国或地区的经济高质量发展提供了重要支撑。这种"补偿效应"不仅表现在企业层面，也影响了整个社会经济系统，为实现经济和环境的协调发展，提供了有益的政策和理论参考。环境规制的"补偿效应"在一定程度上揭示了环境保护与经济发展非零和的关系，为探索环境与经济的可持续协调发展提供了新的视角和理论基础。

三、环境规制下西部地区经济高质量发展建议

（一）政府需要注重经济发展的质量

对于政府而言，注重经济发展的质量不仅是对当前经济发展模式的修正，更是对未来可持续发展的深度思考。西部地区作为中国的重要区域，其发展不仅关系到区域经济的健康，更与国家的生态安全和长远发展紧密相关。环境规制应作为促进西部地区经济高质量发展的重要手段，引导和激励区域内企业和社会各方面共同参与，形成合力，推动绿色发展。

环境规制对西部地区的经济发展质量具有多方面的影响。一方面，环境规制可以引导企业采取更为环保、高效的生产方式和技术，提升产业的技术含量和附加值，从而推动经济的结构优化和升级。在环境规制的框架下，企业会加大对新技术、新设备和新材料的投入，以满足环境标准，这不仅有助于提高产业的核心竞争力，也为推动经济发展质量提供了重要支撑。另一方面，环境规制有助于改善西部地区的投资环境和市场环境。环境规制的实施能够提高区域内的环境质量，为高质量的人才、优质的投资和高水平的市场活动提供了有利条件。优质的环境能够吸引更多的优秀人才和企业到西部地区发展，为区域内的经济高质量发展提供良好的人才和资本支持。

环境规制能促进西部地区的社会责任和企业责任意识的建立和提升。企业和社会各方可以更好地认识到绿色发展的重要性，增强环保意识，形成良好的社会和企业责任文化。这种责任文化不仅能够推动企业和社会各方共同参与环境保护，还能为促进西部地区的经济高质量发展提供有力的社会基础。

对于政府而言，推动西部地区的经济高质量发展，应在全面深化改革、完善市场机制的基础上，构建与高质量发展相适应的环境规制体系，以法治思维和法治方式推进环境规制，确保环境规制的科学性和有效性。政府应加强对环境规制的监督和执行力度，确保环境规制政策的有效实施，为西部地区的经济高质量发展提供有力的制度保障。政府应鼓励和支持企业、社会组织和公众参与环境治理，构建多元参与、多方共治的环境治理体系，形成政府、企业和社会的共同参与和合作机制，以实现西部地区的经济高质量发展和生态环境的可持续改善。通过构建这样的环境治理体系，可以有效整合和调动各方的资源和力量，共同推动西部地区的经济高质量发展，为实现全面建设社会主义现代化国家的目标提供有力的支撑。

（二）鼓励企业自主创新，提升企业效益

企业被要求在生产和经营活动中遵守一系列环保标准和规定，这不仅有助于提高企业的环保意识和社会责任意识，也有助于推动企业自主创新，提升企业效益。

环境规制的实施，虽然在短期内可能会增加企业的生产成本，但从长期看，对于激发企业的创新动力，提升企业的核心竞争力具有积极的推动作用。企业被迫对原有的生产工艺和设备进行改进或更新，以满足环保标准和规定，不仅能够掌握和应用新的环保技术和方法，还能够通过技术创新降低生产成本，提高生产效率。环保型的技术和产品能够帮助企业开拓新的市场，满足市场对绿色、低碳产品的需求，从而提高企业的市场份额和经济效益。

企业能够在实践中不断探索和实现绿色发展，形成绿色发展的经验和模式，为西部地区的经济高质量发展提供了有益的示范。环境规制的实施能够帮助企业建立和完善绿色发展的管理体系，推动企业形成长效的环保机制，为企业的长期发展提供了有益保障。

西部地区的政府在推动环境规制的过程中，应注重激励和支持企业自主创新。可以通过提供创新资金支持、技术支持服务、绿色发展的优惠政策等方式，帮助企业降低创新的成本和风险，推动企业积极参与绿色技术的研发和应用。政府应注重培育和发展绿色产业链，推动形成绿色产业集群，为企业提供良好的外部环境和条件，支持企业在绿色发展的道路上不断前行。在推动企业自主创新的同时，应注重提升企业效益。可以推动企业优化资源配置，提高资源使用效率，降低生产成本。绿色、环保型的产品和技术也能够帮助企业开拓新的市场，满足消费者对绿色、低碳产品的需求，从而提高企业的市场竞争力和经济效益。

（三）要因地制宜，因时制宜地制定与实施环境规制政策

西部地区自然条件独特、生态环境相对脆弱、经济基础较为薄弱，因此，环境规制政策的制定应充分考虑这些特点和条件，以及当地社会经济发展的实际需求和长远目标。环境规制政策应旨在保护生态环境、促进绿色发展、提高资源利用效率、优化产业结构、促进技术创新和社会进步，为实现西部地区的经济高质量发展提供有力的制度支持和保障。

为了实现这些目标，环境规制政策的制定与实施应遵循科学、合理、公正、透明的原则，确保政策的合理性和可接受性。应加强政策的宣传和解释工作，提高公众和企业对环境规制政策的理解和支持，形成良好的社会氛围和执行环境。在具体地制定与实施环境规制政策时，应注重政策的灵活性和可操作性，以适应不同地区、不同产业、不同企业和不同阶段的需求和条件。应建立完善的政策评估和调整机制，定期评估政策的效果和影响，及时调整和完善政策，以确保政策的持续有效和实施的顺利。应加强与地方政府和相

关部门的沟通协调，形成政策制定和实施的合力，提高政策的执行力和效果。

环境规制政策的实施应注重对企业和社会的支持和引导，鼓励企业加大绿色技术研发和应用，提高资源利用效率，优化产业结构，提高产品和服务的质量和效益。应鼓励社会资本投入绿色产业和项目，发挥市场机制的作用，推动绿色经济的发展和环境质量的改善。政府应提供必要的政策支持和资金支持，加大对绿色技术创新和产业发展的投入，提供适宜的财税和金融政策，为企业和社会提供良好的发展环境和条件。环境规制政策的实施应注重公众参与和社会监督，加强环境信息的公开透明，提高公众对环境保护和绿色发展的认识和参与度。通过加强环保宣传教育，提高公众的环保意识和责任感，形成良好的社会氛围和执行环境，为环境规制的实施提供有力的社会支持和保障。

（四）贯彻落实政府对环境规制的措施

环境规制的贯彻落实，首先需要一个明确的目标与方向。环境保护并不仅仅是解决当前的环境问题，更是一种长远的战略安排。它涉及企业的生产模式、技术创新、产业结构调整和资源利用效率等多方面。政府应明确环境规制的长期目标，为企业和社区提供清晰的发展方向。政府应建立一套完整、科学的环境规制体系，包括环境质量标准、排放限值、污染防治技术要求、监测评估机制等，确保环境规制的具体措施得到有效实施。

为了保障环境规制的有效实施，政府需在法律法规、监管机构和公众参与等方面做出努力。应建立健全环境法律法规体系，明确企业和个人的环保责任和义务，为环境规制的实施提供法律支持。应加强环境监管机构的建设和能力建设，确保环境规制政策得到有效执行。公众参与是环境规制实施的重要组成部分，应通过加强环保宣传和教育，提高公众的环保意识，鼓励公众积极参与环保行动，形成良好的社会氛围。

在环境规制的贯彻落实中，创新是推动经济高质量发展的重要动力。政府应鼓励企业加大绿色技术研发投入，推广先进的环保技术和设备，提高污染物治理效率，降低生产过程中的环境成本。应通过财税、金融等政策，为企业的绿色转型提供支持，降低企业的转型成本，激励企业积极参与绿色生产和环保行动。西部地区作为中国的重要区域，具有丰富的自然资源和生态优势，环境规制的贯彻落实对于保护这些珍贵资源，促进区域经济的可持续发展具有重要意义。可以推动西部地区经济向绿色、低碳、循环发展方向转型，为区域的长远发展奠定坚实的基础。

第二节　环境规制对西部地区经济高质量发展子维度的影响机理

一、创新发展维度的影响机理

（一）激发企业创新精神

在健全的法律和市场机制的支持下，企业家能够清晰地看到其创新努力能得到应有的回报。这种回报不仅仅是经济利益的获取，更是企业在市场竞争中立于不败之地的重要保障。企业家的创新创业精神得以激发，他们愿意投入更多的资源到研发新技术、新产品和新服务上，以求在满足环境规制的同时，提高企业的市场竞争力。

环境规制在一定程度上改变了企业的创新理念和方向。以往可能更多关注于降低成本和提高效率的创新，现在开始转向如何在满足环境要求的同时，实现生产和管理的优化。这种创新精神不仅仅局限于环保技术的研发，而是渗透到企业的多个领域，包括生产流程、产品设计、供应链管理等。企业开始认识到绿色、低碳、环保的重要性，开始探索如何将这些理念融入企业的日常运营和长远发展中。环境规制还有助于形成有利于创新发展的外部环境。

企业间的合作和竞争，市场的公平竞争，以及与国际市场的接轨，都会在环境规制的推动下得到促进。同时，对外的技术引进和合作也将得到加强，为企业甚至整个地区的创新发展提供更为广阔的空间。

（二）促进创新资源配置

环境规制的核心目标是推动企业降低排放和提高资源利用效率。企业必须将更多的资源投入到新技术、新产品的研发中，以期通过技术创新降低生产成本、减少环境污染。创新资源如人力、物力和资金得到了更加合理和高效的配置。

环境规制为企业提供了明确的方向和动力，推动企业将创新资源集中于符合环境规制要求的领域。环境规制促使企业不仅仅是应对当前的环境要求，而是通过持续的创新来为未来可能更为严格的环境标准做好准备。企业的创新能力得到了提升，同时也为地区的创新生态环境的形成和发展提供了有利条件。

环境规制的实施，实质上是一个多方参与、多方受益的过程。政府、企业和社会等多方面通过环境规制实现了创新资源的有效配置，形成了有利于创新和发展的外部环境。西部地区，由于其独特的地理、资源和经济条件，环境规制在促进创新资源配置方面的作用尤为重要。环境规制不仅促使企业进行技术创新，更能推动地区创新生态系统的构建和完善。创新资源的合理配置，不仅能够提升企业的竞争力，也能够为整个地区的经济高质量发展提供强有力的支撑。通过创新，企业和地区能够实现绿色、低碳、循环的发展模式，符合国家对于经济高质量发展的要求。创新成果的应用和推广将进一步加强企业和地区在环保、资源节约等方面的实践能力，为地区经济高质量发展奠定坚实基础。通过创新资源的合理配置，企业和地区能够在满足环境规制要求的同时，实现经济效益和社会效益的双重提升，为西部地区的经济高质量发展提供了重要的保障和支持。

（三）提高创新效率和市场竞争力

环境规制的核心目标是通过技术创新和管理创新来引导企业降低排放、提高资源利用效率。这种政策导向不仅能够帮助企业降低生产成本和环境成本，从而提高市场竞争力，而且能够促使企业将更多的资源投入到创新活动中，从而提高整个区域的创新效率。技术创新和管理创新成为企业应对环境规制、提高市场竞争力的重要手段。企业能够发掘和应用新的生产技术和管理方法，从而降低生产成本、减少环境污染，并提高产品和服务的质量和效率。这种创新活动不仅能够提高企业自身的市场竞争力，而且能够推动整个地区的技术进步和创新能力的提升。

环境规制的实施，促使企业和地区形成了以创新为驱动的发展模式。在这种模式下，创新成果的产生和应用，能够进一步推动区域内外的技术交流和合作，扩大市场份额，为地区经济的长期、稳定、高质量发展提供了有力支持。环境规制为企业和地区带来了新的市场机遇，促使企业和地区在满足环境规制要求的同时，不断提高其市场竞争力和创新效率。企业和地区能够在应对环境挑战的同时，实现经济效益和环境效益的双重提升。长期而言，这种双重提升不仅能够为企业和地区带来持续的市场竞争优势，而且能够为西部地区的经济高质量发展提供坚实的基础和持续的动力。

二、协调发展维度的影响机理

（一）城乡结构协调发展

环境规制的实施，使得企业和农民更加关注环境保护和可持续发展，为城乡经济合作提供了新的机遇和平台。在环境规制的框架下，企业被鼓励采纳更为环保、高效的生产技术和管理模式，这不仅有助于提高企业的环保意识和社会责任感，同时为农民提供了新的就业和创业机会，推动了农民工的返乡创业和农业的现代化进程。环境规制还通过促进技术创新和技术转移，为城乡结构的协调发展提供了技术支撑。在环境规制的推动下，企业投入更多的资源进行环保技术的研发和应用，为农业提供了先进的环保技术和管理经验，推动了农业的技术进步和结构优化。环境规制的实施也促进了城乡环境质量的提升，为城乡结构协调发展创造了有利的外部环境。优良的环境质量吸引了更多的企业和人才投资农村地区，为农村的经济发展和人才培养提供了有力支持，推动了城乡经济的互利共赢和共同发展。

（二）产业结构协调发展

西部地区，由于环境资源的特殊性和经济发展的阶段性，环境规制对于推动产业结构协调发展具有特定的影响机理。环境规制通过提高企业的环保标准，推动企业采纳更为先进、绿色的生产技术和管理模式，从而促进了产业结构的升级和优化。这种产业结构的升级不仅有助于提高企业的环保性能，同时促进了产业间的技术交流和合作，为产业间的协同发展提供了有利条件。良好的营商环境是产业结构协调发展的基础，环境规制通过改善营商环境，促进了企业的融资、技术创新和产业升级。企业更加重视绿色生产和可持续发展，加大了对新技术、新产品的研发投入，为产业结构的优化和升级提供了技术支持。环境规制也促进了产业间的资源配置和合作。通过促进产业间的技术创新和技术转移，环境规制为产业间的协同发展提供了新的机遇和平台。这种产业间的协同发展，不仅有助于推动区域经济的高质量发展，同时为实现绿色、低碳、循环的发展模式提供了有力支持。

（三）经济社会平稳运行发展

环境规制的推动和实施，成为促进经济社会平稳运行的重要力量。通过实施环境规制，企业的环境成本和交易成本得以降低，从而为企业和地区的经济社会平稳运行提供了重要支持。环境规制的目的是引导和推动企业走向绿色、低碳、循环的发展模式，以实现经济社会的可持续发展。环境规制不仅关注企业的环保表现，同时关注产业结构的协调发展和优化，通过改善营商环境、降低交易成本，为企业的发展和区域经济社会的平稳运行提供了有力的保障。

环境规制在推动产业结构协调发展方面的影响机理，主要体现在促进资源在产业间的合理配置、推动产业间的技术创新和技术转移，以及优化产业结构等方面。在环境规制的引导下，企业加快了对新技术、新产品的研发和应用，为产业间的协同发展和技术创新提供了技术支持和市场机会。环境规制为产业间的合作和交流提供了新的机遇和平台，为产业结构的协调发展和优化提供了有力的支撑。通过环境规制的推动，企业和地区的经济社会运行得以保持平稳，为区域经济的高质量发展提供了重要的制度保障和政策支持。西部地区能够借助环境规制，推动产业结构的协调发展，实现经济社会的平稳、健康、高质量发展，为区域的长期稳定和可持续发展奠定了坚实的基础。

三、绿色发展维度影响

环境规制对西部地区经济高质量发展具有深远的影响，特别是在绿色发展维度上，它强调了环保力度的增强、环境污染的减少和能源消耗的降低。优质的生态环境是吸引低污染、低能耗企业进驻的重要基础，同时是推动第三产业发展的重要条件。既可以改善地区的生态环境，为企业提供良好的营商环境，又为区域的绿色发展提供了有力的保障。

企业会更加注重环保和可持续发展，通过采用绿色、低碳的生产技术和管理模式，降低生产过程中的环境污染和能源消耗。这种转变不仅仅是对环境的负责，同时是对企业未来发展的长远考虑。企业可以降低环境风险，提高企业的市场竞争力和社会责任感，为企业的长期发展提供了重要的保障。环境规制也为企业提供了新的市场机遇和发展空间，通过推动绿色、环保产品的研发和应用，企业可以开拓新的市场，提高市场份额，实现企业和区域经济的可持续发展。

　　西部地区由于长期以来资源型产业的发展，面临着产业结构调整的艰难和环境污染的压力。环境规制为西部地区的产业结构调整和绿色发展提供了重要的政策支持和制度保障。推动产业结构的优化和升级，可以为西部地区的绿色发展提供有力支撑。环境规制也为西部地区的经济发展方式转变，提供了重要的指引和支持，通过推动绿色、低碳、循环的发展模式，为西部地区的长期稳定和高质量发展奠定了坚实的基础。

　　环境规制的实施，对于提高西部地区的环境质量和生态环境具有积极的意义，为西部地区吸引高新技术企业和人才提供了重要的条件。优质的生态环境和良好的营商环境，为企业和人才提供了重要的吸引力，为西部地区的经济社会发展提供了重要的支撑，为西部地区的绿色发展提供了重要的政策指引和制度保障，为西部地区的长期稳定和高质量发展奠定了重要基础。

四、开放发展维度影响

　　环境规制对于促进开放发展具有至关重要的影响。它旨在推动企业和地区朝着环保、低碳和可持续的方向发展。通过规制的实施，可以促进资源的合理配置、创新技术的研发和应用，以及国内外市场的拓展。

　　（一）促进技术交流

　　环境规制能够为企业创造一种"压力"环境，促使其对现有的生产和运营模式进行反思和创新。在面对严格的环保标准和规定时，企业不得不寻找新的生产技术和管理方法，以降低环境污染和能源消耗，确保其符合环境保护的要求。这种创新往往不仅仅是对现有技术的优化和升级，更可能包括新技术、新材料、新能源等方面的尝试和应用。这样的技术创新不仅能够帮助企业降低生产成本，提高生产效率，同时有助于提升企业的市场竞争力和社会责任感。

　　在开放发展维度下，环境规制通过促进技术创新和交流，为西部地区的经济高质量发展打下坚实基础。在环境保护要求的驱使下，企业有可能通过与国内外同行的交流和合作，引入先进的环保技术和管理经验。这不仅能够帮助企业满足环保标准，降低生产和运营成本，同时为区域内外的技术交流和合作提供了有利条件。通过技术交流和合作，企业可以吸取国内外先进的管理经验和技术知识，提高自身的技术创新能力和市场竞争力。技术创新和交流能够帮助企业提高生产效率，降低生产成本，优化产业结构，实现可持续发展。通过技术交流和合作，企业可以拓展国内外市场，吸引国内外投资，促进地区的经济发展。环境规制不仅能够推动企业的技术创新和转型升级，也能够为企业打开国内外市场，提高其市场竞争力。在开放的市场经济环境下，技术交流和国际合作成为推动区域经济高质量发展的重要手段。通过引进先进的技术和管理经验，企业可以提高自身的市场竞争力，为区域的经济高质量发展提供重要支撑。在面对严格的环保标准和规定时，企业需要寻找新的生产技术和管理方法，以降低环境污染和能源消耗。这种技术创新和交流不仅能够帮助企业降低生产成本，提高生产效率，同时为区域的产业升级和结构优化提供了重要支撑。通过技术创新和交流，企业可以优化产业结构，提高产业链的附加值，为区域的经济高质量发展提供了重要支撑。

（二）推动绿色产业发展

环境规制作为现代治理的重要组成部分，对于推动绿色产业发展具有显著的促进作用。它通过制定和执行严格的环境标准和规定，为绿色产业创造了有利的政策环境和市场机遇。在这样的政策引导下，企业更加倾向于采纳绿色、低碳的生产模式，以降低生产过程中的环境污染和能源消耗，符合环境保护的要求。环境规制也通过提高公众对于环保和绿色发展的认知，为绿色产业的发展提供了广泛的市场需求和发展空间。通过推动绿色产品和服务的研发和应用，企业不仅能够满足市场对于绿色、环保产品和服务的需求，同时能够开拓新的市场，提高市场份额。这种市场的拓展和占领，进一步为区域经济的高质量发展提供了有力的支持和保障。环境规制不仅为企业的绿色转型提供了政策和市场的双重保障，也为区域经济的高质量发展注入了新的动力和活力。

（三）拓展国内外市场

环境规制的实施，为企业拓展国内外市场提供了重要的条件和机遇。企业可以提高其产品和服务的环保标准，满足国内外市场的需求和规定。优质的生态环境和良好的营商环境，也为企业吸引国内外投资和合作伙伴提供了重要的条件。通过拓展国内外市场，企业可以提高其市场竞争力，这为区域的经济高质量发展提供了重要支撑。

在全球化和绿色发展成为主流的背景下，环境规制不仅仅是对企业生产行为的约束，更是推动企业提升环保标准、实现绿色发展的重要力量。通过环境规制的实施，企业在提升自身环保标准、减少环境污染的同时，也能够提升自身产品和服务的市场竞争力。而在全球市场对环保产品和服务需求日益增长的情况下，环境规制的实施，无疑为企业拓展国内外市场提供了重要的支持和机遇。优质的生态环境和良好的营商环境，成为吸引国内外投资和合作伙伴的重要条件。通过提升区域的环境质量和营商环境，为企业吸引投资和寻找合作伙伴提供了有利条件，也为企业拓展国内外市场、提升市场竞争力提供了重要支撑。随着市场的拓展和竞争力的提升，企业的经营效益和市场地位得到进一步提升，从而为区域经济的高质量发展提供了重要支撑。环境规制不仅推动了企业的绿色发展，也为区域经济的高质量发展提供了有力的支持和保障。

（四）吸引外资和国际合作

环境规制的执行在西部地区具有多方面的重要意义，尤其在吸引外资和促进国际合作方面展现出显著的作用。生态环境因此得以改善，营商环境得以优化，为外资企业和国际合作伙伴提供了更为友好的投资和合作条件。这些改善与优化，不仅表现为对环境保护的重视，更是对可持续发展理念的积极响应，符合国际社会的期待和要求，从而提高了西部地区在全球市场的吸引力和竞争力。

随着外资的流入和国际合作的深化，西部地区能够得到资金和技术上的重要支持，为区域的经济高质量发展注入新的活力。国际合作为西部地区带来先进的环保技术和管理经验，有助于提高区域内企业的技术水平和管理水平，推动绿色发展理念在企业中的普及和实施。这种技术和管理上的提升，不仅有助于区域环境质量的改善，也为经济的持续、健康和高质量发展提供了有力的保障。因此，环境规制的实施，对于西部地区吸引外资、推动国际合作，以及促进经济高质量发展具有不可忽视的重要作用。

五、共享发展维度影响

营商环境的优化与改善是推动地区经济社会共享发展的基础，尤其在资源型城市，其特有的经济结构和发展模式需要在环境规制的框架下找寻新的增长点和发展方向。环境规制的实施为此提供了政策支持和制度保障，使得企业和社会能够在绿色、低碳的发展路径上探寻新的机遇和可能。

环境规制的实施对于稳定就业具有积极意义。通过推动企业进行技术升级和产业转型，环境规制为企业打开了新的市场空间，提供了新的业务机会，从而有助于维护和扩大就业。在资源型城市，通过环境规制引导企业走向绿色、环保的发展路径，不仅有助于解决环境污染问题，也为企业提供了转型升级的机会，通过发展绿色产业、循环经济等新兴产业，提高企业的市场竞争力，维护和扩大就业。

环境规制的实施，通过推动资源型城市的产业结构调整和优化，为群众提供了更多的就业和创业机会。环境的改善也为群众提供了更好的生活条件，通过改善水质、空气质量等基本生活条件，提高群众的生活质量。

完善基础设施是推动经济社会共享发展的重要条件。环境规制的实施，为基础设施的建设和完善提供了制度保障和政策支持。推动资源型城市加快基础设施建设，提高公共服务水平，为企业和居民提供更为便利的生活和工作条件。交通、电信、水务等基础设施的完善，为资源型城市的经济社会发展提供了重要支撑。提高社会福利水平是实现共享发展的重要保障。通过改善生态环境和营商环境，为社会福利制度的完善提供了良好的外部条件。推动资源型城市加大对教育、卫生、文化等社会事业的投入，提高公共服务水平，为社会福利制度的完善提供了基础支撑。

第三节　财政分权和政府竞争的调节作用机理

一、财政分权和政府竞争的含义

（一）财政分权的含义

财政分权是一个多层次的政府对于财政资源分配、税收征收与支配及公共服务提供的权力划分机制。这一机制有助于提升资源配置的效率，增强政府的责任感与透明度，能满足不同区域特殊需求的多样化。在这样的框架下，不同级别的政府能够根据自身财政能力和地方需求，制定符合当地实际情况的公共政策和财政支出计划。财政分权有利于激发地方政府的积极性，通过优化资源配置来推动地区经济发展和社会福祉的提高。

中国的财政分权主要体现在中央与地方政府之间的财政关系中。过去几十年里，随着中国财政体制的不断改革，财政分权的程度也在逐渐变化。地方政府被赋予了征收某些税种的权力，从而获得了一定的财政资源，同时承担着公共服务的提供和地区经济发展的责任。这种权责配合的机制，为地方政府提供了一定的财政自主权，也促使地方政府在推动地区经济发展和提升公共服务水平方面发挥了重要作用。财政分权不仅仅是财政资源分配的一种机制，更是地方政府推动地区经济社会发展、满足人民需求和实现治理效能的重要条件。财政分权也是对于中央与地方财政关系适度调整、财政监管机制完善以及财政风险控制的重要课题。

（二）政府竞争

政府竞争是一个涉及多个政府实体之间，为吸引资本、人才和投资而展开的相互竞争的过程。在市场经济体制下，政府竞争被视为一种机制，它可以激励政府提高自身的效率，推动创新和促进区域经济的发展。政府间的竞争能够为投资者和公民创造更为有利的环境，从而吸引外来资本和人才的流动，进一步推动经济的发展。通过政府竞争，各地政府可能会努力提高自身的服务质量和效率，以展现其对投资者和居民的吸引力。政府竞争的存在，使得政府间形成一种相互激励、相互促进的关系，从而有助于形成良性的竞争格局，推动区域发展向前迈进。

在吸引外来投资和促进地方经济发展方面，地方政府通过提供各种优惠政策、提高公共服务质量和创造良好的投资环境而吸引企业和投资者。然而，政府竞争也可能带来一些负面效应，例如，资源的过度竞争和财政风险的累积。过度的政府竞争可能会导致地方政府为了追求短期的经济增长而忽视长期的可持续发展，甚至可能会导致地方财政风险的累积和资源的浪费。因此，政府竞争不仅是一种推动经济发展的机制，同时是一种需要合理引导和规范的双刃剑。在推动政府竞争的同时，需要建立有效的监管机制和风险防控体系，以确保政府竞争能够在有序和健康的轨道上进行，最终实现区域经济的持续和健康发展。

二、地方政府竞争行为的激励机制

地方政府竞争行为受多重激励机制驱动，这些激励机制源自中国特有的制度安排和政治经济环境。在转型时期，财政分权体制是影响地方政府竞争的重要制度因素，它与地方政府的财政激励和政治激励相互作用，共同塑造了地方政府的竞争行为。

（一）财政激励

财政激励是地方政府竞争行为的重要驱动力。在财政分权体制下，地方政府对于财政资源的掌控直接影响其经济发展能力和公共服务提供能力。地方政府通过加快经济增长，可以获取更多的财政收入，以满足本地区的发展需求和公共服务需求。这种财政收入的增加，进一步激励地方政府在竞争中寻求更多的投资和资源，以维持和加强其财政能力。

地方政府可能会采取各种措施吸引外来投资和人才，包括提供税收优惠、提高公共服务质量和创造良好的投资环境。地方政府的财政需求和财政能力成为其竞争策略和政策选择的重要考量，同时影响了地方政府与中央政府、地方政府与地方政府之间的关系和互动。财政激励不仅仅是地方政府竞争行为的经济动力，也是其政治和社会动力。通过财政激励，地方政府可以实现其财政自主和经济发展的目标，同时展现其政治能力和社会责任。

财政激励机制在地方政府竞争行为中的作用，反映了财政资源对于地方政府的重要性和财政分权体制对于地方政府竞争行为的影响。在财政资源有限的情况下，地方政府必须通过竞争来争取更多的财政支持和投资资源，以实现其财政收入和经济发展的目标。财政激励可能会影响地方政府的政策选择和决策过程，使得地方政府在追求财政利益的同时，可能会产生对公共利益和社会福利的忽视或牺牲。在财政激励的驱动下，地方政府的竞争行为可能会导致资源的过度竞争和财政风险的累积，从而影响到地方政府竞争行为的效果和社会福利的实现。

（二）政治激励

政治激励在地方政府竞争行为中起着核心作用。在中国的政治体制与官员晋升机制中，地方官员的政治生涯往往与其管辖区域的经济表现密切相关。地方官员通过推动所在地区的经济增长和社会发展，以期在政治市场上获得更高的声誉和更多的政治资本。

地方政府官员为了实现政治生涯的进一步发展，会倾向于采取各种措施吸引外来投资、促进产业发展和提高公共服务质量。地方政府官员在追求政治生涯成功的过程中，也可能会产生与中央政府和其他地方政府的竞争和协作。地方政府间的竞争不仅仅表现在经济领域，更多的是在政治领域，通过地方经济的发展来展示地方官员的政治能力和政绩，以期获得中央政府的认可和支持。地方官员可能会在符合中央政府政策导向的同时，尽可能地展现自身的政治智慧和实施力，以获得更多的政治资本。地方政府官员也会通过与其他地方政府的竞争，来凸显自身的优势和区域的特色，以吸引更多的资源和投资。这种政治激励机制使得地方政府在追求经济发展的同时，也在追求政治目标，展现其政治能力和提高其政治地位。

（三）制度约束与诱导

制度约束与诱导是影响地方政府竞争行为的重要因素。新制度经济学视制度为个体行为的外部约束和内部诱导，它为政府间的相互作用和竞争提供了基本的规则和框架。

在中国转型时期，财政分权体制等制度安排为地方政府的竞争行为提供了基本的条件和环境。制度不仅为地方政府的竞争提供了规则和约束，同时为地方政府的竞争提供了激励和诱导。地方政府的竞争行为不仅受到财政激励和政治激励的驱动，也受制于制度环境的约束和诱导。制度为地方政府的竞争行为提供了一种相对稳定和可预期的环境，使得地方政府可以在制度规则的约束下，通过竞争实现其财政和政治目标。制度也为地方政府间的相互作用和竞争关系提供了基本的框架，使得地方政府可以通过竞争实现资源的有效配置和经济的发展。制度环境的变化可能会影响地方政府的竞争策略和竞争行为，使得地方政府在新的制度环境下，需要调整其竞争策略和政策选择，以适应制度环境的变化和实现其财政和政治目标。

制度的约束和诱导成为影响地方政府竞争行为的重要因素，它为地方政府的竞争行为提供了基本的制度逻辑和行为框架。通过制度的约束和诱导，地方政府可以在一定的制度框架和环境下，通过竞争实现其财政和政治目标，同时为地方政府间的协作和竞争关系提供了基本的制度基础和规则。

（四）资源稀缺的约束

资源稀缺的约束是地方政府竞争行为的基础和前提。在有限的资源条件下，地方政府必须通过竞争来争取更多的投资、人才和其他资源，以实现其经济发展和财政收入的增加。资源的有限性使得地方政府在争取资源时形成竞争关系，这种竞争关系不仅体现在地方政府间，也体现在地方政府与中央政府、地方政府与市场主体间。地方政府为了争取更多的资源和投资，可能会采取各种措施来提高自身的吸引力和竞争力，包括提供税收优惠、提高公共服务质量和创造良好的投资环境。资源稀缺的约束使得地方政府在竞争中寻求效率的提高和资源的优化配置，促使地方政府在政策选择和决策过程中追求效用的最大化。资源的有限性不仅是地方政府竞争的驱动力，也是地方政府竞争策略和政策选择的重要考量。

在资源稀缺的约束下，地方政府的竞争行为可能会导致资源的过度竞争和财政风险的累积，从而影响到地方政府竞争行为的效果和社会福利的实现。资源稀缺的约束为地方政府的竞争行为提供了经济学的逻辑和理论基础，同时为地方政府竞争行为的理解和分析提供了重要视角。通过深入分析资源稀缺的约束，可以更好地理解地方政府竞争行为的经济逻辑和社会效应，同时为地方政府竞争行为的研究和政策制定提供了重要的理论和实践参考。

三、财政分权体制的演进脉络与内生的财政激励

（一）演进脉络

财政理论界基于财政分权的角度把财政体制变革过程划分为三个阶段：

一是统收统支的财政体制（1950~1979 年）；二是财政包干体制（1980~1993 年）；三是分税制财政体制（1994 年至今）。

1. 统收统支的财政体制（1950~1979 年）

在这一阶段，财政管理的核心是强调中央的集中控制。所有的税收和支出都由中央政府统一管理和调配。这种模式的主要优点是能够确保中央政府的宏观经济政策得到快速、直接和有效的执行。然而，这种模式也存在明显的缺陷，如地方政府缺乏足够的财政激励去发展当地经济，以及决策的僵化和效率的低下。

2. 财政包干体制（1980~1993 年）

这一阶段的体制变革旨在解决统收统支体制下的问题，尤其是激励地方政府参与经济发展。财政包干体制的核心是让地方政府按照预定的目标向中央上缴一定的财政收入，超出部分可以留于地方。这为地方政府提供了财政激励，鼓励其积极发展当地经济。但这也带来了问题，如地方政府可能过度追求短期经济利益而忽视长期和全局的考量。

3. 分税制财政体制（1994 年至今）

分税制是为了进一步明确中央与地方的财政权责关系。在这个体制下，税种和税率由中央政府确定，而税收的分配则根据预定的比例或规则进行。这既确保了中央政府的宏观调控能力，也给地方政府提供了一定的财政自主权。这种平衡使得中央和地方都有合适的激励去促进经济发展，同时确保了宏观经济的稳定。

（二）内生的财政激励

1. 统收统支财政体制

在考察中国的统收统支财政体制时，必须明确其与特定的政治和经济体制的密切关联。改革开放之前，中国采用了典型的计划经济体制，资源的配置主要依赖于中央的行政命令。为了适应这种资源配置方式，财政体制也采纳了高度集中的模式，全部的财政收入都由中央政府集中和分配。地方政府在这种体制下仅作为中央的代收机构，所有的财政收支活动都必须纳入全国预算。根据历史数据，可以观察到新中国成立后的 1952 年，国家财政收入占 GDP 的比重达到了 25.6%，并在 1960 年达到了最高点，为 39.3%。这种高度集中的财政资源配置强化了中央政府调动全国资源的能力，并确保了重工业优先发展策略的成功执行。但这种高度集中的财政体制也带来了明显的问题。地方政府由于没有独立的财政收入权和支出决策权，因此对于发展地方经济或增加财政收入缺乏足够的动力。在此情境下，地方政府高度依赖中央政府，而缺乏对经济发展的积极性。这种模式明显削弱了地方政府的财政激励效应。因此，对地方政府的财政激励效应不足成为了推动财政体制变革的主要驱动力，迫切需要调整过于集中的财政管理模式。

2. 财政包干的财政体制

随着中国改革开放的深入推进，经济体制逐步转向市场化取向，与此相应的财政体制变革也进入了一个新的时期。为了应对统收统支体制中过于集中化的问题，中央政府受到农村家庭联产承包责任制中释放出的生产效率的启示，选择了与地方政府签订长期财政合同的策略，即财政包干制度。在该制度下，合同明确了地方政府需要上缴给中央政府的财政收入总额，而增量部分完全归地方政府所有。

财政包干制度中的合同不仅确认了中央政府和地方政府的固定收入，还基于此按照特定比例分享地方财政收入。这种制度的出现，不同于改革开放前仅在形式上的行政分权，而是真正体现了从计划经济体制向市场经济体制转型中的经济分权。这一变革为地方政府赋予了更多的收入索取权和控制权，导致地方财政收入在国家财政预算中的占比显著增加，达到了 3/5~3/4 的水平。这样的制度安排对地方政府形成了强烈的激励，推动其支持中央的体制变革并在本地区积极发展经济，从而获得更多的财政收入份额。

3. 分税制财政体制

为了应对财政包干体制中的固有缺陷并构建与市场经济相适应的规范化的政府间财政关系，中央政府于 1994 年全面实施了分税制财政体制改革。该制度首先明确了中央与地方政府的事权，进而确定了各自的财政支出和收入范围，并引入了转移支付制度（主要以税收返还形式）来协调各级政府间的关系。这一改革有效地扭转了自 1980 年以来国家财政收入占 GDP 比重的下降趋势，使其从 1993 年的 12.31% 增长到 2006 年的 18.38%。更为重要的是，分税制改革显著提高了中央财政收入在国家财政预算总收入中的比重，从 1993 年的 22.02% 增至 2006 年的 52.78%，并自 1998 年起持续维持在 50% 以上。这种显著的增长意味着分税制财政体制成功地实现了其初始目标，为中央政府在市场经济深化和宏观经济调控日益复杂化的环境下，有效地减轻了其面临的财政压力。

4. 财政资金直达机制

2020 年，中央财政创新性地推出了财政资金直达机制，将当年新增的部分资金直接下达县区财政。2021 年，这种直达机制常态化，此后均有一部分中央财政资金可以直达基层，缓解基层压力。

财政资金直达机制，也称特殊转移支付机制，是在保持现行财政管理体制、地方保障主体责任、资金分配权限稳定的前提下，按照"中央切块、省级细化、备案同意、快速直达"的原则，完善相关资金分配程序，压实地方主体责任，建立健全监督问责机制。2020 年，中央财政直达资金仅用 20 天时间，就将 95% 的增量资金下达市县基层；2021 年、2022 年存量资金的下达及支出使用时间也较以往大大提前。宏观政策重在统筹协调、形成合力，直达机制"争"出来的这个时间提前量，让各类退、奖、补惠企利民资金快速到达项目单位或服务对象，推动中央财政资金支持的建设项目尽早开工形成实物工作量，为稳就业、促产业、稳投资等政策顺利实施创造了更为有利的条件，帮助万千市场主体闯过"生死关"、抓住机遇争取了更多主动。

2023年，财政政策加力提效，"财政直通车"仍重任在肩。一方面，财政政策要继续发挥刺激经济、撬动社会资本并弥补市场缺陷等重要作用，有序扩大财政资金规模和直达范围，通过直达机制送达基层，稳投资、提产能、增保障、促消费，从供需两端发力激发经济活力，必须保证"直通车"各环节衔接有序、畅通无阻。另一方面，在当前和未来一段时间财政收支矛盾依然突出的情况下，财政支出须精打细算、用得其所，要提高直达机制这个"阳光通道"的安全性规范性，将每一分财政资金的使用都置于严格监管下，严禁"跑冒滴漏"。

"财政直通车"开行以来，积累了很多宝贵经验，接下来，应进一步总结提炼，围绕完善资金分配下达、支出使用、资金支付、监控监管等，将行之有效的做法上升为制度规定，不断优化财政保障能力。特别是，为落实党的二十大报告提出的"健全现代预算制度""完善财政转移支付体系"等要求，财政资金直达机制要进一步结合预算一体化工作，推进直达资金绩效评价信息公开，把"花钱要问效、无效要问责"落到实处；要以新一轮省以下财政体制改革为契机，更好服务中央和地方财政在民生领域事权和支出责任的调整划分工作，使财政治理体系和治理能力持续焕发新生机，更好推动经济社会高质量发展。

四、转型中的财政分权与特殊的政治激励

中国的经济改革自1978年以来已经取得了显著的进步，但在这一过程中，财政分权与政治激励起到了特殊的作用。在转型期间，中国实施了一系列财政制度改革，旨在将更多的决策权下放到地方政府。这一系列的改革为地方政府创造了更多的财政自主权和决策自由度。从宏观经济角度看，财政

分权对于增强地方政府的经济创新和经济增长有重要意义，因为当地方政府有更多的财政自主权时，他们更可能投资于本地的经济发展项目，从而促进经济增长。

特殊的政治激励也在这一过程中发挥了关键作用。地方政府官员的晋升往往与其在任职期间的经济绩效紧密相关。这种与经济绩效挂钩的晋升制度为地方官员创造了强大的动力，使其更加积极地推进经济发展和改革。地方政府不仅有了更多的财政自主权，还有了更大的政治动机来寻求经济增长。与经济绩效挂钩的政治激励机制，对于确保地方政府官员与中央政府的改革目标保持一致，推动地方政府更加积极地参与到经济改革和发展中起到了重要作用。

第四节　企业劳动力需求的中介作用机理

一、劳动力需求含义

劳动力需求是经济学中的一个核心概念，旨在描述某一经济实体在生产活动中对劳动力的需求总量。这一需求不仅仅是一个数值或者一个数量，更是一个反映当前经济环境、生产活动和社会发展趋势的指标。当人们谈论劳动力需求时，人们实际上是在探讨企业、组织甚至是整个国家如何调配其资源以满足生产活动的需求。

在经济活动中，劳动力是生产的关键要素之一，它与资本、技术和土地等要素相互作用，共同推动经济的增长和发展。劳动力需求的大小和变化，很大程度上反映了一个经济实体的生产活动和经济发展水平。例如，当某一行业或领域出现创新或技术进步时，可能会增加对高技能劳动力的需求，而对低技能劳动力的需求可能减少。劳动力需求是个体劳动者和整个社会劳动力市场的满足程度的反映。当劳动力需求高于劳动力供给时，通常意味着劳动者有更多的工作机会，而薪酬和待遇可能随之上涨。反之，当劳动力供给超过需求时，可能导致失业率上升和工资下降。

从宏观经济的角度看，劳动力需求是经济增长的重要因素。强劲的劳动力需求可能预示着经济正在蓬勃发展，而劳动力需求的减少可能意味着经济增长放缓或者衰退。值得注意的是，劳动力需求并不总是按照经济学理论预期的方式发展。这是因为它受到诸多内外部因素的影响，如政策变动、技术创新、市场变革、国际环境等。

二、劳动力需求影响因素及作用

（一）劳动力投入成本

劳动力投入成本在经济学中是一个核心概念，与企业的生产决策和招聘策略紧密相连。从微观经济的角度看，企业在决定生产规模和用工量时，必须权衡劳动力成本和预期收益。劳动力的成本不仅包括直接的工资和薪酬，还包括培训、福利、管理以及与员工之间的交往成本等。

随着市场行情的变动、政策调整和商业环境的变化，劳动力的成本也会发生相应的变化。例如，当政府提高最低工资标准或加强劳动法律法规的执行时，企业的劳动力成本可能会增加，从而可能导致企业减少招聘，选择更多的自动化或技术手段来替代人工。劳动力的供给也会影响其成本。当劳动力供应充足时，工资水平可能会相对较低；当劳动力短缺时，为了吸引和留住人才，企业可能需要提高薪酬和待遇。这种供求关系在劳动力市场中起着关键的调节作用，影响企业的用工决策。

（二）技术水平

技术是经济增长和社会进步的重要驱动力。随着技术的进步，生产过程中对劳动力的需求和要求也在发生变化。高技术的应用往往可以提高生产效率，但同时也可能导致对某些类型劳动力的需求减少。例如，自动化和机器学习技术的发展可能导致对重复劳动和低技能劳动力的需求减少，而对高技能和专业劳动力的需求增加。企业在招聘时，会更加重视员工的技能和知识水平，以适应技术变革带来的挑战。但技术进步也可能创造新的职业和工作机会。例如，随着互联网和数字化技术的发展，出现了大量的新兴职业，如数据分析师、社交媒体经理等。

（三）国家政策、税收及劳动力供求

国家的宏观政策、税收制度以及劳动力市场的供求关系都是影响企业用工需求的重要因素。政府通过各种政策和措施，可以调控劳动力市场的运行，影响企业的招聘决策。例如，政府可能通过提供税收优惠、补贴或其他支持措施，鼓励企业增加用工和投资。反之，若政府加强劳动法规的执行，提高企业的社会责任和成本，可能会导致企业减少招聘。劳动力市场的供求关系也会影响企业的用工决策。当劳动力供应充足时，企业可以选择更多的人才，而工资水平可能会相对较低。而当劳动力短缺时，企业可能面临更高的招聘成本和竞争压力。

（四）外来劳动力

劳动力需求是经济学中的核心概念，它指在某一特定的工资水平和其他条件下，雇主愿意并能够雇佣的劳动者数量。劳动力需求的量并不是固定的，而会随着多种因素的变化而变化。本书将探讨这些影响劳动力需求的主要因素。

技术的发展和创新往往导致生产过程的自动化，从而减少对劳动力的需求。例如，自动化生产线、机器人和人工智能等技术的应用可以替代大量的人工劳动。技术进步可能产生对新型技能劳动力的需求，这种需求可能会超过由技术替代所导致的劳动力需求的减少。当消费者对某种商品或服务的需求增加时，生产该商品或服务的企业可能需要增加劳动力以满足市场需求。

相反，当市场需求减少时，企业可能会裁员或减少招聘。政府政策和法规也会影响劳动力需求。例如，如果政府实施了最低工资法，那么在某些情况下，企业可能会减少雇佣低技能的劳动力。

三、产业集聚对劳动力流动作用机理

产业集聚对劳动力流动作用机理在很大程度上影响了企业劳动力需求的中介作用机理。产业集聚指在某一地域范围内，相似或相关的企业、机构和相关服务聚集在一起的现象。这种集聚有助于资源共享、信息交流和技术创新，从而影响劳动力的流动和需求。

（一）信息流通与透明性

产业集聚地区的企业间存在丰富的信息交流，这种交流促进了企业及时了解劳动力市场的动态。在这种环境下，技能需求、工资水平和工作机会等关键信息得以迅速传播，为企业在招聘决策时提供了宝贵参考。这种信息的快速流通和透明性大大降低了企业的招聘成本和时间。对于劳动力而言，他们能够更快地获得有关就业机会的信息，从而更好地作出职业决策，加速向有需求的企业流动。因此，产业集聚地区的信息透明性和流通性在很大程度上塑造了企业和劳动力之间的互动关系，优化了劳动力市场的配置效率。

（二）技能传播与培训

产业集聚地区的相似或相关企业对技能和知识存在共同需求。这种共同性导致这些地区更为频繁地出现专业化的培训和教育机构，进而有效地提高了劳动力的技能水平。随着这种技能和知识的普及，企业间的合作日益加强，特别是在员工培训和发展机会的提供上。这种合作不仅有助于满足各自的劳动力需求，而且为劳动力创造了更多的成长机会，从而进一步强化了产业集聚对劳动力市场的积极影响。

（三）网络效应与合作机会

产业集聚地区的企业间合作关系得到了加强，尤其在共同研发、生产或销售方面。这种加强的合作关系导致企业在招聘时更倾向于寻找具有特定技能或经验的员工，以满足合作项目的特殊需求。这不仅增加了企业对特定技能的需求，也为劳动力提供了更多的选择机会。因此，产业集聚不仅促进了企业间的深度合作，还影响了劳动力市场的需求结构，使之更为细分和专业化。

（四）劳动力流动性与灵活性

产业集聚地区的特点之一是企业间的地理距离较短，这大大增强了劳动力的流动性。员工在这种环境下可以轻松更换工作而无须改变居住地。这种地理优势为企业创造了一个更为灵活的劳动力市场，使其能够更容易地找到合适的员工。对于劳动力来说，他们在产业集聚地区拥有更多的就业机会和选择，从而提高了其职业发展的可能性。因此，产业集聚地区的地理结构与劳动力的高流动性相结合，为企业和劳动者双方创造了良好的互动环境，优化了劳动力市场的配置。

四、企业劳动力合理流动建议

（一）产业集聚与人才集聚战略的重要性

产业集聚指某一地区内某一种或几种产业高度集中的现象。这种集中现象可以为企业带来规模经济、信息交流、技术创新和人才流动等多种效益。生态产业链的形成是产业集聚的基本条件，它要求主导产业的上下游之间、制造业与生产性服务之间能够合理衔接。这种产业链的形成以区域的可持续发展为目标，确保产业发展不会破坏生态平衡。

人才集聚指某一地区吸引并保留大量人才的现象。人才是产业发展的关键，他们为企业带来创新思维、技术能力和管理经验。因此，产业集聚和人才集聚是相辅相成的。一个地区如果能够吸引并保留大量的人才，那么这个地区的产业更有可能得到快速发展。为了实现可持续发展，区域经济发展的每一个环节都要考虑到人地关系和人与生态的关系。人地关系指人口与土地资源的关系，它涉及土地的利用、开发和保护等问题。人与生态的关系指人类活动与生态环境的关系，它涉及资源的利用、污染排放和生态保护等问题。只有正确处理这两种关系，区域经济发展才能真正实现可持续性。

（二）劳动力流动的规划与调节

劳动力流动是经济发展的一个重要方面，它可以为企业带来新的人才和技能，也可以为劳动者提供更多的就业机会。但是，劳动力流动会带来一系列的社会问题，如劳动者的再就业、子女入学、住房、医疗和失业保险等问题。

为了规划和调节劳动力流动，政府需要制定一系列的宏观政策。这些政策应该旨在保障劳动力可以无障碍地转移，同时解决劳动力流动带来的社会问题。户籍制度是影响劳动力流动的一个重要因素。户籍制度限制了人们的迁移和就业，导致劳动力不能自由流动。因此，改革户籍制度是规划和调节劳动力流动的一个重要手段。除了户籍制度，政府还需要考虑到劳动力流动带来的其他社会问题。例如，为了保障劳动者的再就业，政府可以提供职业培训和再就业服务；为了解决子女入学问题，政府可以提供更多的教育资源和优惠政策；为了解决住房问题，政府可以提供住房补贴或者推动住房市场的发展；为了解决医疗问题，政府可以提供医疗保险和医疗服务；为了解决失业问题，政府可以提供失业保险和失业救济。

第五节　社会公众参与的作用机理

一、公众参与的主体范围界定

公众参与的主体范围界定是确保公众参与环境保护决策过程的关键。公众，作为政府服务的主体群众，是与政府和建设单位相对应的社会民众。具体而言，公众主要包括：自然人，即全体社会成员的集合体；法人，特指受环境影响的法人组织；社会团体，是人们基于共同利益或兴趣与爱好而自愿组成的非营利社会组织，国外常称为非政府组织或非营利组织，而在学术界有各种称呼，如中介组织、非营利组织或第三部门。

专家和学者，作为对环境保护具有专业知识的自然人，其参与身份需进行明确。若他们以公众身份参与环境保护，则是公众的一部分；但若以专家身份参与，则并非公众，而是为环境保护提供专业知识和技能的服务者。

在具体的建设项目或可能对环境造成破坏的项目中，公众参与主体的界定尤为关键。尽管我国的相关法规提到了"可能影响范围内"的公众，但这一表述尚缺乏明确性。没有明确的界定可能导致公众相对人或政府有关部门利用公众参与制度的不明确性以达到自己的目的。例如，选择受影响程度较轻的公众进行参与，很可能得到项目的同意。

为确保公众参与的实质实现，应通过立法方式明确特定环境事务的公众参与范围。建议以环境事务所在地为中心，沿着环境受影响的扩散方向确定一定的区域范围作为公众参与主体。根据环境影响的衰减率，可以进一步划分不同的区域，并为不同区域的公众确定不同的参与权重，以确保受影响程度较大的区域内的公众享有更大的参与权。其他地区的公众和环境保护组织也可以参与，但应基于自愿的原则进行。

二、公众参与相关内容

公众参与环境保护已经成为全球环境治理的核心议题。在环境法律和政策的制定、实施、监督和救济过程中，公众的参与不仅可以提高政策的有效性和合法性，还可以增强公众的环境意识和责任感。

（一）参与决策：确保民主与透明

透明性和公正性是决策过程中的核心原则。透明性意味着决策过程对公众开放，公众有权知晓决策的背后逻辑、数据和利益关系。这种开放性可以增强公众对决策的信任，减少社会的矛盾和冲突。而公正性要求决策者在面对不同的利益和观点时，能够做到公平对待，确保每个声音都被听到，每个利益都被考虑。公众的参与为决策者提供了丰富的信息和建议。他们的知识和经验可以帮助决策者更好地理解环境问题的复杂性和多维性，避免制定片面和短视的政策。公众的观点和意见可以为决策者提供新的视角和思路，促使他们从不同的角度思考问题，制定更加全面和合理的政策。环境影响评估、公共听证会和公众咨询等活动是公众参与的重要渠道。这些活动为公众提供了直接参与决策的机会，使他们能够对决策提出质疑、提供建议和表达意见。这不仅可以增强政策的合法性和合理性，还可以提高公众的环境意识和责任感。

（二）执法参与：确保政策的落实与执行

公众的执法参与成为确保环境法律和政策得到切实执行的关键因素。环境问题的复杂性和多维性要求多方面的参与，而公众作为直接的受益者和受害者，其在执法过程中的角色尤为重要。

环境监测是一个技术性和专业性很强的领域，但公众的参与可以为其提供更广泛的数据来源和更高的数据质量。公众可以在日常生活中观察和记录环境变化，为专业机构提供第一手的、实时的数据。这种从基层到中央的数据流可以帮助政府更准确地了解环境问题的实际情况，制定更有针对性的政策。举报环境违法行为是公众执法参与的另一个重要方面。由于环境违法行为往往涉及地域广泛、时间跨度长、证据难以获取等问题，公众的举报成为揭露这些行为的重要手段。公众可以为政府提供关于违法行为的直接证据和线索，帮助政府更快地发现和制止这些行为。参与环境评价是公众在项目规划和实施过程中发挥作用的重要途径。公众可以为环境评价提供关于项目可能产生的环境影响的信息和意见，帮助决策者更全面地了解项目的环境风险，制定更合理的决策。

公众的执法参与不仅可以提高政府的执法效率，还可以增强政府的公信力。当公众看到他们的参与可以帮助政府更好地执行环境法律和政策时，他们会更加信任政府，更加愿意遵守法律，更加积极地参与环境保护。当公众了解到他们的权利和义务，了解到他们的行为对环境的影响时，他们会更加珍惜和保护环境，更加尊重和遵守法律。

（三）公众参与监督：确保权力的制衡与公正

公众参与的监督在现代环境治理中占据了核心地位，它不仅是对权力的制衡，更是对公正的追求。在一个健康的民主体制中，权力的制衡是确保权力不被滥用的基石。而在环境治理领域，这种制衡更是关乎公共利益和未来的福祉。

媒体曝光、公众投诉和公众评价等手段为公众提供了对政府和企业环境行为的直接监督途径。这种监督不仅可以揭露环境违法行为，还可以为决策者提供关于政策执行效果的反馈。例如，媒体的独立性和公信力使其成为揭露环境问题的重要力量。而公众投诉和评价可以为政府提供关于环境政策执行的第一手资料，帮助政府及时发现和解决问题。公众的监督还可以提高政府和企业的透明度和责任感。透明度是建立公众信任的前提，它可以确保公众了解政府和企业的环境行为，参与决策过程，维护自己的权益。而责任感是确保环境法律和政策得到有效执行的关键。当政府和企业知道他们的行为受到公众的监督时，他们会更加重视环境保护，更加尊重和遵守法律。

（四）公众参与法律救济：确保权利的实现与保障

公众参与的法律救济在环境治理中占据了至关重要的地位，它代表了对环境权益的终极捍卫。在环境法律体系中，公众不仅是法律的受益者，更是法律实施的关键参与者。当环境权益受到侵犯时，法律为公众提供了一系列的救济途径，从而确保公众的权利得到实现和保障。例如，公益诉讼为公众提供了对环境违法行为进行制约的手段，而行政复议和信息公开申请则为公众提供了对政府决策进行监督和参与的途径。

公众的法律救济不仅是对环境权益的保障，更是对法律体系的完善和推进。当公众通过法律途径维护自己的权益时，他们实际上也在推动法律的执行和完善。这种参与可以提高法律的执行效率，增强法律的公信力，从而使法律在社会中得到更广泛的认同和遵守。公众的法律救济还可以增强公众的法律意识和责任感，使他们更加珍惜和保护环境，更加尊重和遵守法律。

三、公众参与模式的比较与选择

（一）公众参与方式的多样性

公众参与环境保护的方式丰富多样，各国根据其历史背景、文化传统和公众意识水平采用了不同的方式。从国际经验看，常见的参与方式包括咨询委员会、非正式小型聚会、公开说明会、社区组织说明会、听证会、发行手册简讯、邮寄名单、小组研究、民意调查、设立公共通信站、回答民众疑问等。这些方式可以根据组织者、参与者、程序和法律效果等因素，形成不同的公众参与模式。选择适当的模式对促进有效的公众参与至关重要。

（二）公众参与主体的区分

公众参与主体的区分提供了理论框架，以理解不同公众主体如何以及为什么参与环境保护活动。主动式参与揭示了公众主体对环境保护的高度关注和自发行动，这往往是基于其深厚的环境价值观、高度的责任感或与特定环境问题的直接利益关联。例如，在法国和德国的环境立法中，公众被授权以主动方式访问与环境有关的信息并参与决策过程，这种参与模式背后是对公众权利的尊重和对其环境专业知识的认可。相反，被动式参与反映了公众主体参与的某种外部驱动机制。这种参与可能是由于政府或相关机构的动员、宣传或其他外部因素，如法律或政策要求。在德国的环境监测法和法国的环境法典中，公众参与往往是基于特定的法律程序或规定，而非出于公众的自主选择。这种被动式参与有助于确保公众的基本权利得到实现，即使他们可能缺乏主动参与的动机。

公众参与的目的也为人们提供了参与机制的进一步细化。预防性参与强调在环境问题发生前采取行动，其目的是通过早期干预、公众教育和决策参与来防止可能的环境破坏。救济式参与关注于对已发生的环境问题提供补救措施，如通过公益诉讼或其他法律手段追求环境恢复。

（三）公众参与的活动性质

公众参与的活动性质提供了对其机制和范围的深入理解。行政性参与与司法性参与两者都在确保环境权益中发挥关键作用，但它们在实现方法和影响上存在明显差异。

行政性参与着重于公众在行政决策过程中的参与。这种参与通常体现在政策制定、环境评估或其他行政程序中，公众有机会对环境问题发表意见、提出建议或参与决策。例如，德国的《联邦污染控制法》为公众提供了在环境管理活动中参与的渠道。《中华人民共和国环境影响评价法》规定，在某些项目的审批过程中，需要对公众进行征求意见，这也是行政性参与的体现。这种参与机制强调了公众与行政机关之间的合作，旨在在政策制定阶段纳入公众的意见，从而使得政策更具透明性和公信力。

司法性参与则涉及公众通过司法系统来维护其环境权益。在美国，公益诉讼是一个典型的例子，允许公众或非政府组织代表广大公众对可能损害环境的行为提起诉讼。在中国，随着环境法治的加强，公众也开始通过司法途径参与环境保护。例如，2015 年修订的《中华人民共和国环境保护法》明确了环境公益诉讼的相关规定，允许特定的社会组织在发现环境违法行为时，向法院提起公益诉讼。这种机制为公众提供了一个维权的途径，使其可以在发现环境被损害时采取法律行动。

第六章 环境规制对西部地区产业转型的影响分析

第一节 西部地区产业发展状况

一、西部地区持续发展特色经济

（一）资源与基础优势转化

西部地区的持续发展特色经济在很大程度上得益于其丰富的自然资源，包括能源、矿产和土地等。这些天然优势为该地区提供了独特的产业基础。然而，单纯依赖资源优势并不足以确保经济的持续增长和繁荣。实现从资源优势到经济优势的转变，是一个涉及多个领域、多种因素的综合过程。关键在于如何通过科技创新、资本投入和市场机制的有效结合，使得这些资源得到高效、可持续的利用。科技在这里起到了桥梁作用，它可以为资源提供更高效、环保的开采和利用方法，同时能带动新产业的孵化和成长。资本则为产业的快速扩张和升级提供了保障，它可以吸引更多的投资者和企业家来西部地区投资兴业。而有效的市场机制可以确保资源的合理配置和价值最大化。以西部的重化工产业为例，这个产业得益于该地区丰富的黑色和有色金属资源。但仅有资源并不意味着产业就能自动兴旺。正是依靠先进的开采技术、充足的资本投入和有利的市场环境，这些资源才得以高效开采并转化为高附加值的产品，如各种金属制品、化工产品等。通过对其他资源如盐和木材的综合利用，西部地区不仅能够更好地满足国内市场的需求，还能在国际市场上占据有利的竞争地位。

（二）区位与市场需求适应性

国内市场对能源和原材料的需求持续增长，这种供不应求的现象为西部地区提供了巨大的市场空间。考虑到西部地区丰富的资源储备，如矿产、石油和天然气等，它完全有能力满足国内市场的这些需求。而且，随着国家对环境保护和可持续发展的越来越高的重视，对资源的开发和利用也提出了更高的技术和环保要求。这为西部地区带来了技术升级和产业转型的机会。仅仅依靠资源优势并不足以确保西部地区的持续发展。必须认识到，市场需求是多变的，今天的热门产业可能在未来被其他新兴产业所替代。西部地区在利用其区位优势的同时，还需要不断地与市场需求保持同步，调整其产业结构，确保其产业发展与市场需求保持高度的适应性。

（三）技术创新与知识融合

西部地区的持续发展特色经济在很大程度上取决于其能否进行技术创新和知识融合。随着全球化和技术进步的深入，传统的资源优势已经不再是地区发展的唯一或主要动力。反而，技术创新和知识融合逐渐成为推动产业升级和增强竞争力的核心要素。技术创新不仅仅是发明新技术，更关键的是如何将新技术应用到实际生产中，使之转化为真正的生产力。例如，在棉花种植业中，通过生物技术的应用，生产出带颜色的棉花不仅满足了市场的个性化需求，提高了产品的附加值，还通过技术创新带动了产业链的延伸，为地区带来了更多的就业机会。知识融合也起到了至关重要的作用。在当前的知识经济时代，不同领域、不同产业之间的知识边界日益模糊，跨界融合和知识整合成为新的增长点。只有通过知识融合，才能真正实现技术、市场和资源的有机结合，打破行业壁垒，形成新的竞争优势。

（四）资源的挖掘与特色培育

西部地区的潜在资源往往因为历史、技术或市场条件的限制而没有得到足够关注。但随着技术的进步和市场需求的不断变化，它们逐渐显现出巨大的经济价值和发展潜力。

潜在资源的发掘和利用往往需要对原有资源进行深度的再认知和整合。例如，某些地方的特定气候条件和土壤类型可能适合种植某种特色作物或进行某种生态旅游活动，但由于缺乏相关技术和市场信息，这些优势在过去可能并未得到充分发挥。而随着技术的创新和市场信息的流通，这些原本被忽视的潜在资源可能逐渐转化为地区的特色产业，成为推动地区经济发展的新动力。通过对潜在资源的深度挖掘，还可以实现资源的优势延伸。例如，某种地方特色的农产品不仅可以直接销售，还可以加工成高附加值的食品或健康产品，从而形成完整的产业链，提高整体经济效益。

二、西部地区产业发展优势

（一）数字经济发展

中国西部地区在数字经济发展中呈现出独特的产业优势，这主要得益于其丰富的资源储备、地理位置和政策倾斜。随着全球经济向数字化、网络化、智能化转型，西部地区捕捉到了与数字经济紧密结合的机会，进而在传统产业与新兴数字技术间实现了有机融合。例如，该地区的大数据中心、云计算基地等数字经济相关的基础设施建设正得到迅速推进，为当地的产业数字化提供了坚实的支撑。西部地区的丰富能源资源和低成本的土地也为数字经济的发展提供了得天独厚的条件，如数据中心的建设和运营，其能耗巨大，而西部地区能源丰富，使得电力供应得到保障，从而降低了数字经济的运营成本。

政府对于西部地区的发展政策倾斜，也为数字经济的崛起创造了有利环境。在多项国家战略中，如"西部大开发"等政策，都明确提出了对数字经济和相关产业的扶持。这些政策的实施，不仅为西部地区带来了资金和技术的注入，还吸引了大量的人才流入，从而为数字经济的持续发展提供了人才保障。由于西部地区的地理位置优越，与丝绸之路经济带沿线国家接壤，这为该地区开展数字贸易、跨境电商等业务提供了巨大的市场空间。

（二）畜牧业发展前景广阔

西部地区拥有广阔的土地和得天独厚的自然条件，为畜牧业的发展提供了天然的优势。这片地区拥有丰富的草原资源，与此同时，其多样化的地形和气候为各类牲畜提供了合适的生存和繁殖环境。随着现代畜牧业技术的进步和应用，如良种选育、饲料科技以及疾病预防和控制，西部地区的畜牧业得到了进一步的提升。随着市场需求的不断增长，特色畜产品如羊绒、牦牛肉等在国内外市场上享有盛誉，为当地畜牧业带来了巨大的经济效益。然而，仅仅依赖于自然资源优势并不足以保证西部地区畜牧业的长远发展。政府和企业在这方面投入了大量的精力，推动畜牧业的现代化进程。例如，通过与研究机构合作，引入和培育了适应当地环境的优良畜种，提高了肉、奶和毛的产量和品质。

为了保护环境和生态，实施了草原轮牧、退牧还草等生态保护措施，确保了草原的可持续利用。通过完善的物流和冷链设施，以及与电商平台的深度合作，西部地区的畜产品迅速进入了全国乃至国际市场，进一步扩大了市场份额。这种结合自然资源优势与现代技术、市场机制的畜牧业发展模式，确保了中国西部地区在畜牧业领域的持续竞争优势。

（三）旅游和文化资源丰富

作为国家的重要文化和自然遗产宝库，西部地区拥有丰富的旅游和文化资源。这一地区不仅拥有独特的自然景观，如雪山、高原、沙漠和草原，还拥有深厚的历史文化传统、多元的民族风情和丰富的非物质文化遗产。这种独特的文化与自然资源组合为西部地区提供了强大的旅游吸引力，使其成为众多国内外游客向往的目的地。然而，仅仅依靠自然和文化资源的优势并不能确保旅游业的持续和健康发展。随着全球化和数字化的进程加快，游客对旅游体验的需求日益多样化和个性化。为此，西部地区已经开始采用先进的旅游管理和营销策略，以满足这种变化的需求。例如，当地政府与企业合作，开发了各种主题旅游产品，如生态旅游、农家乐、历史文化体验游等。通过数字化平台和技术，如虚拟现实、增强现实和大数据分析，进一步增强了游客的参与感和沉浸感，为他们提供了丰富和深入的旅游体验。

文化资源的挖掘和传承也为西部地区带来了新的产业发展机遇。当地政府和企业通过与文化和创意产业的结合，开发了一系列与文化相关的产品和服务，如手工艺品、传统音乐和舞蹈表演、文化节庆活动等。这些文化产品和服务不仅吸引了大量的游客，也为当地居民提供了就业和增收的机会，进一步推动了地区经济的持续发展。

（四）能源资源的优势突出

中国西部地区作为国家的能源储备中心，拥有丰富的能源资源，包括煤炭、油气、水电和新能源等。这些资源不仅为国家的能源安全提供了有力保障，也为西部地区的经济发展提供了坚实的物质基础。长期以来，能源资源的开发和利用已经成为西部地区经济增长的主要动力，促进了当地的工业化和城镇化进程。

随着国家对环境保护和可持续发展的重视，西部地区在传统能源开发方面，也在积极探索和发展清洁能源和新能源产业。例如，青海、甘肃、宁夏和新疆等地得天独厚的自然条件使其成为风能和太阳能发电的理想之地。大量的风电和光伏发电项目已经在这些地区建设和投产，为国家电网提供了大量的清洁电力。西藏、云南和四川等地又拥有丰富的水资源，是我国水电开发的重要基地。这些新能源和清洁能源的开发，不仅有助于满足国家对低碳经济的追求，也为西部地区带来了新的产业链和就业机会。

能源资源的开发和利用也面临着许多挑战。首先，过度的资源开采可能导致环境破坏和生态失衡。为此，西部地区需要在能源开发与生态环境保护之间找到一个平衡点，确保资源的可持续利用。其次，随着全球能源结构的转型，煤炭等传统能源的市场需求可能会逐渐减少，而清洁能源和新能源的竞争也日趋激烈。西部地区需要加大技术创新和产业升级的力度，提高能源产业的核心竞争力。最后，西部地区还需要进一步完善能源市场体系，提高能源资源的配置效率，确保能源产业的健康和稳定发展。

三、西部地区产业集群发展及对策

（一）西部地区产业集群发展

产业集群的发展是一个多维度、多层次的综合体现，其深层次的逻辑与国家的宏观经济策略、地方的资源禀赋和产业发展路径紧密相关。近年来，随着中国经济发展模式的转型和国家对于西部大开发的持续推进，西部地区产业集群已成为地区经济增长的新引擎，为国家经济的高质量发展提供了重要支撑。

产业集群是一种经济地理现象，其核心理念是通过地理集中实现产业的专业化与规模化，从而提高生产效率和创新能力。西部地区，得益于其丰富的自然资源、独特的地理环境和文化背景，一系列与地方特色紧密相关的产业集群逐渐形成。例如，四川的电子信息产业集群、宁夏的清真食品产业集群和青海的盐化工产业集群都是基于其地方资源禀赋和产业发展历程的有机结合而形成的。

产业集群的发展不仅仅是单一产业的集中，更是多种产业、多个领域之间的协同和互动。由于历史、文化和经济背景的多样性，西部地区的产业集群的形成往往伴随着产业链的延伸、跨领域的合作以及技术与知识的融合。这种综合性的产业集群为地区经济的多元化发展提供了坚实基础，也为企业间的合作与竞争创造了有利条件。

然而，西部地区产业集群的发展也面临着一系列的挑战。在全球化的背景下，产业集群需要与国内外的市场、技术和资本进行更紧密的连接，以应对外部环境的不断变化。随着资源环境的约束越来越严格，如何实现产业集群的绿色、低碳、可持续发展成为西部地区亟待解决的问题。西部地区需要加强产业策略的制定与实施，提高产业集群的创新能力和核心竞争力，确保其在未来的发展中能够持续创造价值。

（二）西部地区发展产业集群的对策

1. 根据地域优势及产业发展特点科学制定产业集群发展规划

西部地区的独特地域优势为产业集群发展提供了丰富的资源和机会。对于产业集群的发展而言，基于地域资源、文化和经济条件的科学规划是至关重要的。首先，需要对西部地区的资源禀赋、技术能力、市场需求和社会文化进行深入研究，确保产业集群的发展策略与地域特点高度匹配。其次，根据产业发展的阶段性特点，制定长中短期的产业集群规划，明确产业集群的定位、目标和发展路径。最后，确保规划的实施具有灵活性，能够根据外部环境的变化进行及时调整。

2. 政府在产业集群发展中的定位要准确，建立制度创新体系

政府作为产业集群发展的主导力量，其定位和作用是产业集群成功的关键。政府应明确其在产业集群发展中的角色：既是引导者和协调者，又是服务提供者和监管者。通过制度创新，为产业集群发展提供有利的外部环境。例如，可以通过税收优惠、金融支持和人才培育等政策，激励企业加入产业集群，促进产业集群内外的合作与竞争。政府应加强产业集群的监管，确保其健康、稳定、可持续的发展。

3. 做强核心企业，提高中小企业的配套能力，打响区域品牌

核心企业在产业集群中扮演着至关重要的角色，它的发展直接影响整个

集群的稳定性和成长动力。为了增强这些企业的市场地位，技术创新、品牌建设和市场拓展变得尤为关键。与中小企业之间的紧密合作能够提高整个集群的竞争力。这种协同作用不仅能够提高中小企业的配套能力，还能助推整个产业集群形成一个强有力的区域品牌，从而提升其在市场中的知名度和影响力。

4. 对集群内的产业链进行整合，增强产业集群竞争力

产业链的整合对于产业集群的发展来说，具有核心的战略意义。通过对产业链内各环节的深入研究和分析，可以确保其功能明确且高度协同。技术创新、产业升级以及市场拓展策略的应用可以进一步优化产业链，提升其附加值。经过这样的整合，产业集群能够形成明显的竞争优势，确保其在市场竞争中取得有利地位。

5. 培育产业集群文化，构建和谐的区域创新环境

文化对于产业集群的形成和稳固具有深远的影响。深入研究产业集群的文化传统和价值观，以确保其与地域特点、社会背景及市场需求相契合，具有至关重要的意义。通过文化的创新、传播和交流，可以进一步塑造产业集群的独特文化，从而形成强烈的认同感和凝聚力。这样的文化氛围，不仅为产业集群提供了稳定的内部环境，而且为外部的创新环境建设提供了有力的支撑。

第二节　环境规制对西部地区产业结构影响的理论分析

依据经典的产业结构与组织理念，一个国家或地域的产业结构进阶与优化主要受一个国家或者地区的资源禀赋、科技进步、投资需求、产业政策、城镇化水平、人口数量和质量、产业耦合程度等一系列因素影响。如图 6-1

所示，对环境规制的作用机理进行分析。

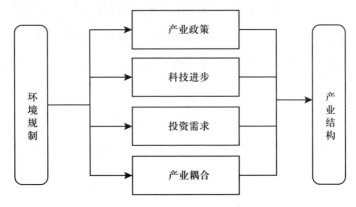

图 6-1　环境规制的作用机理

一、产业政策因素

（一）环境政策的导向性

环境规制策略在经济学中被视为外部性的纠正手段，目的在于引导市场参与者做出对社会福利有益的决策。在中国的西部地区，这种策略显得尤为关键，因为该地区在追求经济增长的同时，也面临着生态环境的巨大压力。环境政策的导向性作用在于其对企业和产业的行为产生约束和激励。具体来说，通过对高污染、高耗能产业实施限制性政策，促使这些产业寻求更加环保、高效的生产模式。相对的，环境友好型产业，如清洁能源和绿色技术领域，可能会受益于各种激励措施，包括税收减免、研发资金支持和市场准入优势等。这种导向性策略的实施不仅为西部地区的产业结构转型提供了明确的方向，还为相关产业的交互与融合创造了条件，进一步推进了产业链的现代化和高度整合。

（二）制度创新与市场响应

环境政策在当代产业结构中占据了不可忽视的地位，尤其是当它作为产业政策的一个重要组成部分时，其影响力和实施成果，很大程度上取决于两大关键因素：制度创新和市场响应。制度创新是环境政策有效实施的核心支柱。例如，为了应对不断加剧的全球气候变化，国家和地方政府逐步设定了更为严格的环境排放标准，从而为企业创造了采纳绿色技术的强烈动力。污染权的交易机制也为污染大户提供了经济手段，使其能够在市场上购买和出售排放权，从而达到排放总量的控制。绿色金融的引入，不仅为环保产业提供了资金支持，还鼓励传统产业转型，积极参与到绿色经济的大潮中。市场响应同样是环境政策取得实效的关键。随着全球民众对环境问题的日益关注，消费者对绿色、低碳、环保产品的需求日益增强。这种市场需求变化，为企业提供了生产和推广绿色产品的巨大机会。与此同时，投资者开始重视绿色产业的长期投资价值，认为其具有更高的增长潜力和更低的风险，从而对环保产业进行大量的资金投入。

（三）跨区域协同与产业链整合

西部地区的产业发展在宏观经济格局中并非孤立存在，其与国内其他地区，特别是经济相对发达的东部和中部地区，形成了错综复杂的经济联系网。环境政策的实施，强调了各地区在产业政策制定与执行中的高度协同需求。这种跨区域的协同，无疑为产业链的整合创造了有利条件，从而在更大范围内提升产业的竞争力。

以资源配置和产业定位为例，西部地区得天独厚的资源和环境优势，使其在原材料采集与初步加工领域具有明显的比较优势。相反，东部和中部地区，凭借其完善的产业基础和技术研发能力，更适合进行高附加值的深加工和制造。这种基于区域特色的产业分工，不仅使各区域能够在其最擅长的领域中获得最大的效益，而且有助于在全国范围内形成一个更为协同、完整和高效的产业生态系统。

这样的产业链整合方式，既能够避免资源的重复浪费，又能确保产业链的各个环节都能得到最优化的配置。这种模式下，各地区之间的经济联系更为紧密，在面对外部经济冲击时能够共同分担风险，提高整体经济的韧性和稳定性。

二、产业耦合因素

（一）环境规制与产业链的紧密结合

环境规制，作为现代经济治理的核心工具，对产业结构的微观调整与宏观布局产生了深远的影响，其在促进产业链紧密结合方面的作用，特别是在高新技术和清洁能源领域，显得尤为突出。环境规制为这些前沿产业创造了广阔的市场空间，也为相关的技术研发、设备制造和服务业带来了新的发展机遇。

以碳排放限制为例，这一政策措施为清洁能源产业带来了更多的市场关注和资金支持。而这种关注与支持，推动了清洁能源与其他产业，如技术研发和设备制造，产生更为紧密的联动。这种联动不单纯是产业链的延伸，更多的是一个完整产业生态的构建。电动汽车产业的兴起与发展，为此提供了一个生动的实例。电动汽车产业不仅仅依赖于汽车制造技术，更需要清洁能源、高新技术和新材料等产业的支撑。这些产业之间形成了一种紧密的产业联动，它们互相协作、相辅相成，共同推动了绿色经济的健康和快速发展。这种跨产业的合作与融合，既增强了各产业的竞争力，又为整体经济的可持续发展提供了有力保障。

（二）环境规制对非环保产业链的影响

环境规制，尽管旨在促进可持续发展，但对于那些不符合环保标准的产业链条，其影响却是深远和多面的。特定的排放标准和环境法规对于高污染、高耗能的产业形成了明确的制约，这种制约不仅仅是简单的限制，更多是对产业的深度整合和重新配置的要求。

煤炭产业，作为一个典型的高污染、高耗能产业，已经受到了环保政策的严格限制。这种限制不仅对煤炭采掘和加工产生了直接影响，还对与其相关的产业链如煤炭机械制造、煤化工等产生了波及效应。由于市场的严格要求，这些产业不得不寻找新的生存之道，这可能是技术创新、产业升级或完全的产业转型。这种转型过程是复杂和多维的，它不仅涉及产业内部的技术和经营模式的调整，还涉及与其他产业的重新耦合。例如，煤炭机械制造业可能需要转向为新能源产业提供设备和技术支持，而煤化工业可能需要寻找更加环保、低碳的生产方法。这种重新耦合不仅为非环保产业提供了新的生存空间，还为整个产业生态的可持续发展打下了坚实的基础。

（三）产业间的新型耦合模式

环境规制所带来的压力和机遇，对传统的产业布局和运作模式提出了新的要求。产业之间展现出了新型的耦合模式，这种模式着重于产业间的互补与融合，强调技术、资本和市场的深度合作。

循环经济和共享经济模式为这种新型耦合模式提供了生动范例。在这些模式中，产业不再是传统意义上的线性结构，而是形成了一个复杂的网络结构。这种结构促进了产业间的资源共享、技术交流和市场合作，使得各产业能够更为灵活地应对外部环境的变化，提高其市场适应能力。这种新型的耦合模式，不仅使得产业能够更好地适应环境规制的要求，更进一步实现了经济效益与环境效益的平衡和双重提升。产业不再是传统意义上的独立存在，而是融入了一个互联互通、互补互助的产业网络中。这种网络不仅加强了产业间的联系和合作，还为西部地区产业结构的持续优化与升级创造了有利条件。这种优化与升级，为区域经济的可持续发展奠定了坚实的基础，也为未来的发展提供了广阔的视野和无限的可能性。

三、投资需求因素

（一）环境规制引导的企业投资策略变革

企业不仅需要对传统的生产和运营模式进行调整，更要在战略层面进行深度思考，确保其在未来的市场环境中具有持续的竞争力。面对越来越严格的环保标准和社会责任要求，企业的资源配置策略开始发生变革。这种变革不仅仅是简单的技术升级或生产流程优化，更多的是对整体投资策略的重新定位。绿色、低碳和循环经济不再是空洞的口号，而是真正引导企业投资决策的核心原则。能源密集型企业在投资决策中，更加重视清洁能源技术的引入和应用。这不仅可以帮助企业降低碳排放，满足政府和社会的要求，更可以提高能源使用效率，从而降低生产成本，增强市场竞争力。同样，制造业在面对资源紧张和环境压力时，开始转向循环生产技术的研发和应用。这种技术不仅可以实现资源的高效利用，还可以延长产品的生命周期，提高企业的品牌形象和市场份额。

（二）金融机构与政府的投资支持

在全球气候变化和环境挑战的背景下，金融机构与政府的投资策略均经历了重大变革。金融机构，特别是大型银行和投资基金，开始更为积极地评估和支持那些具有绿色、低碳特点的项目。这种转变并非仅仅出于对环境的关注，而是深入分析了市场动态和经济效益。随着社会对可持续性的日益重视，消费者对环保产品的需求迅速增加，意味着这些绿色项目在未来具有更加广阔的市场空间和更高的投资回报。

与此同时，为促进绿色经济的发展和响应国际环境保护要求，政府制定了一系列的政策措施。这些措施涵盖财政补贴、税收减免、优惠贷款等多个方面，旨在降低企业投资于环保项目的门槛和成本。这种政策支持不仅为企业提供了明确的方向，还为其带来了实实在在的经济利益。因此，企业在进行投资决策时，更可能选择那些与环保标准相符、并能享受政府优惠政策的项目。这种由金融机构与政府共同推动的绿色投资模式，为产业结构的绿色转型提供了坚实的支持，也为未来的可持续发展创造了有利条件。

（三）投资需求的长期影响

环境规制激发的投资策略调整给西部地区的产业结构和经济增长轨迹留下了深刻的烙印。这种规制不仅是对当前生产和经营模式的挑战，更是对未来发展方向的引导。随着对绿色技术和生产方式的投资逐年加大，西部地区的产业体系呈现出鲜明的绿色、低碳特质。这种特质不仅仅是对外部环境压力的应对，更多的是基于对经济效益的追求。清洁技术和绿色生产方式的引入，对企业的生产效率和资源利用率产生了显著的提升效果。这不仅降低了生产成本，更为企业在日益激烈的市场竞争中创造了差异化的竞争优势。由于消费者和投资者对绿色、低碳产品和服务的需求持续增长，企业通过这种转型获得了更为广阔的市场空间和更高的利润率。因此，西部地区的产业结构转型，不仅使其满足了环保标准，还确保了地区的持续、稳健的经济增长。这种增长，再加上绿色、低碳的竞争优势，为西部地区在国内外市场中树立了良好的品牌形象，为其未来的发展奠定了坚实基础。

四、科技进步因素

（一）环境规制对科技创新的激励作用

环境规制在经济治理中所起的作用已逐渐超越了简单的监管和约束，转化为企业科技创新的重要驱动力。这种规制为企业明确了技术发展的方向和市场的期望，成为企业进行技术创新和市场拓展的重要参考。

在规制的压力下，企业不得不对传统的生产工艺、产品设计和管理模式进行深度的反思和创新。这种自上而下的创新压力使得研发活动在企业战略中的地位得到了明显提升。企业不仅增加了对研发的投入，更重要的是开始探索新的研发模式和方法。由于环境问题涉及多个学科和领域，这种探索往往要求企业打破原有的知识边界，进行跨学科、跨领域的合作和研究，从而促进了不同领域的知识融合和技术交叉。环境规制也为企业打开了新的市场空间。随着社会对环保问题的日益关注，新的环保产品、技术和服务在市场上受到了热烈的欢迎。这为企业提供了新的市场机会，使其可以通过技术创新和市场拓展实现利润的增长。这种由规制引导的技术创新与市场导向的协同，为企业的可持续发展提供了有力支持，同时为整个社会的绿色转型创造了价值。

（二）科技进步与产业结构的演进

科技创新在塑造西部地区产业结构中的作用不可小觑。随着技术进步，生产过程中的效率得到显著提升，这不仅降低了企业的资源和能源消耗，更进一步强化了产业的环保和可持续性特质。例如，新材料技术的突破、生产工艺的不断完善以及先进的污染治理技术的应用，共同助力于显著降低环境污染和生态破坏的风险。而科技进步所带来的新技术和新应用，为西部地区注入了新的产业增长活力。清洁能源技术、绿色建筑设计、环保材料研发等领域，在科技创新的推动下，呈现出蓬勃的发展态势。这些新兴产业不仅响应了全球绿色转型的趋势，更为地区经济注入了新的活力，拓展了经济增长的空间。

技术进步对产业结构的优化起到了决定性的作用。传统的、低附加值的产业逐步让位于高技术、高附加值的产业。这种转型不仅提高了西部地区的产值和利润，还使其产业体系更加符合现代化和国际化的标准。这种由科技进步驱动的产业结构演进，无疑为西部地区的未来发展奠定了坚实基础。

（三）科技进步与环境目标的协同发展

在当今的发展格局中，科技进步与环境保护已不再是相互独立的领域，而是形成了深度的互动与融合。环境规制为科技界描绘了清晰的研发轮廓，指引着创新的方向，而技术创新的不断深化，为实现环境保护目标提供了更为高效和可行的解决方案。在这种交织的关系中，西部地区展现出了显著的双赢特点：一方面，通过采纳和应用先进技术，地区的环境质量得到了显著提升，生态系统更加健康稳定；另一方面，这些新技术和工艺为企业和产业带来了明显的经济效益，包括成本节省、生产效率提高，以及新的市场机会的创造。

随着技术进步，绿色和循环经济的理念逐渐深入人心，为西部地区经济的发展方式提供了新的思路和方向。这不仅意味着资源得以更加高效利用，还意味着在生产和消费过程中对环境的影响得到了最大限度的降低。这种以科技为驱动、环境为导向的发展模式，确保了西部地区在追求经济增长的同时，也注重生态文明的建设。这种平衡与和谐的发展模式，不仅为西部地区带来了短期的经济收益，更为其未来的可持续发展提供了坚实的基石。

第七章 环境规制对西部地区企业竞争力的影响分析

第一节 西部地区企业发展状况

一、西部地区企业发展现状

（一）企业发展的规模

企业发展的规模是一个关键的维度，其不仅是企业经济活动的直接体现，还与企业的管理效率、市场份额和竞争力紧密相关。在全球化和市场经济的背景下，规模经常被视为企业成功与否的一个重要标志。西部地区，作为中国经济发展的新前沿，近年来在国家政策的大力支持下，企业发展迅速，但其规模仍然与东部和中部地区存在明显的差距。这种差距的形成与西部地区的特定地理、经济和文化背景有关。西部地区的广阔土地、丰富的资源和低廉的劳动力为企业提供了独特的发展机会，但由于其地理位置偏远、基础设施落后和人才短缺等因素，企业规模的扩张受到了一定制约。

在环境规制的背景下，西部地区企业面临着更为复杂的挑战。环境规制要求企业在生产和经营活动中加强环境保护，无疑增加了企业的运营成本。对于规模较小的企业，这种增加的成本可能会对其生存和发展产生严重的威胁。但从另一个角度看，环境规制为企业提供了新的发展机会。在绿色经济和可持续发展的大背景下，遵循环境规制的企业可能会获得市场的认可和消费者的青睐，从而实现规模的扩张。

西部地区的企业在规模发展上也面临着与其他地区不同的内部和外部环境。在内部环境方面，由于西部地区的历史、文化和教育背景，企业管理和人才培养存在一定的短板。这些短板可能会限制企业规模的扩张和竞争力的提高。在外部环境方面，西部地区的市场相对较小，消费能力较低，可能会限制企业规模的扩张。但与此同时，西部地区的资源丰富、政策扶持力度大，这为企业提供了扩大规模的机会。

从长远的角度看，环境规制对西部地区企业规模的影响是双面的。一方面，环境规制增加了企业的运营成本，限制了规模的扩张；另一方面，环境规制也为企业提供了新的发展机会，促进了规模的扩张。对于西部地区的企业来说，如何在环境规制的背景下，合理地调整策略，充分利用内部和外部资源，实现规模的扩张，提高竞争力，是一个值得深入探讨的问题。

（二）企业创新的环境条件

1. 企业创新真正成为企业的需要

面对复杂的市场环境和日益严格的环境规制，企业创新已经真正成为企业自己的需要。这种需要不仅来源于外部的竞争压力，也来源于企业内部对持续增长和提高竞争力的追求。随着国家对西部大开发政策的持续推进，该地区逐渐成为全国乃至全球的投资热点。西部地区的企业面临着前所未有的机遇和挑战。一方面，丰富的自然资源、巨大的市场潜力和有利的政策环境为企业提供了广阔的发展空间；另一方面，日益激烈的市场竞争和日趋严格的环境规制要求企业必须不断创新，才能在竞争中脱颖而出。从广义上说，包括所有影响企业创新活动的外部和内部因素。这些因素既包括政策、经济、技术、文化等宏观因素，也包括企业自身的资源、能力、战略等微观因素。

从宏观层面看，西部地区的政策环境为企业创新提供了有力的支持。国家对西部地区的扶持政策，不仅为企业提供了资金和技术支持，还为企业创新提供了广阔的市场空间和政策便利。西部地区的经济环境也为企业创新提供了有利的条件。随着经济的持续增长，消费者的需求日益多样化，这为企业提供了广阔的市场机会。而技术和文化环境，虽然相对落后，但也在逐渐改善，为企业创新提供了更为丰富的资源和更为开放的氛围。从微观层面看，西部地区企业在创新活动中面临着更为复杂的挑战。由于历史和文化的原因，西部地区的企业在管理、技术和人才方面存在一定短板。这些短板限制了企业创新的速度和效果。但同时，西部地区的企业也具有独特优势。例如，由于地理位置的原因，西部地区的企业更容易接触到国外的先进技术和管理经验，这为企业创新提供了有力支持。西部地区的企业在面对竞争和挑战时，往往更为勇敢和坚韧，这种企业文化也为企业创新提供了有力的动力。

2. 企业创新的文化氛围与必需的人才

创新作为企业发展的核心动力，其成功与否往往取决于企业内部的文化氛围。一个鼓励创新、容忍失败、追求卓越的文化氛围，可以激发企业员工的创意和激情，推动企业不断前进。西部地区，受其特有的历史和文化背景影响，企业往往具有更强的风险承受能力和创新意愿。这种文化氛围为企业提供了一个有利的环境，使其在面对外部竞争和内部挑战时，都能保持一种积极向上、敢于尝试的态度。

仅有一个良好的文化氛围是不足以支撑企业持续创新的。人才，作为企业创新的关键因素，其重要性不言而喻。西部地区由于其地理位置偏远、经济发展相对滞后，长期以来在人才培养和吸引方面存在一定劣势。但随着国家对西部大开发政策的持续推进，这一劣势正在逐渐得到改善。越来越多的高校和研究机构在西部地区设立，为当地企业提供了丰富的人才资源。许多西部地区的企业也意识到人才的重要性，纷纷加大对人才的培养和引进力度。

西部地区的企业逐渐形成一个独特的创新模式。这种模式既充分利用了当地丰富的资源和有利的政策环境，也注重培养和吸引高质量的人才。这使得西部地区的企业在面对日益严格的环境规制时，仍然能够保持其竞争力，甚至在某些领域实现了跨越式的发展。尽管西部地区的企业在创新的文化氛围和人才方面取得了一定进展，但仍然面临着许多挑战。如何进一步完善企业文化，使其更加符合现代企业的发展需求；如何在竞争激烈的市场中，持续吸引和留住人才；如何在遵守环境规制的同时，找到新的增长点，都是西部地区企业未来需要深入研究和解决的问题。

3. 企业创新的综合资源

企业创新的综合资源是决定其创新能力和效果的关键因素。创新资源不仅包括技术、资金和人才等传统的资源，还包括知识、信息、网络和文化等软性资源。西部地区的企业在创新资源的获取和利用上存在着独特的优势和挑战。这些优势和挑战既与西部地区的地理、经济和文化背景紧密相关，也与国家和地方政府的政策、市场的变化和技术的进步等外部因素有关。

从优势方面看，西部地区的企业在创新资源的获取上具有明显的地理和政策优势。由于西部地区的地理位置独特，其丰富的自然资源为企业提供了丰富的技术和资金资源。例如，西部地区的矿产、能源和生物资源都是国内乃至全球的重要供应地，这为当地的企业提供了稳定和低成本的原材料供应。由于国家对西部大开发的政策扶持，西部地区的企业在获取资金、技术和信息等资源上也享有一定的优惠。这些优势为西部地区的企业创新提供了有力的支持。但同时，西部地区的企业在创新资源的配置和利用上也面临着一系列的挑战。首先，由于西部地区的经济发展相对滞后，其企业在技术、资金和人才等关键资源的配置上存在一定的短板。这些短板可能会限制企业创新的速度和效果。其次，西部地区的企业在知识、信息和网络等软性资源的获取和利用上存在一定劣势。西部地区的企业在知识创新和信息交流上相对闭塞，这可能会影响其创新的方向和深度。

西部地区的企业如何有效地配置和利用创新资源,成为其发展的关键问题。许多西部地区的企业开始寻求外部合作,与国内外的企业、高校和研究机构建立合作关系,共同开展技术研发和市场开拓。这种合作不仅为西部地区的企业提供了丰富的创新资源,还为其提供了一个开放和多元的创新环境。

4. 崇尚创新的文化氛围

文化氛围是决定企业行为、决策和竞争力的一个关键因素。在当代经济中,随着技术的飞速发展和市场环境的日益变化,企业创新已经成为确保其竞争力的核心手段。这种文化氛围不仅能够激发企业员工的创意和激情,还能够为企业创新提供一个有利的外部环境和内部机制。由于西部地区的地理、经济和文化背景,其企业在发展过程中形成了一种与众不同的创新文化。这种文化不仅注重技术和市场的创新,还注重管理和组织的创新。这为西部地区的企业在面对日益激烈的市场竞争和日趋严格的环境规制时,提供了有力的支持。

崇尚创新的文化氛围并不是一蹴而就的,它需要企业长期的努力和坚持。西部地区,由于其历史和文化的原因,许多企业在创新文化的建设上面临着一系列的挑战。这可能会影响企业创新的方向和深度。尽管西部地区的企业在创新文化的建设上面临着许多挑战,但其在创新实践上取得了显著成果。许多西部地区的企业通过与外部合作伙伴的深度合作,成功地引进了先进的技术和管理经验,实现了技术和市场的双重突破,使其在环境规制的大背景下,持续提高其竞争力。

(三)管理机制

管理机制是任何组织或企业中不可或缺的核心部分,它关乎组织如何运作,如何做出决策,以及如何对外部环境变化做出反应。由于西部地区特殊的地理、经济和社会背景,企业的管理机制也呈现出与其他地区不同的特点。

西部地区,长期以来受制于其地理位置偏远、基础设施不足和经济发展水平相对滞后等因素，这些因素不仅影响了企业的生产和经营活动，也影响了企业的管理思想和方法。为适应这种复杂的外部环境，许多西部地区的企业形成了一种灵活、务实的管理风格。这种风格注重短期的利益和效果，强调与地方政府、社区和其他利益相关者的合作和协调，同时注重技术和市场的创新。随着国家对西部大开发政策的推进，西部地区的经济环境发生了深刻的变化。一方面，随着基础设施的改善和外部投资的增加，西部地区的企业面临着前所未有的机遇和挑战。这些机遇和挑战要求企业不仅要有强大的生产和市场能力，还要有先进的管理理念和方法。另一方面，随着环境保护意识的增强，西部地区的企业面临着日益严格的环境规制。这种规制给企业的生产和经营活动带来了额外的成本和风险，同时也为企业的管理带来了新的挑战。

西部地区的企业因此开始重新审视其管理机制，寻找更为合理和有效的管理方法。许多企业开始引入现代的管理理念和工具，如战略管理、质量管理和知识管理等，以提高其管理效率和效果。许多企业也开始加强与外部伙伴的合作，共同开展技术研发和市场开拓，以应对外部环境的变化和挑战。

二、西部地区企业发展制约机制

（一）西部企业发展制约机制的内涵

在探索西部地区企业的发展制约机制时，其内涵是核心的研究维度。西部企业发展制约机制的内涵涉及内部和外部的因素，这些因素可能会阻碍企业的健康、持续和快速发展。这种制约机制与西部地区的特定地理、经济、社会和文化背景密切相关，同时受到全球经济和技术趋势的影响。

西部地区，由于其独特的地理位置、丰富的自然资源和复杂的历史背景，其企业发展制约机制的内涵具有其特定性。例如，西部地区的地理位置偏远，导致其基础设施相对落后，这对企业的生产和市场活动带来了一定的制约。

西部地区的自然环境脆弱，导致其在环境保护方面面临更为严格的规制，这为企业的生产和经营活动带来了额外的成本和风险。再者，西部地区的社会和文化背景也为企业发展带来了一定的制约。例如，由于历史和文化的原因，西部地区的企业在人才培养、技术创新和市场开拓方面存在一定的劣势。

在实际的经济活动中，这些制约因素间存在着复杂的互动关系，这种关系可能会放大或减弱某些制约因素的影响。虽然西部地区的基础设施落后，但由于国家对西部大开发的政策扶持，许多基础设施项目得到了快速的建设，这为企业的生产和市场活动提供了有力的支持。西部地区在环境保护方面面临更为严格的规制，但随着技术的进步和市场的变化，许多企业已经找到了新的生产和经营模式，这使得它们在环境规制的大背景下，仍然能够保持和提高其竞争力。

（二）西部企业发展制约机制的特征

1. 复杂性

这是西部企业发展制约机制的一个核心特征。复杂性体现在多个维度上。地理上，西部地区的广袤和多样性导致了其内部存在着多种经济类型和发展模式。由于历史和文化的积累，西部地区的社会结构和价值观呈现出一种复杂的格局。企业在资源配置、技术创新和市场开拓上都面临着复杂的选择。而外部环境，如政策调整、市场变化和技术进步等，也为企业发展带来了复杂的制约和机遇。

2. 系统性

西部企业发展的制约机制不仅是单一因素的简单叠加，而且是多个因素在一定的结构和逻辑中相互作用的结果。这种系统性体现在制约因素的内部关系和外部环境上。在内部关系上，资源、技术、市场和文化等因素在一定的逻辑和结构中相互影响，共同决定了企业的发展路径和效果。在外部环境上，政策、市场和技术等因素在一定的时空背景下相互作用，共同影响了企业的竞争态势和发展机会。

3. 循环性

循环性体现在企业发展的过程和效果上。由于西部地区的特殊性，其企业在发展过程中可能会经历一系列的起伏和变化。这些起伏和变化既与企业内部的资源配置、技术创新和市场开拓有关，也与外部环境的政策调整、市场变化和技术进步有关。而这些起伏和变化又可能反过来影响企业的内部和外部环境，形成一种循环的互动关系。

（三）西部企业发展制约机制的作用机理

1. 外部因素的制约作用

（1）政府维度的制约作用。

政府作为一个关键的外部参与者，在企业的发展过程中发挥着重要的制约和推动作用。由于西部地区的特殊地理、经济和社会背景，政府在制定和实施政策时往往需要考虑到这些特殊因素。这些政策可能与东部和中部地区存在差异，从而为西部地区的企业发展带来特定的制约。例如，为了保护脆弱的生态环境，政府可能会对某些高污染、高耗能的产业实施限制或禁止，这对相关企业的生产和经营活动构成了直接的制约。由于历史和制度的原因，西部地区的资源配置往往受到政府的强烈干预。这种干预可能会导致资源的不合理配置，从而影响企业的效率和竞争力。政府在市场准入、产业发展和技术创新等方面可能会实施一系列的政策措施，这些措施既可能为企业提供机会，也可能带来制约。

政府维度的制约作用并不是绝对的。随着市场经济的深化和政府职能的转变，政府在企业发展过程中的角色也发生了变化。许多传统的制约因素已经得到了缓解，而一些新的机会和挑战也随之出现。例如，政府在基础设施建设、技术创新和人才培养等方面加大了投入，为企业提供了有力的支持。政府也加强了与企业的合作和沟通，为企业提供了一个更为开放和多元的发展环境。

（2）市场维度的制约作用。

市场，作为经济活动的核心载体，对企业的发展起到决定性的作用。西部地区，尽管拥有丰富的资源和独特的文化背景，但在市场维度上所面临的制约显得尤为明显。这些制约不仅限制了西部企业的生存和成长空间，也对其在全国甚至全球市场的竞争力产生了深远的影响。

市场维度的制约作用主要体现在西部地区市场的特殊性上。由于历史、地理和文化的原因，西部地区的市场化程度相对较低，市场运行的规范化和透明化程度也不尽如人意。这导致了西部地区的企业在资源配置、技术创新和市场开拓上都面临着一系列的挑战。尤其是在供需市场上，由于本地市场的容量和需求有限，以及外部市场的竞争和壁垒，西部企业在获取原材料、中间投入品和最终产品的市场上都面临着较大的压力。西部地区的人才流失问题也加剧了市场维度的制约。许多有能力和潜力的人才选择离开西部，前往东部沿海或其他地区发展，导致了西部地区的人力资源成本相对较高，同时影响了企业的技术创新和市场开拓能力。再者，由于西部地区的地理位置偏远，其运输和物流成本也相对较高，这为企业的生产和销售活动带来了额外的制约。

西部地区企业所面临的市场制约并不是孤立的。这些制约与政府政策、社会文化和全球经济趋势等因素紧密相关，形成了一个复杂的互动关系。例如，政府在推进西部大开发政策时，可能会为企业提供一系列的政策扶持和优惠，但这些扶持和优惠在一定程度上可能加剧了市场的不确定性和风险。同样，随着全球经济的变化，西部地区的企业在全球市场上的竞争态势也发生变化，为其市场发展带来了新的机遇和挑战。

（3）产业维度的制约作用。

产业维度的制约作用对于西部地区企业的发展起到了关键作用。西部地区，尽管资源丰富，但其产业结构长期以来存在着一定的单一性和低端性。

多数产业集中在初级加工和资源开采，缺乏高附加值和技术密集型的产业。这种产业结构的局限性不仅限制了西部地区的经济增长潜力，也使其在全国甚至全球的产业链中处于较低的位置。随着全球经济的发展和变化，这种产业结构的弱点日益凸显，导致西部地区企业在市场竞争中处于不利地位，同时面临着环境压力和资源枯竭的风险。由此可以看出，产业维度的制约作用对西部企业的竞争力构成了重要的影响。

西部地区的产业转型和升级也面临着一系列的挑战。由于长期的产业路径依赖，西部地区在技术创新、人才培养和市场开拓上存在一定的滞后。这种滞后不仅影响了企业的生产效率和市场反应能力，也限制了其在新的产业领域中的发展机会。西部地区的企业在追求经济效益的同时，需要考虑环境保护和资源可持续利用。这为企业的发展带来了新的机遇，也提出了新的要求。

2. 内部因素的制约作用：企业维度

西部地区企业在资源配置、技术创新和市场开拓等方面都面临着一系列的内部制约。由于历史和地理的原因，西部地区的企业往往在规模、技术和管理上都存在一定的滞后。这种滞后使得企业在追求经济效益和市场份额时需要面对一系列的内部挑战。例如，由于资源的有限性和不均衡性，企业在生产和经营活动中可能会面临着成本上升、效率下降和风险增加的问题。由于技术的滞后和管理的不完善，企业在技术创新、市场开拓和人才培养上也可能面临着一系列的困难。这些困难不仅限制了企业的生存和成长空间，也影响了其在市场竞争中的地位和影响力。

西部地区企业在应对内部制约时也展现出一定的积极性和创造性。许多企业在面对资源、技术和市场的挑战时，采取了一系列的策略和措施，试图打破内部的制约，实现其发展的突破。这些策略和措施既包括技术创新、市场拓展和人才培养等传统的方法，也包括与外部企业、研究机构和政府部门的合作和联盟等新的方式。这些努力在一定程度上缓解了企业的内部制约，为其发展创造了新的机会。企业在应对内部制约时可能面临着新的风险和挑战。这些风险和挑战既与企业的内部条件和外部环境有关，也与其战略选择和实施效果有关。

第二节　环境规制对西部地区企业竞争力影响的理论分析

一、环境规制对提高企业竞争力的作用

（一）环境保护是企业生存和发展的前提条件和保证

在现代经济场景中，环境保护不仅上升为道德和伦理层面，而且已经与企业的生存和发展紧密绑定。特别是在资源丰富而生态环境较为脆弱的西部地区，环境保护显得尤为重要，成为企业不能忽视的核心议题。企业如果过度开采资源、采纳不负责任的生产方式或忽视环境保护的重要性，可能会导致资源的枯竭和生态的失衡，进而对企业的长期发展构成威胁。除此之外，随着消费者、股东和其他利益相关者对环境保护意识的日益增强，企业的环境绩效已经变成了其品牌形象和市场地位的重要组成部分。企业的环境保护不仅仅是其生存的基础条件，更是推动其持续发展的关键保障。通过实施可持续的生产和运营模式，企业能够确保其对环境的负面影响最小化，同时能够在日益激烈的市场竞争中保持其竞争力和领先地位。

（二）环境规制为企业创新提供新的契机和动力

环境规制对企业提出了一系列的要求和标准，这些要求和标准往往成为促使企业走向创新之路的重要契机和动力。特别是在资源丰富而生态环境较为脆弱的西部地区，企业面临的环境挑战更为严峻，这无疑促使企业在技术、管理和市场等多方面寻求创新的解决方案。例如，为了满足环境规制的严格要求，企业可能会投入资源研发更为环保、节能的产品和技术，这不仅能够

有效降低生产成本，同时能增强企业在市场上的竞争力和影响力。进一步说，环境规制也为企业打开了与政府、学术研究机构和其他企业合作的大门，这种跨界合作不仅有助于企业获取新的知识、技术和市场资源，同时能推动企业在产品和服务上实现创新，从而在日益激烈的市场竞争中保持领先地位。环境规制实际上成为了推动企业持续创新和发展的重要动力，也体现了环境保护和企业发展之间的积极互动和协同效应。

（三）环境规制刺激企业提高资源利用率

随着全球资源的日益稀缺，提高资源利用率已经成为企业追求可持续发展的关键因素。环境规制，作为一种外部的制约和引导机制，刺激企业更加重视资源的有效利用，以降低生产成本并减轻对环境的负担。特别是在资源有限性和生态环境脆弱性较为突出的西部地区，企业在资源利用上面临着更大的压力和挑战。为了满足环境规制的要求，企业可能会采取一系列的创新和改进措施，如优化生产流程、采用循环经济模式和提高废弃物回收利用率等。例如，企业可能会通过引入先进的生产技术和管理理念，实现生产过程的精细化管理，减少资源浪费。通过采用循环经济模式，企业可以实现资源的多次利用和价值最大化，如通过废弃物回收再利用，降低原材料成本。这些措施不仅有助于企业降低生产成本和提高经济效益，同时能增强其在市场上的竞争力和社会责任感。

（四）良好的环境表现成为企业的核心竞争优势

在现代全球化的经济环境中，企业的环境表现已逐渐演变为其核心竞争优势的重要组成部分。消费者、股东和利益相关者的环保意识日益增强，他们都越来越关注企业在环境保护方面的责任和表现。由于西部地区独特的地理、经济和文化背景，企业的环境表现受到了特别的关注和评估。那些能够严格遵循环境规制、积极推行可持续发展战略的企业，通常能够在市场上占据有利位置，获得更高的市场份额、更好的品牌形象和更强的市场竞争力。

例如，通过投入研发环保技术和产品，企业不仅能满足严格的环境规制要求，也能满足市场和消费者对绿色产品的高需求，从而提高其市场份额和品牌声誉。良好的环境表现也是企业履行社会责任的明确体现，它有助于建立企业的正面公共形象，提高其在投资者和利益相关者中的信任度。

二、环境规制对企业竞争力影响分析：理论研究

（一）环境规制对生产成本的影响分析

1. 环境成本的分类

在现代经济学和环境经济学的交汇点上，环境成本被视为一个关键的概念，它揭示了经济活动与生态系统之间的复杂互动。从学术的角度看，环境成本可以细分为三个独特的类别，三者共同构成了企业或经济体在生产活动中与环境互动的经济维度。

（1）环境使用成本。这类成本体现了自然资源在生产过程中的直接消耗。根据经典的生产理论，资源是生产要素之一，与劳动、资本和技术一同参与生产活动。当资源被利用于生产过程中时，其固有的价值即被转化为环境使用成本。这种成本的核心在于资源的稀缺性与其替代性。更稀缺的资源往往带有更高的使用成本，因为它们的边际效用在经济活动中更为显著。

（2）损害环境的成本。这部分成本源于生产活动对环境产生的负面影响。在经济学中，这种影响被称为"外部性"，即企业的生产活动可能会对其他未参与交易的一方造成损害。这种损害可能是对人类健康的威胁、生态系统的破坏或其他社会经济活动的干扰。损害环境的成本是企业的间接成本，因为它们并不直接涉及生产过程，但最终可能会以法律责任、声誉损失或其他形式的经济损失反映在企业的经济表现上。

（3）保护环境的成本。为了减轻或消除对环境的负面影响，企业或经济体可能需要进行某些投资或采取某些措施，这些投资或措施产生的成本即为

保护环境的成本。这可以包括技术更新、流程优化、污染控制设备的安装等。这种成本分为事前的预防成本和事后的治理成本。从微观经济学的角度看，这种成本是企业为了避免潜在的外部成本或为了遵守法规而进行的投资。

2. 环境规制对生产成本的影响分析

环境规制往往要求企业采用更为环保的生产方式、技术和设备。这可能意味着企业需要投资于新的技术、更新其生产流程，甚至改变其产品的设计和结构。这些变化可能会导致生产成本的增加，因为新技术和新设备的采购、安装和维护往往需要更高的资金支出。

在长远的时间尺度上，环境规制可能会驱使企业进行技术和管理创新，从而提高其生产效率和市场竞争力。例如，为了满足排放标准，企业可能会研发新的清洁生产技术，这些技术在降低污染的同时，也可能提高生产的效率和质量。随着消费者对环保产品的需求增加，那些遵循环境规制生产的企业可能会获得更高的市场份额和利润。环境规制有助于减少企业的外部成本。这些外部成本包括因污染造成的公共健康损害、生态环境破坏以及与此相关的社会经济成本。当这些成本被内部化，即转化为企业的直接成本时，企业有更强的动机去减少其生产活动的负面影响。这不仅有助于提高社会的总体福祉，也可能为企业带来长期的经济利益，因为它们能够避免因污染造成的法律纠纷和声誉损失。

（二）环境规制对技术创新的影响分析

"创新"的概念最早可追溯到1912年，熊彼特在其著作中提出：创新是指把一种新的生产要素和生产条件的"新结合"引入生产体系。[1]

1. 环境规制对企业技术创新驱动系统的影响

环境规制对企业技术创新的驱动系统产生了显著的影响。当面临更为严

---

① 李瑞丽,蔡炳育.大学生入学教育——大学生活你准备好了吗？［M］.苏州:苏州大学出版社,2021.

格的环境标准和要求时，企业往往会积极地寻求技术解决方案来满足这些标准。这种创新驱动常常激发企业研发更为环保、高效的产品和生产流程。例如，为了达到碳排放的目标，企业可能会探索清洁能源技术或提高能源效率。这样的外部压力实际上为企业提供了一个机会，使其从传统的生产方式转向更为绿色、可持续的创新路径。

2. 短期内环境规制对企业技术创新阻力系统的影响

短期内，环境规制可能会为企业的技术创新带来某种程度的阻力。环境标准的提高意味着企业在生产和运营中可能面临更高的直接成本。对于一些小型和中型企业，尤其是那些缺乏资金和技术能力的企业，这种成本压力可能会阻碍它们进行研发和创新活动。环境规制的不确定性，如政策的变动或实施标准的调整，可能会导致企业对未来投资持谨慎态度，从而暂时放缓其技术创新的步伐。

3. 长期内环境规制对企业外部创新阻力的影响

从长期的角度看，环境规制可能会改变企业与其外部创新生态系统的互动。由于规制的存在，企业可能更加倾向于与其他企业、研究机构或高等教育机构进行合作，以分享研发的风险和成果。这种外部合作可以帮助企业更快地获取新的技术和市场信息，从而加速其创新进程。但同时，过于严格或不明确的环境规制可能会造成外部合作伙伴关系的紧张，因为合作方可能对如何共同满足这些规定持有不同的观点。

三、基于环境规制对企业竞争力影响的政策建议

（一）国家层面的政策建议

1. 改革国内现行环境规制体制

改革国内现行的环境规制体制面临的核心挑战是如何重新定位和调整相关机构的角色与职能。为此，有必要从自上而下的环境规制方式转向自下而

上的方式。这种变革主张政府在环境规制中的职能由直接行政管理转向更加宏观的行政规制。这意味着环境保护与管理的相关机构应集中在专门的环境规制部门，而这个部门与地方政府的关系应当明确，避免不必要的交叉或重叠。环境污染问题往往不受行政区域的限制，因此依靠行政区域进行环境管理的方式显然不够。为解决这个问题，建议创建一个跨区域的垂直环境规制体制。这一体制能够打破传统的多部门、多渠道的管理方式，整合环境管理的相关权力，并确保环境规制部门与各级政府之间有明确的分离。这样，环境规制部门在进行环境立法、执法和权力行使时能够保持其公正性，从而更有效地应对各种环境问题。再者，各部门间的整体协调协作是提高环境规制效率的关键。目前存在的机构重复设置、职能部门交叉和部门间职责不清的问题都需要解决。加强对环境立法、执法和处罚过程中的监督体制建设，能够有效防止腐败现象，从而提高环境规制的整体效果和效率。

2. 完善国内现有环境规制体系

（1）环境规制法律体系方面。

国家层面上，环境法律体系的完善是确保可持续发展和环境保护的基石。在法律体系的建设中，应重视对历史法律法规的梳理、评估和修订，确保它们适应时代的发展和当前环境的挑战。在立法过程中，必须注重公众参与，以增强立法的透明度和公信力。对于新的环境问题和挑战，如气候变化、生物多样性丧失等，应及时出台相应的法律法规。加强与国际环境法律的对接和合作，学习和引入先进的法律理念和实践经验，使国内环境法律体系与国际接轨，从而更好地应对跨境环境问题。

（2）环境规制标准体系方面。

环境规制标准体系是保障环境质量和公众健康的技术基础。在制定和修订环境标准时，必须基于科学研究和实证数据。这意味着加强对环境污染物的危害性、风险和影响的研究，确保标准的科学性和可行性。应考虑技术的可得性和经济的合理性，避免对产业和公众造成不必要的经济负担。加强与国际环境标准的对接，参考和学习国际上先进的标准制定经验和方法，确保国内环境标准与国际接轨。在实施过程中，应加强对标准的解释和指导，以确保标准的统一性和准确性，避免标准的滥用和误用。

（3）环境规制方法体系方面。

环境规制方法体系是实施环境规制的具体手段和途径。在方法体系的完善中，注重方法的科学性、可行性和经济性。这意味着对规制方法进行严格的科学评估和实证测试，确保其在实际应用中的有效性。鼓励创新和研发新的规制方法，以应对新的环境问题和挑战。加强对方法的培训和指导，提高各级规制部门和企业的规制能力和水平。注重与公众的沟通和协作，提高公众的环境意识和参与度，形成共同规制、共同保护的良好氛围。

（4）环境监督体系方面。

环境监督体系是保障环境规制有效实施的关键。在监督体系的建设中，应注重监督的独立性和公正性，确保监督行为不受任何干扰和影响。加强对监督人员的培训和指导，提高其业务水平和道德素养。应注重与公众的合作，利用公众的监督力量，鼓励社会各界参与环境监督，构建多元化的监督机制。对于监督发现的问题，应及时公开，并确保问题得到有效整改，防止类似问题的再次发生。对于违反环境法律法规的行为，应依法进行处罚，确保法律的权威性和严肃性。

3. 加大环境规制的资金投入

经济学领域，外部性指经济活动对非参与者造成的影响，而这种影响在市场交易中并未得到妥善处理。环境污染便是典型的负外部性，企业的生产活动可能对环境产生污染，但这种损害往往未在其生产成本中反映。为了纠正这种市场失灵，政府实施环境规制并对企业施加限制。有效的环境规制需要资金来支持监测、执法和技术创新。通过加大资金投入，可以确保规制政策的实施，进而调整企业的生产行为，引导其向更环保、更高效的技术和生产方式转型，从而提高企业的竞争力。

4. 完善信息传导机制，降低监督成本

信息不对称在经济学中被广泛研究，它存在于许多市场交易中，特别是在环境问题上。企业可能比规制者更了解其生产过程和污染排放，这使得监管者难以有效地实施环境规制。为了解决这个问题，政府需要建立一个完善的信息传导机制，使信息在政府、企业和公众之间自由流动。通过开放数据平台、环境信用体系和透明的报告机制，可以降低监督成本，使规制更为高效。当企业知道其环境行为受到公众和监管者的关注时，它们会更加重视环境责任，从而提高其在市场上的竞争力。

5. 针对不同类型企业，实施不同的环境规制政策

企业的规模、技术和市场定位决定了其对环境规制的反应。小型企业可能因资金和技术限制而难以应对严格的环境标准，大型企业则可能有更多的资源来应对这些挑战。因此，一刀切的环境政策可能不是最佳选择。基于产业组织理论，政府应根据企业的特点和市场状况制定差异化的环境政策。例如，为小型企业提供技术支持和财务补贴，鼓励大型企业进行技术创新和绿色生产。这种差异化的策略不仅可以确保环境政策的实施，还可以提高企业的市场竞争力。

（二）企业层面的政策建议

1. 提升环保意识，积极进行企业创新

企业文化和价值观被认为是推动企业行为的核心因素。环保意识不仅与企业的社会责任相一致，而且可以为企业带来长期竞争优势。通过绿色创新，企业可以研发出更高效、更环保的产品和生产过程，满足市场对可持续产品的需求。研究显示，环保创新可以提高企业的市场份额、品牌价值和盈利能力。

2. 优化产品生产结构，积极开发新产品

当市场环境和消费者偏好发生变化时，企业需要调整其产品结构以适应

市场的变化。在环境问题日益突出的今天，消费者对绿色、环保的产品需求逐渐增强。企业通过调整产品结构，开发新的、符合市场需求的产品，可以获得市场的先机优势。

3. 构建有效的人才激励机制，提升企业竞争力

员工是企业最宝贵的资源。有效的人才激励机制可以激发员工的创造性和积极性，从而提高企业的竞争力。特别是在环保和创新领域，激励和培训员工，使其具备绿色思维和创新能力，对企业的长远发展至关重要。

4. 多渠道融资，走新型发展之路

企业金融理论指出，资金是企业生产和经营的基础。多渠道融资意味着企业不仅依赖传统的银行融资，还可以通过股权融资、债务融资、众筹等多种方式获取资金。这为企业提供了更大的灵活性，使其能够有效应对各种风险，并投资于环保和创新项目。

5. 加强对外技术合作，降低创新风险

技术创新是现代企业竞争中的关键，但它也伴随着高风险。技术经济学认为，通过对外技术合作，企业可以获得先进的技术和知识，降低创新的成本和风险。与外部研发机构、高等教育机构和其他企业的合作，可以加速技术研发和转化，提高企业的市场竞争力。

第三节　环境规制下西部地区企业的环境管理方式

一、从环境管理的角度出发

（一）流域环境管理

流域环境管理是一种基于整个水流域区域的环境保护和管理策略，它致力于在宏观层面上保障与恢复水流域的生态系统健康和功能性。水流域作为

自然形成的地理和水文单元，其内部的生态、水文和地理系统是高度互相关联、相互影响的。西部地区的山脉、河流和湖泊构建了复杂多样的水流域系统，使得流域环境管理在此地区显得尤为重要和紧迫。这种管理策略充分考虑了流域内各种环境因素的相互关系和影响，如水资源的分布和循环、土壤的质量和功能、生物多样性的保护和恢复，以及人类活动对这些资源和系统的影响。

对于西部地区的企业而言，意味着它们在生产和经营活动中需全面考虑其对整个流域环境的影响，而不仅仅是其直接的业务地点或单一环节。例如，一个位于上游的企业的生产排放可能会对下游的水质和生态系统产生显著影响，此时，流域环境管理强调了上下游企业之间的合作和协调，以及与政府、社区和其他利益相关者的合作，以实现流域内环境质量和生态系统健康的持续改善。流域环境管理为促进水资源的可持续利用、保护生态系统和促进地区可持续发展提供了一个有效且综合的框架和方法，以实现各方利益的和谐统一和长期的共赢。

（二）区域环境管理

区域环境管理是一种聚焦于特定地理区域或生态系统内环境保护和管理的策略，它强调综合性、多维度的管理视角。与流域管理不同，区域环境管理不仅关注水资源的保护和利用，而且涵盖了该区域内的所有自然资源和环境要素，如土地、林木、矿产、空气质量以及生物多样性等。在复杂多样的西部地区，企业在其经营活动中需充分考虑到本地的环境特点和挑战。通过实施区域环境管理，企业能够更为深刻地理解和应对本地的环境压力和风险，例如土地退化、水资源短缺或生物多样性的丧失。这种管理策略有助于识别和评估企业活动对本地环境可能产生的影响，从而制定和执行更为合理和可持续的生产与运营策略。

区域环境管理同时鼓励企业与当地社区、政府机构和其他利益相关者建立合作关系，共同努力实现可持续的地方发展和环境保护。通过与地方社区和环保组织的合作，企业能够获取更为准确和实时的环境数据及信息，同时能够共同开展环保项目和活动，以提升企业的环境表现和社区的环境质量。

（三）行业环境管理

行业环境管理指根据特定行业的特点和需求制定和实施的环境管理策略，它针对的是不同行业特定的环境影响和挑战。例如，矿业可能面临着土地破坏、水污染和废弃物处理的问题，而农业可能与农药和化肥污染、土壤退化及生物多样性丧失等环境问题密切相关。因此，行业环境管理是根据特定行业的环境风险和挑战而量身定制的管理策略和措施。对于西部地区的企业而言，这意味着它们需要深刻理解和严格遵循与其相关的行业环境标准和最佳实践，以确保其生产和经营活动对环境的负面影响降至最低。行业环境管理还鼓励同行业内的企业间进行合作和交流，共享环境保护的经验和技术，推动行业内环境管理水平的提升。例如，通过行业协会或专业组织，企业能够共同探讨和分享环保技术、节能减排的最佳实践和环境监测方法，从而提高整个行业的环境管理能力和水平。行业环境管理还可以促使企业与政府、研究机构和环保组织等外部利益相关者建立合作关系，共同开展环境保护的研究和项目，以应对行业特定的环境问题和挑战。

（四）部门环境管理

部门环境管理指在特定的行政部门或机构内部开展的环境管理活动，其核心是确保行政决策和执行过程中充分考虑和优化环境影响。与行业环境管理相似，部门环境管理也是针对特定的任务和职责进行，但其更多侧重于公共部门和政府机构的环境责任。在资源丰富而生态环境较为脆弱的西部地区，政府在推动环境保护和可持续发展方面具有重要作用，因此，部门环境管理为这些机构提供了结构化的框架，以确保其政策制定和项目实施对环境产生积极、正面的影响。这种管理方式强调了环境保护的整体性和跨部门的协同合作，旨在确保各部门的工作相互支持，共同努力实现环境保护和社会经济发展的双重目标。通过部门环境管理，各行政部门能够在政策制定、项目实施和日常运营中充分考虑环境因素，促进资源的高效利用和环境质量的持续改善。同时，跨部门的合作和协调也有助于形成一个统一、协同的环境管理体系，推动区域内的环境保护和可持续发展目标的实现。

二、从环境管理的属性出发

（一）资源环境管理

资源环境管理着眼于有效和可持续地使用自然资源，确保这些资源为当前和未来的生产和生活所需。西部地区，作为中国的重要资源储备区，拥有丰富的矿产、水资源和土地，但也面临着资源开发与生态保护的紧张关系。对于此地区的企业而言，资源管理不仅是经济发展的基础，更是其长期竞争力的关键。经济学理论中的稀缺性原则强调资源的有限性，从而促使企业进行有效的资源配置。通过对资源的合理开发和高效利用，企业不仅可以降低生产成本，还可以减少对环境的负面影响，增强和提高其社会责任和品牌形象。资源环境管理还强调了循环经济的概念，即在生产和消费中最大化地回收和再利用资源，减少浪费，确保生态系统的稳定和健康。

（二）质量环境管理

质量环境管理关注的是环境质量的维护和提升，包括空气、水、土壤等各个环境要素。西部地区在迅速发展的同时，也经历了一系列的环境问题，如土地沙化、水污染和大气污染。对于企业而言，维护良好的环境质量不仅是法律和道德的要求，更与其长期的经济利益紧密相关。环境经济学中的外部性原则提醒人们，企业的生产活动可能会对环境产生负面影响，但这些影响未必在企业的成本和利润中得到体现。质量环境管理强调了"污染者支付"和"预防为主"的原则，鼓励企业在生产过程中采取主动措施，减少对环境的污染，确保环境质量的长期稳定。通过提供高质量的环境，企业也可以提高员工的健康水平和生产力，增强与消费者和社区的关系，从而提高其市场竞争力。

（三）技术环境管理

技术环境管理侧重于利用先进的技术手段来解决和预防环境问题。技术进步是现代经济发展的重要驱动力，但也可能带来新的环境挑战。技术管理是西部地区企业适应环境规制、提高竞争力的关键。创新理论指出，技术创新可以为企业带来新的市场机会，增强其与竞争对手的差异化。在环境领域，技术创新涉及新的生产工艺、污染控制设备和资源回收技术。通过技术环境管理，企业可以有效地减少其对环境的负面影响，满足日益严格的环境标准，同时可以为其带来经济效益和市场优势。技术环境管理还涉及与研发机构、高等教育机构和其他企业的合作。在这种合作中，企业可以获得先进的技术和知识，加速技术的研发和转化。

三、从环保部门的工作领域出发

（一）规划环境管理

规划环境管理融合了前瞻性思考与策略性管理，强调在实际行动前制定全面的策略。这种管理形式不仅仅是对当前环境状况的反应，更多的是预见未来可能的挑战和机遇，并为此制定战略。制定环境规划时，需要考虑多种因素，如地理、社会、经济和技术因素，以确保规划的实际性和可行性。将环境规划分解为环境保护年度计划是一个关键步骤。这确保了规划的落地，使之成为可执行的任务和目标。在每一步的实施过程中，必须进行持续的检查和监督，以确保规划的有效实施。环境的变化性和不确定性要求管理者具备高度的灵活性。因此，根据实际情况修正和调整环境保护年度计划方案显得尤为重要。规划环境管理还涉及改进环境管理对策和措施。这要求管理者不仅要监控和调整，还要学习和创新。随着科技的进步和环境问题的日益严重，寻找新的、更有效的管理方法和工具变得越来越重要。

（二）建设项目环境管理

建设项目环境管理是环境管理领域的一个重要分支，它强调在建设项目的全周期内整合和优化环境因素。这种管理方式不仅旨在满足相关的法律和政策要求，更在于确保项目的长期可持续性和社会接受度。

无论是新建、扩建、改建，还是技术改造的建设项目，其执行过程均可能对周围的环境产生一定影响，这些影响既包括积极的方面，也包括消极的方面。因此，项目管理者需要执行全面的环境影响评估，以明确项目可能产生的所有影响，进而制定相应的策略，以最大化正面影响并最小化负面影响。

建设项目环境管理要求项目管理者与多方利益相关者保持紧密合作。包括但不限于当地社区、政府部门、非政府组织和其他企业。通过与这些利益相关者的合作，项目管理者可以更准确地理解和把握他们的关切和需求，从而制定出更为合理和可行的环境管理策略及措施。

（三）环境监督管理

环境监督管理是确保环境法律、政策和规定得到有效实施的关键。这要求监管机构不仅要有清晰的法律和政策框架，还要有足够的资源和能力来执行这些法律和政策。

环境监督管理的主要目的是预防、应对生态破坏和环境污染行为。为了实现这一目标，监管机构需要采用多种方法，如检查、监测、数据分析和公众参与。其中，数据分析是尤为重要的，因为它可以帮助监管机构识别潜在的问题和风险，从而制定更有针对性的策略和措施。环境监督管理也要求监管机构与其他部门和机构建立良好的合作关系。这是因为环境问题通常涉及多个部门和领域，需要各方的共同努力来解决。建立有效的合作机制，确保各方的责任和义务得到明确和履行，对于环境监督管理的成功至关重要。

第八章　环境规制下西部地区经济高质量发展路径与对策

第一节　以数字经济为抓手

一、数字经济特征

（一）数字经济是大数据经济

在现代经济体系中，数据已经从简单的信息记录者转化为核心的资产和驱动力。随着技术的进步和数字化转型的加速，产生、存储和处理的数据量呈指数增长。这些数据包括主体数据、行为数据、交易数据和交往数据，为企业和组织提供了前所未有的洞察力，使其能够更加精准地定位市场、预测需求和优化供应链。在数字经济的背景下，数据不仅仅是记录事务的工具，更是驱动创新、提高效率和创建价值的关键要素。从产品设计到市场营销，从供应链管理到客户服务，数据为每一个环节提供了决策支持和策略指导。

（二）数字经济是智能化经济

随着大数据和先进算法的结合，智能化已经成为数字经济的核心特征之一。在庞大的数据集背后，高级算法和机器学习模型不断地进行计算和优化，使得经济活动能够自动化、个性化和优化。不再受限于人类经验和认知能力，算法可以在短时间内处理大量信息，发现隐藏的模式和关系，并为决策提供高精度和可靠性。智能化还推动了人工智能、机器人技术和自动化系统在各个行业中的广泛应用,从而提高生产效率,降低成本,并创造新的商业模式和价值链。

（三）数字经济是平台型经济

在数字经济中,平台不仅仅是技术和设备,更是连接各个经济主体的纽带和桥梁。从互联网到移动互联网,从物联网到云计算,这些技术和基础设施为数据的采集、传输、处理和存储提供了支持,而软件平台将其整合为一个有机的、高度互联的系统。在这个系统中,企业、消费者、开发者和其他经济主体可以轻松地共享资源、交换信息和创建价值。通过平台,小型创业公司可以获得与大型企业相同的市场机会,消费者可以获得更多的选择和定制化的服务。平台型经济强调的是网络效应、生态系统和开放创新,它为传统的竞争和合作模式提供了全新的视角和机会。

二、数字经济化的重要性

（一）驱动创新与竞争力提升

数字经济化为企业和组织开辟了创新和研发的新途径,提供了一系列新的工具和方法。通过利用数据分析、机器学习和其他先进的数字技术,企业能够以更高的效率响应市场变化,洞察和预测未来趋势,同时快速地开发出满足消费者需求的新产品和服务。数字技术的应用不仅可以帮助企业优化生产流程,提高效率,还可以降低运营成本,从而在全球市场中增强企业的竞争力。数字经济化还促使企业形成了数据驱动的决策机制,通过实时的数据分析,企业能够更准确地评估市场需求和自身的战略定位,促进企业持续创新和竞争力的提升。

（二）促进经济增长与就业

数字经济化为经济增长和就业创造了新的增长点。它推动传统行业进行数字化转型，为企业打开了新的市场和商业模式。同时，数字经济化也催生了许多新的行业和职业，如数据分析师、机器学习工程师和数字营销专家，为社会提供了丰富多元的就业机会。数字经济在未来几年内将对全球 GDP 和就业增长做出重要贡献。数字经济化也为微小企业和创业者提供了平台和资源，降低了创业门槛，进一步促进了经济的活力和创新能力。

（三）优化资源配置与提高效率

数字技术的应用使得企业和组织能够更加精准地分析市场需求、预测供需关系，并据此进行更为明智的决策。这不仅有助于减少资源的浪费，还可以提高供应链的效率和响应速度。数字经济化还推动了跨地域、跨行业和跨文化的合作，为企业提供了全球资源配置的可能，进一步提高了资源配置的优化程度和运营效率。通过数字技术，企业可以实现对全球资源的实时监控和高效配置，促进供应链的透明度，提高协同效率。

（四）加强社会治理与提高公共服务水平

数字经济化为政府部门和公共服务机构提供了新的治理工具和方法。借助大数据分析、人工智能和其他先进技术，政府能够更加精准地进行政策制定、实施和评估，从而提高公共服务的效率和民众的满意度。数字技术的应用还可以帮助政府实现信息公开，提高治理透明度，加强与民众的互动和沟通。数字经济化为政府提供了实时监控和分析社会经济数据的能力，帮助政府更好地理解和应对社会问题，提高公共服务的质量和效率。同时，通过数字平台，政府能够与民众建立更为紧密的互动关系，提高民众对公共政策和服务的认知及满意度。

三、数字经济助推方法

（一）挖掘潜能，推动产业转型升级

在数字经济的时代背景下，各个产业面临着前所未有的机遇和挑战。数字技术为传统产业提供了新的思维方式和方法，帮助其实现转型升级，以满足现代社会和市场的需求。通过对海量数据的分析和挖掘，企业和组织可以更加精准地定位市场、预测未来趋势，以及开发满足消费者需求的新产品和服务。数字技术还可以帮助企业优化生产流程、提高效率和降低成本，从而增强其在全球市场中的竞争力。不仅可以实现产值的提高，还可以进一步提升产品和服务的质量和附加值。

数字技术为企业提供了与全球供应链、市场和资源进行连接的机会。通过物联网、云计算和大数据等技术，企业可以实现跨地域、跨行业和跨文化的合作，进一步提高资源配置的优化程度。企业不仅需要进行数字化转型，还需要进行全球化布局，以适应和引导这一历史性的变革。

（二）激发动能，引领经济创新发展

数字经济为经济创新发展提供了新的动力和方向。在传统的经济模式中，创新主要依赖于研发和投资，而在数字经济中，创新更多地依赖于数据、技术和模式的融合和创新。这为企业和组织提供了更加灵活和多元的创新路径，帮助其开发出与众不同的产品和服务，以满足消费者的多样化和个性化需求。

数字经济还为创新提供了新的平台和工具。通过开放创新、众包和众创等模式，企业和组织可以与全球的创新者、开发者和消费者进行合作，共同创造价值。这不仅可以加快创新的速度，还可以降低创新的风险和成本。企业和组织不仅需要进行技术和模式的创新，还需要进行文化和组织的创新。

（三）释放活力，加快工业服务业融合

随着数字经济的深入发展，工业和服务业之间的界限正在逐渐模糊。传统的生产型企业正在向服务型企业转型，而传统的服务型企业也正在加入生产领域。这为企业和组织提供了新的商业模式和价值链，帮助其实现跨界融合和协同创新。企业和组织需要打破传统的思维定式，重新定义自己的业务边界和价值定位。企业和组织可以更加灵活地组织生产、销售、服务和管理。

数字技术还可以帮助企业实现与全球供应链、市场和资源进行连接，进一步提高资源配置的优化程度。

第二节　以绿色技术创新为着力点

中央经济工作会议明确指出了加强污染防治和生态建设的重要性，并强调推进绿色发展模式的形成，该会议也为"努力实现高质量发展"设定了重要的策略方向。在当前情境下，如何转变发展策略，从过去的数量增长转向质量提升、从规模的扩大转向结构的优化，以及从基于传统要素的驱动转向以创新为核心的驱动，已经成为推进我国经济高质量发展的核心议题。在此背景下，创新不仅是推动发展的核心动力，更是构建现代经济体系的关键支柱。依托绿色技术创新进行经济发展，意味着通过技术创新来研发新的产品、工艺、服务和市场策略，从而达到减少对自然资源的依赖、降低对生态环境的破坏、提升资源使用的效率的目的，这无疑为我国经济高质量发展提供了可行的途径和策略。

一、绿色技术创新的概念

绿色技术创新在技术发展领域呈现出上升之势，超越了传统技术创新的界限。它巧妙地结合了经济增长与环境保护，致力于为可持续发展提供动力。区别于传统的技术驱动，绿色技术创新更加注重综合效益，尤其是对环境、社会和文化的影响。绿色技术创新的哲学深度和广度都令人瞩目。除涉及技术的研发和应用，它还关心资源的高效利用、生态稳定、社会的公平性以及文化的延续，其核心理念强调技术与自然、社会和文化之间的相互补充和协同，而非单纯的竞争或替代。

绿色技术创新追求的不仅是瞬时的收益，而且是长远的、对整个经济系统有益的影响，其目的是确保技术能即刻带来经济增长，同时为未来创造更多的机会和潜力。在环境方面，它倡导的是技术的生态兼容性，即所有新技术、工艺或方法都需充分考虑其环境效应，旨在减少资源消耗、减少污染，并助力生态系统的恢复。这种对环境的关注和尊重，不仅源于对大自然的崇敬，更多的是对人类未来的考虑和期望。

绿色技术创新强调公平和共同发展。它致力于确保技术的发展能惠及所有社会群体，避免因技术进步而导致的社会分化或不平等。文化视角下绿色技术创新看重技术与文化的交融。它认为技术不仅是解决问题的工具，更是反映人类价值观和信仰的载体。因此，技术与文化应相互促进，共同为人类的传承和进步做出贡献。

二、绿色技术创新特点

绿色技术创新为现代经济发展提供了全新的视角，其特点明显且与传统的技术创新模式存在显著差异。

（一）注重环境效益与经济效益的双重平衡

经济学常常将技术创新定义为追求最大化经济收益的过程。这种观点基于效率和竞争优势，主张通过技术进步来提高生产效率、降低成本并增强市场竞争力。然而，随着全球环境问题的日益加剧，以及人们对可持续发展理念的逐渐认同，技术创新的范畴和目标发生了根本性的变化。绿色技术创新应运而生，它不再仅仅局限于经济层面的追求，而是将经济效益与环境效益结合起来，为技术进步设定了更为广阔和深远的目标。绿色技术创新的核心理念是在保证经济增长的同时，尽可能地减少对环境的负面影响。这并不是说完全牺牲经济效益，而是在追求经济效益的过程中，充分考虑到环境的承载能力和生态系统的健康。这种全面的、综合的视角要求企业和研发机构在技术创新的每一个环节，都要认真权衡经济与环境之间的关系，确保两者都得到了充分的考虑和满足。在技术设计阶段，除了考虑如何降低生产成本和提高产品性能外，还要考虑产品在整个生命周期内对环境的影响，包括原材料的开采，产品的生产、使用和回收等各个环节。在研发阶段，除了追求技术的前沿性和领先性外，还要确保技术的生态兼容性和可持续性。在技术应用阶段，除了追求市场占有率和经济回报外，还要确保技术的应用不会对环境造成不可逆的损害。

（二）强调资源的高效与可持续利用

面对资源有限性这一现代经济发展的重大挑战，绿色技术创新提出了一套全新的解决方案。它不仅着眼于短期的资源节约，而且深入探讨如何在整个产品生命周期中实现资源的最大化利用。这包括从产品设计阶段就考虑到资源的有效利用，确保在生产、使用乃至回收环节都能够实现资源的高效利用。而不是简单地追求生产规模和产量的提升，绿色技术创新更关心如何通过技术进步和管理创新，真正做到资源的节约和循环利用。再生利用和循环经济的理念也被纳入绿色技术创新的核心内容，旨在形成一个闭环的资源利用体系，确保即使在高强度的经济活动中，资源也能得到持续、长期的利用，从而实现真正的可持续发展。

（三）倡导系统性和综合性的思考

绿色技术创新的核心在于其系统性和综合性的思维模式，这与传统的技术创新有着本质的区别。而这种思维的形成，是基于对整体和长远效益的深入理解。在技术研发和应用的每一个环节，绿色技术创新都不满足于仅看到表面的经济回报，而是深入挖掘每个决策和操作背后的多重影响。这包括环境、社会和经济三大领域的综合效益考量。例如，尽管某一技术或工艺在初步看来能够为企业带来立竿见影的经济效益，但若其在长远的视角下可能对环境和社会造成负面影响，那么这种技术或工艺的真正价值就必须重新评估。

因此，绿色技术创新鼓励决策者跳出局部，以一个更为宏观、全面的视角来审视技术的真正价值和意义，确保每次技术选择和创新都是在系统性和综合性的基础上进行的。

三、绿色技术创新着力点的优势

（一）加强绿色技术创新，能够为经济发展注入新动力

经济学家们普遍认为，技术创新是推动经济增长的核心驱动力。在当前的全球背景下，绿色技术创新已经成为经济发展的新引擎。随着资源短缺和环境压力的加剧，传统的经济发展模式面临着严重挑战。而绿色技术创新，通过提高资源利用效率、减少环境污染和促进循环经济，为经济发展打开了新的空间。这种创新模式不仅能够满足经济增长的需求，还能够确保经济发展的可持续性。绿色技术创新还可以带动新的产业和市场的形成。随着消费者对环境保护和健康生活的关注度逐渐提高，绿色产品和服务的需求迅速增长。这为企业和创业者提供了新的商业机会和市场空间。据估计，绿色技术和产业在未来几年将成为全球经济增长的主要驱动力。

（二）加强绿色技术创新，能够为企业发展增强竞争力

在全球化的市场环境中，企业的竞争力不仅取决于其产品的质量和价格，还取决于其对环境和社会的责任感。绿色技术创新为企业提供了提高竞争力的新途径。通过采用绿色技术，企业不仅可以降低生产成本、提高效率，还可以提高产品的附加值、提升品牌形象和加强与消费者的联系。绿色技术创新还可以帮助企业应对政府和社会对环境保护的日益严格的要求。随着环境法规和标准的逐渐完善，企业面临着越来越高的环境成本和法律风险。而通过采用绿色技术，企业不仅可以减少这些成本和风险，还可以从中获得经济和社会的双重回报。

（三）加强绿色技术创新，能够为绿色发展激发凝聚力

绿色发展不仅是一种经济战略，更是一种社会文化的追求。随着公众对环境和健康问题的关注度逐渐提高，绿色发展已经成为全社会的共同期望和目标。而绿色技术创新，作为实现绿色发展的关键手段，自然成为社会各界的关注焦点。绿色技术创新可以帮助企业、政府和公众之间建立起新的合作和信任关系。通过共同参与和推动绿色技术的研发和应用，各方可以实现资源、知识和经验的共享，从而加速绿色发展的进程。绿色技术创新还可以带动公众参与绿色发展的意识和行动，形成一种积极的社会动力和凝聚力。

四、绿色技术创新发展方式

（一）培养创新主体，提高绿色技术供给能力

绿色技术创新的关键在于拥有能够进行持续研发和应用的创新主体。这要求构建一个健全的技术创新体系，包括研究机构、高等教育机构、企业和创业者等各类创新主体。这些创新主体在绿色技术的研发、应用和推广中起到关键作用。研究机构和高等教育机构可以进行前沿技术的基础研究，为企业提供创新的技术和知识；企业和创业者可以将这些技术和知识转化为具有商业价值的产品和服务。为了提高绿色技术供给能力，需要对这些创新主体进行持续培养和支持，如提供技术研发和市场推广的资金支持、提供技术转移和人才培训的服务支持，以及建立技术创新的合作和交流平台。

（二）优化市场环境，建立高效监管服务体系

绿色技术创新的成功不仅取决于创新主体的能力，还取决于外部的市场环境和制度环境。一个健全的市场环境可以为绿色技术的研发、应用和推广提供有利的条件，如公平的竞争环境、透明的市场信息和合理的价格机制。而一个高效的监管服务体系可以确保绿色技术创新的安全、合规和可持续，如设定技术标准、进行技术审查和评估，以及提供技术咨询和培训服务。为

了建立这样的市场环境和监管服务体系，需要进行一系列的制度创新和改革，如完善技术市场的法律法规、建立技术创新的激励机制，以及提高技术监管的专业性和效率。

（三）增强政策支持，夯实绿色发展制度保障

政策支持是绿色技术创新的重要保障。通过提供资金、税收、信贷和其他政策支持，可以激励创新主体进行绿色技术的研发、应用和推广。政策支持可以为绿色技术创新提供制度保障，如建立技术创新的战略规划、制定技术创新的目标和任务，以及确立技术创新的责任和权利。为了增强政策支持，需要进行一系列的政策创新和完善，如设定技术创新的优先领域、提供技术创新的资金和税收支持，以及建立技术创新的评价和监督机制。

第三节　以优化发展环境为总体思路

一、优化政策环境与管理环境

（一）优化政策环境

在优化政策环境的过程中，应充分考虑到西部地区的特殊性和发展需求。例如，可以通过制定和实施一系列针对性的政策措施，如提供税收优惠、财政补贴、技术支持和培训服务，以促进西部地区的绿色产业发展和技术创新。同时，通过完善环境法律法规，加强环境监管和执法，确保企业和个人遵守环境保护的相关规定，以此提高西部地区的环境质量和生态系统的健康。应加强与国际、国内的政策对接和交流，借鉴和引进先进的环境保护理念和技术，促进西部地区的经济社会和生态文明建设。通过推广绿色金融、发展循环经济、促进资源共享和优化资源配置，为西部地区的高质量发展提供持续的动力。注意政策的连贯性和稳定性，避免频繁的

政策变动对企业和投资者产生不利影响。通过构建一个长期稳定、公平公正、透明可预见的政策环境，能够为西部地区的高质量经济发展提供有力的支撑，也有助于促进区域间的协调发展，实现全面建设社会主义现代化国家的战略目标。

（二）优化管理环境

管理环境的优化可以从加强环境管理制度建设、提高管理效率和效果，以及推动管理创新三个方面展开。环境管理制度的完善是实现高质量发展的基础。通过建立健全环境监管制度，确保环境规制的执行力度，同时为企业提供明确的法律和政策指引，减少企业运营中的不确定性和风险。

提高管理效率和效果是优化管理环境的重要内容。通过运用现代化管理工具和技术，如大数据、云计算和人工智能等，可以提升环境管理的精准度和实效性。同时，加强对环境管理人员的培训和指导，提高其业务能力和服务水准，可为企业和社会创造良好的发展环境。

推动管理创新是实现高质量发展的重要途径。鼓励和支持地方政府、企业和社会组织探索新的环境管理模式和方法，如推行绿色供应链管理、实施循环经济和绿色发展模式等，以期在保护环境的同时，推动经济社会的持续健康发展。

二、优化法治环境与人文环境

（一）优化法治环境

通过完善环境法律法规体系，可以为企业和社会提供清晰、明确的法律规则和指引，降低法律风险，同时为环境保护提供有力的法律支撑。加强法律监管与执行，确保环境法律法规得到有效实施。通过建立健全的环境监管机制和执法机制，可以确保环境规制政策得到有效执行，通过严格的法律监管，确保企业和个人的环保责任得到落实。提升法治意识和法律服务水准，为企业和社会提供高效、优质的法律服务。通过加强法律宣传和教育，提高公众和企业的法治意识，提供专业、高效的法律服务，为企业解决法律问题，降低法律风险，为高质量发展提供法律保障。

在优化法治环境的过程中，还需注意引入现代化的法治理念和手段，借鉴国际先进的法治经验，以推动西部地区法治环境的现代化和国际化。

（二）优化人文环境

人文环境的优化涵盖文化、教育、社会和心理等多个方面，它为经济高质量发展提供了精神动力和社会基础。人文环境的优化可以从四个方面展开。

（1）提升文化自信是人文环境优化的基础。通过弘扬中华优秀传统文化，增强西部地区人民的文化自信和自豪感，为经济高质量发展提供精神支撑。同时，通过文化交流和合作，借鉴和引入国际先进的环保理念和经验，为西部地区的环境保护和经济发展提供新的思路和方法。

（2）促进教育均衡是人文环境优化的重要内容。通过加大对西部地区教育资源的投入，提高教育水平和质量，为经济高质量发展培养合格的人才。同时，通过环境教育和实践，增强公众的环保意识和责任感，为环境保护和经济发展提供人才和社会支持。

（3）加强社会合作是人文环境优化的重要手段。通过促进政府、企业、社会组织和公众的合作，形成共同参与环境保护和经济发展的良好氛围。通过社会合作，可以集聚多方资源和力量，为西部地区的环境保护和经济发展提供支持。

（4）提高公众环保意识是人文环境优化的关键。通过广泛的环保宣传和教育，提高公众的环保意识和参与度，为环境保护和经济发展提供社会基础。同时，通过公众参与，可以增强环境保护和经济发展的社会认同度和支持度，为西部地区的经济高质量发展提供持续的社会动力。

三、优化市场环境与生态环境

（一）优化市场环境

市场环境的优化能够为企业提供一个公平竞争、规则明确的商业环境，同时为消费者提供更多的选择和保障。通过优化市场环境，可以激发企业的创新活力和竞争力，推动资源的有效配置，为西部地区的经济高质量发展提供有力支撑。市场环境的优化可以从完善市场监管机制、推动市场开放和竞争、培育市场主体、加强消费者保护和提高市场透明度等方面展开。

完善市场监管机制是保障市场公平竞争和良性运行的基础，通过加强对市场的监管，确保市场主体遵守法律法规，避免市场垄断和不正当竞争，为企业和消费者提供一个公平、公正的市场环境。

推动市场开放和竞争是激发市场活力的重要途径，通过降低市场准入门槛，引入竞争机制，促使市场主体在竞争中不断创新和提高效率。培育市场主体是实现市场多元化和活力的关键，通过提供一系列的支持政策和服务，帮助中小企业和创新型企业成长，为市场提供多元化的选择。

加强消费者保护是提升市场信任和活力的重要手段，通过完善消费者保护法律法规，提高消费者权益保护水平，为消费者提供安全、放心的消费环境。提高市场透明度是增强市场效率和公信力的基础，通过加强信息披露和公开，提高市场的透明度和预见性，为市场主体提供更多的信息和选择。

（二）优化生态环境

在环境规制下，优化生态环境是推动西部地区经济高质量发展的核心要素。生态环境的优质与否直接影响到区域的可持续发展能力，同时是衡量经济发展质量的重要指标。针对西部地区的生态环境优化，可以从加强生态保护、推动绿色发展和促进生态文明建设三个方面进行深入探讨。

一是加强生态保护是优化生态环境的基础。通过制定和实施一系列有效的生态保护政策和措施，加强对重要生态系统和生物多样性的保护，确保生态安全和环境质量。同时，通过环境监测和评估，及时发现和解决生态环境问题，为经济高质量发展提供良好的生态基础。

二是推动绿色发展是优化生态环境的关键途径。通过发展循环经济、推广绿色技术和产品，促进资源高效利用和污染减排，实现经济发展和环境保护的协调。同时，通过引导和支持企业走绿色发展之路，提升企业的环保意识和能力，为经济高质量发展提供动力。

三是促进生态文明建设是优化生态环境的长远目标。通过推广生态文明理念，培育和践行绿色生活方式，增强全社会的环保意识和责任感。通过生态文明教育和宣传，提高公众的生态文明素养，为西部地区的经济高质量发展提供强有力的社会支持。

参考文献

[1] 马丽.环境规制对西部地区资源型产业竞争力影响研究[M].北京：经济科学出版社，2017.

[2] 陈彬.大国环境规制的构建：中国地方政府竞争与污染产业转移[M].上海：格致出版社，2020.

[3] 关海玲.环境规制与产业空间分布演化研究[M].北京：知识产权出版社，2022.

[4] 于潇.环境规制政策影响经济增长机理研究[M].天津：天津人民出版社，2022.

[5] 卢燕群.环境规制对工业生态效率的影响研究[M].北京：企业管理出版社，2022.

[6] 何雄浪.自然资源禀赋、环境规制与经济发展研究[M].北京：中国经济出版社，2021.

[7] 宋爽.基于环境规制的中国污染产业投资区位转移研究[M].长春：吉林大学出版社，2020.

[8] 周茜.中国环境规制与战略性新兴产业创新研究[M].北京：方志出版社，2020.

[9] 袁宝龙.环境规制与制造业生态效率研究[M].西安：西安交通大学出版社，2018.

[10] 赵路.异质性环境规制、FDI与中国工业绿色技术创新效率研究[M].北京：中国经济出版社，2022.

[11] 郑飞鸿.环境规制对我国资源型城市产业转型升级的影响研究[M].合肥：中国科学技术大学出版社，2022.

[12] 王艳林，郝永亮.西部地区工业碳排放地区差异与环境规制优化研究

［M］.北京：经济科学出版社，2021.

［13］邱婷.生态文明、环境规制与中西部承接产业转移创新［M］.长春：东北师范大学出版社，2018.

［14］谢丽霜.西部生态环境建设的投融资机制——主体维度分析［M］.北京：中央民族大学出版社，2006.

［15］邓宗豪.高质量发展视域下西部地区制造业集聚污染问题研究［M］.成都：四川大学出版社，2021.

［16］金凤君.五大区域重点产业发展战略环境评价研究［M］.北京：中国环境科学出版社，2013.

［17］魏玖长，贾瑞跃.中西部地区"两型社会"建设的评价方法及应用研究［M］.合肥：合肥工业大学出版社，2014.

［18］孙伟.环境规制、政府投入与企业创新效应研究［M］.合肥：合肥工业大学出版社，2019.

［19］彭聪.中国经济文库环境规制对旅游产业结构与竞争力的影响研究［M］.北京：中国经济出版社，2021.

［20］林丽梅.农业面源污染防治行为及环境规制影响效应研究：以生猪规模养殖户为例［M］.厦门：厦门大学出版社，2022.

［21］王勇.环境规制的就业效应——劳动力需求、再配置及福利［M］.北京：中国环境出版集团，2018.

［22］白云朴.环境规制视阈下资源型产业转型与发展［M］.青岛：中国海洋大学出版社，2018.

［23］章秀琴.环境规制与出口贸易利益问题研究［M］.合肥：中国科学技术大学出版社，2016.

［24］吴朝霞.环境规制对中国区际污染产业转移的影响研究［M］.湘潭：湘潭大学出版社，2018.

［25］陶群山.农业污染、环境规制和农业科技进步——基于安徽省的实证研究［M］.合肥：合肥工业大学出版社，2018.

［26］殷宝庆.垂直专业化分工下的环境规制与技术创新［M］.杭州：浙江工商大学出版社，2016.

［27］江珂.中国环境规制对技术创新的影响［M］.北京：知识产权出版社，2015.

［28］马媛.我国东中西部环境规制与经济增长关系的区域差异性分析［J］.

统计与决策，2012（20）：130-133.

［29］黄明凤，石榴.环境规制对西部地区绿色经济效率的影响研究——基于环境规制政策工具的视角［J］.石河子大学学报(哲学社会科学版)，2020，34（5）：17-25.

［30］黎泽龙.环境规制与经济增长——基于西部地区省际面板数据的实证分析［J］.国土与自然资源研究，2021（5）：36-38.

［31］秦艳，蒋海勇.西部地区环境规制、能源足迹治理与绿色全要素生产率［J］.财经理论研究，2021（2）：29-38.

［32］李江.环境规制影响西部地区人口城镇化的中介效应研究——基于结构方程模型的路径分析［J］.技术经济与管理研究，2022（12）：117-122.

［33］安海彦，姚慧琴.环境规制强度对区域经济竞争力的影响——基于西部省级面板数据的实证分析［J］.管理学刊，2020，33（3）：27-37.

［34］朱艳丽.西部环境治理中政府责任的法律规制［J］.甘肃社会科学，2017（6）：155-159.

［35］马冬玲，李明.政府竞争、环境规制与产业结构升级——基于东中西部地级市的比较［J］.财会月刊，2019（4）：134-140.

［36］冯俊华，张丽丽，王靖.环境规制下的西部地区工业用水效率评价［J］.人民黄河，2016，38（11）：34-38.

［37］韩素娟.生态文明建设背景下环境规制对西部地区产业结构转型升级的影响机制研究［J］.新营销，2019（8）：21-23.

［38］王小宁，周晓唯.市场化进程下的西部地区环境规制研究［J］.技术经济与管理研究，2015（5）：36-40.

［39］王锋正，郭晓川.能源矿产开发、环境规制与西部地区经济增长研究［J］.资源与产业，2015（3）：107-113.

［40］王小宁，周晓唯.西部地区环境规制与技术创新——基于环境规制工具视角的分析［J］.技术经济与管理研究，2014（5）：114-118.

［41］许华，刘佳华.环境规制对西部地区工业企业技术创新的影响［J］.知识经济，2019（10）：12-13.

［42］何慧爽.环境质量、环境规制与产业结构优化——基于中国东、中、西部面板数据的实证分析［J］.地域研究与开发，2015，34（1）：105-110.